高等学校
商 科教育
应用系列教材

管理原理与应用

吴回生 主编

李文旭 柯小青 副主编

清华大学出版社

北　京

内 容 简 介

本书从社会生产组织的管理活动出发逐渐深入,力求提示管理活动规律,阐明管理原理。在编写过程中,对于管理纵向理论的阐述采用了理论创立、理论观点和理论应用的结构,力图在反映理论的来龙去脉的同时,能够更好地指导管理者运用理论解决管理实践问题。另外,在复习思考题部分,设置了"案例分析"专题,使读者可以通过运用理论和原理分析解决实际管理问题,进一步提高运用理论解决问题的能力。

本书适合应用型本科院校作为教材使用,也可供社会读者阅读参考。

图书在版编目(CIP)数据

管理原理与应用/吴回生主编. —北京:清华大学出版社,2018
(高等学校商科教育应用系列教材)
ISBN 978-7-302-49256-6

Ⅰ. ①管… Ⅱ. ①吴… Ⅲ. ①管理学－高等学校－教材 Ⅳ. ①C93

中国版本图书馆 CIP 数据核字(2018)第 002495 号

责任编辑:刘士平
封面设计:常雪影
责任校对:袁　芳
责任印制:宋　林

出版发行:清华大学出版社
　　　　网　　　址:http://www.tup.com.cn, http://www.wqbook.com
　　　　地　　　址:北京清华大学学研大厦 A 座　　　　　　　　**邮　　编:**100084
　　　　社 总 机:010-62770175　　　　　　　　　　　　　　　**邮　　购:**010-62786544
　　　　投稿与读者服务:010-62776969, c-service@tup.tsinghua.edu.cn
　　　　质量反馈:010-62772015, zhiliang@tup.tsinghua.edu.cn
印 装 者:三河市春园印刷有限公司
经　　销:全国新华书店
开　　本:185mm×260mm　　　　　**印　　张:**14.5　　　　　**字　　数:**344 千字
版　　次:2018 年 12 月第 1 版　　　　　**印　　次:**2018 年 12 月第 1 次印刷
定　　价:39.00 元

产品编号:072537-01

　　科学技术和管理是社会经济发展的"两大车轮"。建设社会主义现代化国家,实现中华民族伟大复兴的中国梦,必须继承和发展"时间就是金钱,效率就是生命"的管理观念,努力探索现代化管理方法,创新管理中国特色社会主义的管理制度和管理模式,向管理要质量,向管理要效能。

　　实现管理的科学化和现代化,需要掌握管理的科学知识,遵循管理规律。为此,本书从社会生产组织的管理活动出发,力求揭示管理活动规律,阐明管理原理。

一、创新管理学研究的视角

　　本书尝试从"管理纵横"的新视角研究管理问题,目的在于系统揭示管理活动规律。选择"管理纵横"的视角研究管理问题,主要基于两个方面的考虑。其一,管理思想来源于管理实践,是对管理经验的概括和总结。所以,在不同的历史时期,由于生产力发展水平的限制,加上人类认识水平的局限性,对管理规律的揭示具有时代特征。因此,把握管理活动的规律,需要对不同历史时期的管理规律进行认识。其二,自管理学产生以来,已经出版的管理学著作主要有两种体系,一种是以管理职能和管理方法为逻辑,阐述管理活动的决策、组织、指挥、协调、领导、激励、创新、控制等原则和要求,形成管理学的理论体系。另一种是以不同历史时期创立的管理理论为内容,介绍各个管理学派的思想观点,并对理论应用进行说明。以管理职能构建的管理学理论体系过于偏重管理技术,强调管理过程和管理技术的理性化,忽略了管理的哲学思想和管理艺术性。而且,就管理活动而言,作为人类开展的一项社会活动,是以管理主体、管理客体、管理中介和管理目的构建起来的活动,仅仅强化管理职能,存在"断章取义"之嫌,其理论体系也就缺乏系统性和全面性。以管理理论和管理思想构建的管理学虽然凸显了管理的思想性和时代性,但对于管理活动的决策、组织和控制的基本原理、基本原则缺乏全面阐述,容易陷入"现实是骨感的,理论是苍白的"的窘境。实际上,从系统的管理理论产生以来,不同历史时期的管理理论就是对当时的管理实践进行抽象和概括的、系统的经验和思想,这就难免使得各种管理学派存在时代局限性。另外,由于不同的管理理论对于管理认识的视角不同,研究者的价值取向也有很大差别,形成的管理思想和观点只会是自圆其说。学习、研究管理学的目的主要是掌握解决管理问题的理论与方法,通过运用科学的管理措施和管理手段实现资源整合和效能提高。正因为如此,学习和研究管理学,养成管理素养,既要系统地把握管理的历史发展规律,也就是纵向管理的原理、原则和方法,又要全面地认识管理活动的横向规律,也就是管理主体、管理客体、管理中介和管理目的的本质特点与内在要求。所以,本书着力从"管理纵横"的视角对管理问题进行探究,构建较为全面、系统的管理理论体系。

二、"管理纵横"研究的思路和结构

基于"管理纵横"视角的管理问题研究,本书的思路和结构主要围绕管理的纵向发展规律和横向结构的本质要求进行探究,以此形成了本书的理论体系和基本内容。

本书共分为 8 章。

第 1 章为"管理与管理学概述"。本章主要分析管理现象,阐述管理学的基本问题。主要内容包括:管理活动的产生、管理活动的结构和管理概念;管理的性质和本质;管理的作用;管理学的建立、学科特点和管理学的理论发展;学习和研究管理学的方法。

第 2 章为"古典管理理论"。本章主要对 19 世纪末 20 世纪初的早期管理理论进行把握。由于古典管理理论是最早探究机器大工业的管理形成的系统管理理论,揭示了早期现代工业时期的管理规律。主要内容包括:古典管理理论形成的历史背景,机器大工业的兴起,打破了传统经验管理模式,提出了适应机器大工业要求的理性管理的要求;主要管理理论,以泰勒为首的科学管理理论、以法约尔和韦伯为代表的古典组织理论、以厄威克为代表的统一管理理论;古典管理理论的重要意义,古典管理理论打破了传统经验管理的模式,建立了一系列的理性管理的原则和方法,为管理理论的发展奠定了坚实的基础。

第 3 章为"行为科学管理理论"。本章主要对 20 世纪 20 年代生产自动化出现以来的行为科学管理理论进行综合分析。主要内容包括:行为科学管理理论形成的历史背景,生产自动化的出现使得管理重心由工人劳动的组织转向为工人积极性的激励,由此促使行为科学管理的兴起;梅奥的人际关系理论、勒温的团体力学理论等前期行为科学管理理论;后期行为科学管理理论——马斯洛的需要层次理论、赫茨伯格的双因素论、麦克莱兰的成就需要理论、阿尔德佛的生长需要理论、洛克的目标设定理论、弗洛姆的期望理论、亚当斯的公平理论、麦格雷戈的 X-Y 理论、莫尔斯的超 Y 理论和大内的 Z 理论;行为科学管理理论的评价,强调尊重人,重视发挥社会生产活动中人的主观能动性,通过激励职工的积极性,提高社会生产组织的劳动生产率,确立了管理的核心问题,对管理实践和管理理论发展有着重大贡献。

第 4 章为"现代管理理论"。本章主要对第二次世界大战结束以后的不同年代揭示管理活动规律的主要理论进行总结。主要内容包括:现代管理理论形成的历史背景,以及对战后的经济重建和发展、企业结构发生的变化、科学技术迅猛发展的态势等方面进行了分析;介绍社会系统学派、目标管理理论、管理科学学派、决策学派、权变理论、经营管理学派和学习型组织理论;现代管理理论评价,现代社会经济的迅速发展出现了新的管理思想、管理手段,这极大地推动了管理实践的发展。工业化的推进不仅取决于技术创新和技术进步,还取决于管理创新和科学化的程度。

第 5 章为"管理机构与管理者"。本章主要对管理主体问题进行研究,从管理活动的实际来看,推动管理活动的开展有两种主体,即群体人的管理机构和个体人的管理人员,所以,管理机构和管理者是管理主体的两个有机组成部分。主要内容包括:管理机构的含义、管理机构的特点、管理机构设计、管理机构的结构形式、管理机构变革;管理者的概念、管理者的分类、管理者角色理论和管理者的素质。管理主体掌握社会生产组织的管理权力,承担管理责任,决定管理方向和进程。

　　第 6 章为"管理职能与管理过程"。本章作为管理中介论,主要阐述管理活动的措施、手段、途径和方法。主要内容包括:管理职能概述;决策的概念、决策的类型、决策基本原则、决策程序和决策方法;组织职能概述、组织职能设计、组织的领导、组织作业指挥、组织活动协调、组织制度建设和组织文化建设;控制概述、控制的基本类型、控制过程和控制方法;管理过程概述、管理过程的特点、管理过程的环节和要求。管理效能很大程度上取决于管理主体采用的管理措施、管理方法的科学性,只有掌握科学管理的原理、原则和方法,才能实现管理的科学化和现代化。

　　第 7 章为"管理客体与系统管理"。本章作为管理客体论,主要阐述管理对象的高效管理问题。主要内容包括:管理客体与系统管理原理;人力资源管理概述、职位设计与分类、人员配备、团队建设和人员激励;财务管理概述、财务管理目标、财务管理的主要理论和财务管理的重要工作;信息与信息管理概述、信息管理的特征、信息管理原则、信息管理制度和信息管理的模式。管理客体总是以系统的方式存在,管理客体的性质就是这个系统整体的性质,管理客体的规律就是这个系统整体的规律,任何管理客体都是作为系统而存在和运动的,管理就是对管理客体系统整体上的管理。

　　第 8 章为"管理目的"。管理目的是指人们在管理活动中,用合理科学的管理措施所要达到的预期结果。主要内容包括:管理目的概述;经济效益与社会效益;员工个体利益与企业利益;结果管理与过程管理。管理活动追求的是资源效率最大化,也就是实现社会生产组织利益的最大化。利益包括经济利益、社会利益、个人利益、共同利益、当前利益和长远利益。因此,开展管理活动,管理者需要处理好它们之间的关系。

三、原理与应用相融合的特点

　　为了体现管理学学科的应用性特点,本书在编写过程中对于管理纵向理论的阐述采用了理论创立、理论观点和理论应用三者相结合的结构,力图在反映理论来龙去脉的同时,能够更好地指导管理者运用理论解决管理实践问题。另外,在复习思考题部分,设置了"案例分析"的专题,目的在于学习管理理论和管理原理以后,通过运用理论和原理分析解决管理实际问题,进一步提高运用理论分析问题和解决问题的能力。所以,本书充分体现了理论与实践相结合,掌握管理原理与实践应用紧密联系的特点。

　　本书对教育法学的原理和应用作出较为全面、系统的阐述,对于掌握管理知识和运用管理原理、提高管理者的管理素养能够起到一定的帮助作用,可以作为本科、专科的管理学课程教学的教材,同时也可以作为公务员培训、企业管理人员培训和事业单位管理人员培训的教材。

编　者
2018 年 5 月

目 录

第 1 章

管理与管理学概述

1.1　管理的产生、结构与概念

　　管理作为一种社会现象,它是人类开展的一种社会活动。对这一社会活动的认识,需要从管理活动的产生、管理内在结构等方面进行把握。

1.1.1　管理活动的产生

　　人类在地球上的出现是一个奇迹,甚至是至今为止的科学未解之谜。人类出现在地球以后,他们的生存和发展就与资源发生直接或间接的联系,渴的时候要饮水解渴,饿的时候要有食物充饥,乏的时候要有时间睡眠,冷了要有御寒的衣物保暖,生病的时候要得到医治,开展社会生产活动要有人力、物力等。因此,离开了资源,人类的生存和发展无从谈起,小至个人,大到民族、国家都是如此。假设人类进行社会生活和社会生产的各种资源,取之不尽,用之不竭,人们的生存和发展不会受到任何威胁。然而,人的需求是无限的,相对于人的需求来说,任何资源都可能是稀缺的。资源的稀缺性是被人类自身"制造"出来的,人类不断追求更高的生活质量,而这种追求本身会遇到时间、空间和各种资源的限制,于是人们也就不断地为自己制造出了更多的难题和更大的麻烦,于是又要花力气发展自己以解决这些问题,克服这些难题。从这个意义上讲,稀缺性在人类生存的意义上可能不成为问题,但相对人们的"过度需求"时,稀缺性的假定无疑是成立的了。[①]　因此,在人类发展的历史进程中,资源的有限性和需求的无限性贯穿始终。解决自然资源有限性与人类需求无限性这一基本矛盾有两条路径:一是保护资源并节制人类不合理的行为,但相对于人类的需求来说,这并没有从根本上解决问题;二是源源不断地开发新资源,这一根本出路表达了可持续发展的资源诉求。实现这一诉求需要进行自觉、持续、全面的创新,这是可持续发展的合理内蕴和客观要求。因此,在人类社会的发展过程中,人们一直追求实现资源的优化配置,争取使有限的资源得到充分合理的利用,最大限度地满足自己生存发展的需要,这就需要优化资源配置、充分合理地利用资源和开源节流,使人类生存和发展的需求得到最大满足。人类对于资源的优化配置和合理使用,就是人们开展的管理活动。正是从这个意义上说,从人类产生的时候起,管理活动就产生了。

　　伴随着人类社会的发展,管理的形式和内容不断丰富和创新,但管理使命却始终没有改变,这就是解决资源有限性与需求无限性的矛盾。即使人类社会进入 21 世纪,社会物质文

　　[①]　刘世廷.资源有限性与人类需要无限性的矛盾[J].科学社会主义,2006(6).

明和精神文明取得了巨大进步,资源有限性与需求无限性的矛盾并没有消失,甚至矛盾更加突出,这是因为,人类的发展总是需要各种各样的生活资料,表现为各种各样的需要,如生存需要、生理需要、享受需要、发展需要,或者政治需要、物质需要、精神需要等,这些需要形成一个复杂系统,并且欲望内容不断扩大,欲望水平不断提高。人们的需要具有多样性和无限性,它是由人的自然属性和社会属性所决定的。现代社会的物质和精神的丰富与发展,无论是数量方面还是质量方面,相对于人们的无穷的欲望而言,社会创造的物质资源和精神资源总是不足的。[①] 因此,现代社会对资源使用效率和创造丰富的资源提出了更高的要求,对理性管理、科学管理、人性管理的要求显得更为突出,也就使重视管理达到人类发展史上从未有达到的高度。

1.1.2 管理活动的结构

对人类的社会活动分析可知,社会活动包含四个结构性因素,即是谁来做? 做什么? 怎样做? 为什么要做? 管理作为一项社会活动,与其他社会活动一样也有四个结构性因素。具体来说,管理活动由以下四个基本要素构成,即:管理主体,回答由谁管的问题;管理客体,回答管什么的问题;管理中介(方法、手段和过程),回答怎样管的问题;管理目的,回答为何而管的问题。

1. 管理主体

管理主体是指掌握社会组织管理权力,承担管理责任,决定管理方向和进程的有关组织和人员。管理者和管理组织是管理主体的两个有机组成。在管理实践中,管理主体基本上是由参加管理活动的人或人群组成的,这些人或人群具有一定的管理能力,拥有相应的权威和责任,从事现实管理活动。在生产力低下的时期,各级管理人员往往集决策、指挥、监督和控制等各项职能于一身,组织的管理主体通常是组织所有者,单个的管理主体称为管理者。但是,在现代化大生产中,由于组织规模大,组织管理无法由一个管理者完成,而是由许多个人按一定功能组织起来,构成一个整体来管理特定的社会生产组织,这样由多个人组成的管理主体称为管理组织或管理系统。

2. 管理客体

管理客体是指管理活动的作用对象,或者说是管理的收受者。从社会生产组织的管理实际来看,组织内的管理客体实际上是一个很大的范围。主要包括:组织成员成为管理的重要客体,他们执行组织分配的工作任务,遵照一定的工作运行规则进行工作,以求获得良好的工作成绩;组织的物质资源、金融资源、信息资源、人际和文化资源也是管理客体,都是管理的收受者。组织的各种资源在管理的作用下,经过特定的技术转换过程就成为产出物。组织向外扩张和发展时,往往作用于组织外部的人、财、物、信息和其他组织,这些就成了管理客体,只是这类管理客体具有不确定性,而且经常会变动。这三类管理客体中最重要的就是作为管理客体的人,组织成员既是管理客体,又是财、物等其他管理客体的主体,组织成员开展工作,存在较大的空间和自主性。例如,8 小时工作时间和工作任务,不会被安排得毫

---

① 刘世廷. 资源有限性与人类需要无限性的矛盾[J]. 科学社会主义,2006(6).

无时间和空间的余地;在工作过程中,组织成员仍然有一定权限决定是否要做下去,是否停下来请示上级等。所以,作为客体的组织成员就可能在其工作范围和工作时间中发挥他的想象力和工作积极性。从这个意义上说,在特定组织范围中,每一个组织成员都是自己工作岗位和领域中的管理主体。

3. 管理中介(方法、手段和过程)

管理中介就是管理主体作用于管理客体,从而实现管理目的手段、措施和方法等的总称。在管理理论领域,有的学者对管理中介和管理方法进行了区分,认为管理方法是指用来实现管理目的而运用的手段、方式、途径和程序等的总称。[①] 实际上,无论是管理方法,还是管理中介,都是指管理活动和管理目的之间的"桥梁",所以,在一定条件下,管理中介和管理方法是等同的。

在社会发展进程中,不同历史时期的生产力发展水平差异较大,社会生产组织的规模和产品工艺也存在差别,科技发展水平制约着管理手段、方式和途径等的运用。但从管理活动的基本措施、手段和方式来看,管理中介最基本的是决策、组织和控制。

4. 管理目的

目的通常是指行为主体根据自身的需要,借助意识、观念的中介作用,预先设想的行为目标和结果。作为观念形态,目的反映了人对客观事物的实践关系。人的实践活动以目的为依据,目的贯穿实践过程的始终。管理是对资源进行协调和整合的活动,主要是对社会生产组织的人力资源、财力资源、物质资源进行组织协调,以期创造良好效果。这个效果集中体现为资源效率的放大、资源使用效率的提高,从而大大提高社会生产组织的生产效率。但是,社会生产组织不但需要高效率,而且需要良好的效益,管理需要把效率与效益有机结合起来,也就是效率与效益的统一,人们往往把这两者的统一称为效能。

效率、效果和效益向来都是企业追求的目标,三者既有联系又有区别。效率是指以尽可能少的投入获得尽可能多的产出。例如,劳动生产效率常用人均产量、人均产值等指标来表示。效果是一项活动的成效与结果,是人们通过某种行为、力量、方式或因素而产生出的合乎目的性的结果。效果通常是指做正确的事情,即所从事的工作和活动有助于组织达到其目标。例如,公司经营领域选择是否得当,生产的产品是否对路? 为了扩大企业的规模,应该并购什么样的企业? 为了扩大产品出口,是应该先打开发达国家还是发展中国家的市场? 效益是指某一特定系统运转后所产生的实际效果和利益。具体地说,它反映了人们的投入与所带来的利益之间的关系,包括经济效益、社会效益。因此,效率是关于做事的方式(实际上是策略的制定),而效果则关系到所做的事是否正确(实际上是战略的制定),涉及组织的结果及组织的目标。所以,管理者不能只关注达到和实现的组织目标,也就是不能只关注效果(战略是否正确),还应该尽可能有效率地(正确的策略)完成组织工作。否则,将无法实现企业的高效益。在成功的组织中高效率和高效果(即高效益)是相辅相成的,而不良的管理通常既是低效率的也是低效果的,或者虽然有效果(效益)但却是低效率的。

什么是效能? "效能"这个词的原意是指事物所蕴藏的有利的效用能量,主要从能力、效

[①]　马仁杰,等.管理学原理[M].北京:人民邮电出版社,2013.

率、质量、效益这四个方面体现出来。应该指出的是,效率不能等同效能。从经济意义上讲,效率指的是投入与产出或成本与收益的对比关系,但效率并不能反映人的行为目的和手段是否正确。效能则强调人的行为目的和手段方面的正确性与效果方面的有利性。例如,甲企业 100 个生产工人年产彩电产值 1 亿元,由于外观、质量因素使得产销率只有 60%;乙企业 200 个生产工人年产彩电产值 1.5 亿元,产销率高达 95%。如果单从效率上讲,甲企业的效率明显高于乙企业。然而,甲企业生产的产品市场销路不好,显然甲企业生产的目的没有达到,它不符合效能的有利原则,乙企业的效能明显好于甲企业。因此,效能好是保证工作有效的前提。只有效能有了可靠的保证,提高效率才有实际意义。

1.1.3　管理概念

概念是人类从感性认识上升到理性认识,把所感知的事物的共同本质特点抽象出来,并加以概括,是本我认知意识的一种表达,形成概念式思维惯性。因此,管理概念不仅反映当时管理实践的客观状况,而且与个体的价值观、思维方式等密切联系。在管理理论发展的历史长河中,许多管理学家从不同的价值观、不同的观察角度、不同的思维方式,形成了许多管理的概念。

弗雷德里克·温斯洛·泰勒(Frederick Winslow Taylor)认为:管理就是确切地知道你要别人干什么,并使他用最好的方法去干。[1] 按照泰勒的概括:管理的本质是在机器大生产出现以后,提高工人劳动效率进行管理。

亨利·法约尔(Henri Fayol)认为:管理是所有的人类组织都有的一种活动,这种活动由五项要素组成:计划、组织、指挥、协调和控制。[2] 法约尔从管理职能和管理过程出发,对管理进行抽象概括,强调管理人员履行管理职责,充分发挥管理的功能,更好地提高社会生产组织的劳动生产率。法约尔的管理概念对西方管理理论的发展产生了重要影响。

赫伯特·西蒙(Herbert A. Simon)认为:管理就是制定决策。[3] 西蒙之所以称管理就是决策,其目的显然是强调决策是管理的核心内容,决策贯穿于管理过程的始终。确实,无论进行计划、组织还是领导和控制,各项管理职能的开展都离不开决策,决策是管理工作的基本要素。管理实际上是由一连串的决策组成的,决策的身影始终伴随着管理工作过程的每一个环节,决策质量好坏对于管理各项职能工作的效率和效果都有着不容忽视的影响作用。

彼得·德鲁克(Peter F. Drucker)认为:管理是一种工作,它有自己的技巧、工具和方法;管理是一种器官,是赋予组织以生命的、能动的、动态的器官;管理是一门科学,一种系统化的并到处适用的知识;同时管理也是一种文化。[4]管理不仅是一项工作、一门学科,它还以人为核心。每一项成就都是管理者的成就,每一次失败也是管理者的失败。从管理的实际发生来看,是人在管理,而不是“力量”或“事实”在管理。管理得当还是管理失当,取决于管理者在个人理想、奉献精神以及正直无私方面的表现。

① 弗雷德里克·温斯洛·泰勒.科学管理原理[M].马风才,译.北京:北京大学出版社,2013.
② 亨利·法约尔.工业管理与一般管理[M].迟力耕,等,译.北京:机械工业出版社,2007.
③ 赫伯特·西蒙.管理决策新科学[M].李柱流,等,译.北京:中国社会科学出版社,2013.
④ 彼得·德鲁克.管理任务责任和实践[M].余向华,译.北京:华夏出版社,2008.

斯蒂芬·罗宾斯(Stephen P. Robbins)认为：所谓管理,是指同别人一起,或通过别人使活动完成得更有效的过程。[①] 斯蒂芬·P. 罗宾斯从解释人力资源管理过程的重要性出发,认为人力资源管理企业竞争优势的一个重要来源,组织对待其员工的方式会对组织绩效产生显著影响。

上述的管理概念,从不同的角度概括了管理的本质特点,对管理活动缺乏全面和深刻的把握。既然管理行为本身就是由管理主体、管理客体、管理中介、管理目的四个要素决定的,构成管理行为的这四个管理要素理应在管理概念中得到体现。此外,任何管理活动必须运用管理方法实现管理目的,即解决如何进行管理的问题。因此,回答什么是管理,可以做出这样的表述：管理就是管理者为了实现一定目的,通过计划、组织、领导和控制等环节来协调组织所拥有的资源,以期高效能达到组织目标的过程性活动。

1.2　管理的性质和本质

进一步认识和把握什么是管理,需要对管理的内在本质及其属性进行把握。只有深刻认识管理的性质和本质,才能更好地理解什么是管理。

1.2.1　管理的性质

从广义上讲,性质就是一件事物与其他事物的联系。例如,氢气的化学性质之一是具有可燃性,燃烧就是使氧气发生化学变化,这种与氧气的联系就是氢气的化学性质之一。因此,管理的性质也就是管理与其他社会现象相联系形成的内在本质属性。

社会现象纷繁复杂,但社会的基本因素是生产力和生产关系。因此,把握管理的性质,最为重要的是把握管理与生产力的联系、管理与生产关系的联系。对于这个问题,马克思、恩格斯很早时候就对管理与社会生产力、管理与社会生产关系问题进行了论述,形成了"管理二重性学说"。马克思主义的"管理二重性学说"认为,管理与生产力相联系,形成管理的自然属性;管理与生产关系相联系,形成管理的社会属性;管理具有自然属性与社会属性的相统一。管理的自然属性是指管理是由许多人进行协作劳动而产生的,是有效组织共同劳动所必需的,具有同生产力和社会化大生产相联系的自然属性;它与具体的生产方式和特定的社会制度无关。管理要处理人与自然的关系,要合理地组织社会生产力,故也称作管理的生产力属性。管理的社会属性是指管理又体现着生产资料所有者指挥劳动、监督劳动的意志,因此,它又有同生产关系和社会制度相联系的社会属性。管理的社会属性既是生产关系的体现,又反映和维护一定的社会生产关系,其性质取决于不同的社会经济关系和社会制度的性质。在不同的社会制度条件下,谁来监督、监督的目的和方式都会不同,因而也必然使管理活动具有不同的性质。所谓管理二重性,是指管理的自然属性和社会属性。一方面,企业管理具有同社会化大生产和生产力相联系的自然属性,表现为对集体劳动进行指挥,执行着合理组织生产力的一般职能。另一方面,企业管理又具有同生产关系和社会制度相联系的社会属性,执行着维护和巩固生产关系的特殊职能。从根本上说,这是因为管理的生产过程本身具有二重性,也就是说生产过程是生产力和生产关系相互结合、相互作用的统一过

---

① 斯蒂芬·罗宾斯. 管理学[M]. 李原,等,译. 11 版. 北京：中国人民大学出版社,2012.

程,要保证生产过程的顺利进行,就必须执行合理组织生产力和维护生产关系的职能,这两种职能相互结合,共同发生作用,缺一不可,由此,企业管理就具有了二重性。

全面把握"管理二重性"原理,是认识、学习和借鉴发达国家管理经验与方法的指导思想,对实现中国企业管理现代化有着重要的理论意义和实践意义。

1.2.2　管理的本质

本质既指事物本身的形体或本来的形体,又指事物本身固有的根本属性。对管理活动进行考察可知,管理是以工作目标为前提,最大可能地提高工作效率和效益。为了实现管理目的,管理者需要对组织的人力资源、财力资源、物力资源等进行计划、组织、领导和控制等,达到人尽其力、物尽其用、事尽其功,达到社会生产组织的各项工作效能最大化。因此,开展管理活动和从事管理工作,实际上就是协调组织活动的各种关系,主要包括人与人之间的关系、人与事之间的关系、财与事之间的关系、事与事之间的关系、组织内部与外部之间的关系。从这个意义上说,管理工作就是协调各种关系。因此,管理的本质是协调。当然,协调的中心是人,只有协调好管理者与被管理者之间的关系、组织成员的分工合作关系、个人与集体的关系,才能实现提高生产效率和效益的目的。

1.3　管理的作用

认识管理问题,把握管理的规律,不仅需要把握管理的内在本质属性,而且需要把握管理的外在功能。

1.3.1　管理对社会经济发展的杠杆作用

现代世界经济发展表明,机器大工业产生以来经历了三次经济发展中心的崛起。一是资本主义早期的西欧经济发展中心。二是第一次世界大战后,美国经济高速发展,成为世界经济的"领头羊"。三是第二次世界大战结束后,日本经济迅速发展,成为世界一流经济强国。那么,现代社会的世界经济发展中心是如何创立起来的呢?

资本主义早期以英国为代表的西欧,在16世纪末发生了宗教革命,一些进步思想家从哲学的高度阐述了自然科学的重要作用、论述了知识的价值,在这些进步知识分子的倡导下英国政府开始提倡科学实验,提倡研究自然科学,并成立了皇家学会等学术活动中心,开展自然科学的研究。这一时期英国在自然科学方面取得了对全世界来说都举足轻重的进步,牛顿发现了三大定律,瓦特完善了高效蒸汽机,解除了人们思想和技术上的障碍。较为成熟的蒸汽机技术促使纺织业和制造业的生产效率成倍增长,生产力得到充分的发展,促使第一次工业革命的爆发,改变了生产和生活的面貌。在较为先进的科学理念和技术水平的支撑下,英国的资本主义得到极大程度的发展,英国的经济进入了极度繁荣的时期,强有力的科技支撑为英国海外扩张提供了轮船、火炮、高效的机械化设备,从而获取了大量的资源和资本积累,经济、社会迅速发展,开始了所谓的"日不落"历史,英国成为这一时期的世界科技和经济中心。与此同时,英国政治经济学家亚当·斯密对经济和政治理论进行系统的研究,提出了劳动分工理论和"经济人"观点,改变了长期以来社会生产基本上没有专业分工的方式,通过建立合理的劳动分工,促进工业社会的生产效率提高,从而大大提高社会生产力,实现了经济繁荣发展。因此,资本主义早期以英国为代表的西欧经济中心的确立,主要得益于科学技术的领先和先进管理思想在社会生产领域的广泛运用。

第一次世界大战结束后,美国政府很早就明确以教育带动科研,对教育采取特殊优惠政策,在资金、土地、政策等方面给予强大的支持。另外,美国历任领袖都十分重视科学技术的发展,再加上美国积极应用移民政策吸引大量的科技人才,诸如爱因斯坦、费米等一批著名的科学家被吸引到美国,使得科学研究和科技创新突飞猛进,促使了以原子能、计算机、空间技术、微电子技术为代表的第三次技术革命在美国的产生。与此同时,20世纪初期泰勒创立的科学管理理论,采用科学的途径来解剖管理,探究管理的内在规律和普遍原则。泰勒的科学管理运用于企业管理中,使得许多企业生产效率成倍提高,极大地提高了各行各业生产的产量,而且在增加工人工资的同时,降低产品价格和增加对产品的需求成为可能。20世纪美国经济迅速崛起,美国成为世界经济的发展中心,主要依靠科学技术创新,以及以科学管理为代表的先进的管理理论指导,大大提高劳动生产率,实现经济的飞速发展。

第二次世界大战使日本战前积累的财富几乎丧失殆尽,经济遭到严重破坏,经济的崩溃导致社会的动荡和混乱。然而经过10年的恢复和发展,到1955年日本人均国民收入已超过了战前水平,到20世纪80年代日本成为仅次于美国的世界第二经济大国,创造了世界经济发展史上的奇迹。日本迅速发展的原因有很多,但最主要的是日本政府加强投资,重视教育。1947年日本制定和实施《义务教育法》,1969年全面实施免费九年义务教育,并大力加强中等、高等教育,大大提高了劳动生产者的知识水平和科技运用能力。另外,日本政府投入大量资金用于科研,以重工业和化学工业为中心,进行大规模的设备投资和设备更新,引进大量先进技术,并积极发展电子、石化和人造纤维等新型工业,为国民经济全面现代化奠定了物质、技术基础。此外,"二战"结束后日本从美国引进了包括泰罗制在内的管理思想和经验,结合日本现代工业生产的实际,创造出自己的质量管理模式、团队管理方法。

综观现代经济发展的三大中心的兴起,可以得出这样的认识:科学技术和管理是促进社会经济发展的重要力量。因此,社会经济学家认为,科学技术和管理是经济发展的"两大车轮"。

1.3.2　管理能够产生"1+1>2"的功效

管理的任务就是对人、财、物、时间、信息等资源进行整合,以最小的成本实现既定的目标。这种方式的实现可以细分为四种情况:产出不变,支出减少;支出不变,产出增多;支出减少,产出增多;支出增多,产出增加更多。这里的支出包括资金、人力、时间、物料、能源等的消耗。总之,管理的基本原则是"用力少,见功多",以尽可能少的资源投入、耗费,取得尽可能大的功业、效果。因此,管理工作通过人力资源的最大化,实现大才大用,小才小用,使得能者上、庸者下,通过协调人与人的关系、处理好人与事的关系,实现资源效用的最大化。此外,对有限资金的使用,也是通过"好钢用在刀刃上",使得资金发挥最大效用,充分协调财与事的关系。另外,实现组织目标需要做的工作有很多,依据事情的轻重急缓安排工作的先后顺序,这是处理事与事的关系。管理的意义就是协调各种资源的关系,使资源使用效率得到提高,从而提高效果、效率、效益。

1.4　管理学的建立及其理论发展

人类开展管理活动有着漫长的历史,可以这样说,自人类出现以后,人们就在社会生产和社会生活中开展形式多样的管理活动。但在20世纪以前的漫长历史时期里,人们对管理的认识停留在零碎的、片面的经验总结和反思,没有系统化的管理思想和管理理论,因而管理没有作为一门独立的学科得以建立。19世纪末期,在机器大工业的催生下,借助科学发展的众多成果,对管理经验进行系统化,形成了系统的管理理论,建立了相对独立的管理学学科。一百多年来,随着社会经济和科学技术的不断发展,管理理论与时俱进,不断推陈出新。

1.4.1　古代的管理实践和管理思想

1. 中国早期管理思想

管理实践与管理理论是与各国自身的生产力发展和民族文化特点相连的。早在五千年前,中国就已经有了人类社会最古老的组织——部落和王国,有了部落的领袖和帝王,也就有了管理问题。《论语》《孙子兵法》《资治通鉴》《红楼梦》等著作中包含许多关于管理的论述。

(1)关于经济管理的思想。孔子主张重义轻利,不要积极追求物质财富,要"知命安贫";主张财富的分配要适当。老子、庄子主张寡欲,对财富要有知足感。孟子认为"劳心者治人,劳力者治于人",社会要有明确的分工。荀子认为需求是无止境的,需要用礼节来调节,人类想要满足群体的欲望,就必须分工;富国首先必须富民;"下贫则上贫,下富则上富"。

(2)关于运筹决策的思想。古代中国在生产和战争实践中形成了较完整的运筹与决策思想体系。如《孙子兵法》主张的"知己知彼""凡事预则立,不预则废",做人做事需要"三思而行"等,充分体现了运筹决策的思想。

(3)关于人的心理和行为的思想。在古代中国文化发展过程中,对人性问题很早就有争论。孟子主张性善论,认为"人之初,性本善"。荀子主张性恶论,认为"人之性恶,其善者伪也"。关于人的需求,管仲指出"仓廪实则知礼节,衣食足则知荣辱"。关于奖惩,管仲认为"赏不可以不厚,禁不可以不重",主张重赏重罚。可以这样认为,古代中国有着丰富的管人、用人的心理和行为的实践与思想。

(4)关于领导艺术。在古代的许多书籍中,大量记载了治国安邦和领导艺术的思想。如《孙子兵法》记载:"将能而君不御者胜。"孟子认为"天时不如地利,地利不如人和"。古代许多思想家主张,治国安邦重在顺"道",重"人",求"和",守"信"。

2. 西方早期管理思想

西方文明发展的历史进程中,积累了丰富的管理实践和管理经验。从公元前6世纪的奴隶制时代开始,罗马、埃及、巴比伦等文明古国便在政治、经济、军事等方面为人类作出了杰出的贡献。比如,古罗马帝国的兴盛并连续统治几个世纪,关键得益于其有效的组织和中央集权与地方分权管理相结合的分权制度。古巴比伦王国利用颁布的汉谟拉比法典,建立了强硬的中央集权统治国家,同时在该法典中还涉及工资、会计、收据等经济管理思想。古埃及建立了具有象征意义的金字塔式的管理方式,有严格的等级层次和分工协作管理。而诸如埃及的金字塔、罗马的水道、巴比伦的古城等伟大的建筑更是表现出了惊人的管理实践,这些巨大的工程背后一定存在着非常复杂的规划、组织、领导与控制活动,若没有一些进步的管理思想是无法解决的。

但在这一阶段,人们并没有很好地对管理实践进行系统的研究和规律性的总结。真正关注并较好地研究有关管理问题的活动,起源于 18 世纪英国的工业革命。18 世纪下半叶的工业革命导致了机器取代人力,加速了资本的快速积累和企业规模的日益扩大,这也促使了对管理的研究。其中,对后期管理理论的形成与研究有较大影响的代表性人物有亚当·斯密、查尔斯·巴贝奇和罗伯特·欧文。

(1) 亚当·斯密的"经济人"思想。亚当·斯密是英国政治经济学家,他对经济和政治理论进行系统的研究,创立了劳动分工理论。他以制针业为例提出劳动分工能大大地提高劳动生产率,斯密宣称,每人从事一项专门化的制针作业,一天能生产大约 48 000 根针。而如果每个人单独完成全部制针作业,每人一天大约只能制作 10 根针!其主要原因在于:一是劳动分工增加了工人的技术熟练程度;二是节省了从一种工作状态转换为另一种工作状态所需要的时间;三是发明了既方便工作又节省劳动时间的机器。同时,亚当·斯密指出,人们在经济活动中追求的是个人自身的经济利益,社会利益是以个人相互之间的利益限制为基础而产生的,这就是所谓的"经济人"观点。

(2) 查尔斯·巴贝奇的劳动分工与利润分配思想。查尔斯·巴贝奇不仅是英国著名的数学家,而且对工厂的生产和管理也十分关心。在 1837 年出版的《论机器和制造业的节约》一书中,对劳动分工的好处和主管人员对设备、物质、人力使用上的具体管理技术进行了较为全面的论述。此外,他还提出了通过建立一种利润分享制度,来正确处理工厂主与工人之间的利益分配问题,使工人除固定工资外,还可以得到企业利润奖金与合理化建议奖金,从而建立起劳资双方的和谐关系。

(3) 罗伯特·欧文的人事管理思想。罗伯特·欧文是一位成功的英国企业家和空想社会主义者,最早注意到企业内人力资源的重要性,所以有人认为他是"人事管理之父"。欧文 16 岁那年离家自谋生计,18 岁那年他与人合办工厂,后来自办小厂,再后来受聘于一些大型纺纱厂做管理工作。通过在纺纱厂一系列的试验,提出在生产中要重视人,要缩短工人的工作时间,提高工人工资,改善工人住房和生产条件,认为重视人的作用和尊重人的地位可以使工厂获得更多的利润。

总体来讲,这一时期有关管理问题的论述和研究,还远未能形成系统的管理理论。但人们已经意识到管理在企业中的重要性,预见到管理的地位将不断提高,其管理思想为后来的管理学理论的形成奠定了坚实的基础。

1.4.2　管理学的建立与学科特点

1. 管理学的建立及其标志

任何一门学科的产生,都是以系统理论形成为前提的,其标志就是该学科的第一本著作的出版。管理学作为社会科学的其中一门学科,学科的建立是管理实践经验、思想的理性化和系统化，形成系统理论。美国管理学家泰勒在 19 世纪末相继发表了阐述管理的论文，并于 1911 年出版了《科学管理原理》。因此，管理学的建立时间是 19 世纪末 20 世纪初，学科建立的标志就是《科学管理原理》的出版。这一学科的特定研究对象就是管理现象，学科任务是揭示管理活动的规律。

2. 管理学的学科特点

（1）管理学既是一门科学又是一种艺术

自从 20 世纪初泰勒的科学管理理论产生以来，管理知识逐渐系统化，并形成了一套能反映管理活动内在规律性的理论体系，这个由一系列的基本概念、管理原理和管理方法等组成的理论体系在此后的管理实践中，一方面用于指导人们的管理实践，使人们的管理水平得到不断的提高；另一方面又随着人们管理实践的不断丰富而得到不断的发展和完善。因此，从这个意义上说，管理学是一门科学，它是人们在长期的管理实践中，经过无数次的成功和失败，总结出来的一系列可供人们学习和传授的反映管理活动客观规律的管理理论和一般方法。

然而，管理学不是一门精确的科学。人们在认识管理活动的内在规律性的过程中所形成的概念、原理、原则、方法等，不可能像自然科学的原理和定理那样通过实验加以提炼和验证。因此，一方面当管理者应用管理理论指导管理实践时，不可能像自然科学应用其定理和原理去指导自然科学实践那样严谨、精确和一丝不苟，而是要求管理者灵活地运用管理理论对具体问题进行具体分析。另一方面管理又具有很强的实践性；由于管理对象的复杂性、管理问题和管理环境的多变性，管理学所能提供的手段和方法又是极其有限的。因此需要管理者具有丰富的管理技巧，这就是说管理是一种艺术。艺术的含义是指能够熟练地运用知识并且通过巧妙的技能来达到某种效果，或者说是指达到某种预期效果的"诀窍"。正如其他所有技能一样，管理工作也需要利用系统化的知识，根据实际情况加以运用，以获得预期的效果。这就是说，在管理实践中，如果只凭书本知识来诊断，仅仅借助原则来设计，靠背诵原理来管理是远远不够的。只有将管理知识与具体的管理实践相结合，发挥管理者的积极性、主动性和创造性，才能进行有效的管理。所以，管理的艺术性就是强调管理活动除了要掌握一定的理论和方法外，还要有灵活运用这些知识的技巧和经验。

因此，可以说管理学既是一门科学，又是一种艺术，是科学与艺术的有机结合。管理的这一特性，对于学习管理学和从事管理工作十分重要，它可以促使人们既注重对管理理论的学习，又不忽视灵活运用管理的理论和方法。对一个管理者来说，如果不懂得管理的科学理论，在管理的过程中就只能靠碰运气，靠主观或过去的经验办事；而如果管理者掌握了管理的科学理论，就有可能对所要解决的问题找出切实可行的解决办法。当然，管理者也不能空谈管理理论，需要通过实践来丰富自己的管理经验和技巧。总之，任何人要能成为一个成功的管理者，不但要学好管理理论，还要掌握管理的艺术。

（2）管理学是一门综合性的科学

管理学的综合性特点可从三个方面来分析。首先，从管理学自身的知识体系构成来看，它具有综合性。管理学的整个知识体系可分成三个层次：管理的基本理论知识；管理技术、管理方法等工具性知识；专门领域的专业性管理知识。其次，从管理学的学科体系结构分析，管理学是一个包括许多分支学科的综合性学科。因为在整个人类社会中，人们会按照专业化分工的原则从事各种各样的工作,社会也因此形成各种各样的部门或行业,这样就有各个部门或行业的管理活动,也就形成了不同部门或行业的专业管理,包括经济、技术、教育、行政、军事等许多方面的专业管理,因而形成了众多分支学科,而每个分支学科又可以细分,如经济管理又可细分为宏观经济管理、中观经济管理和微观经济管理。最后,从管理的知识来源和构成方面分析,它吸收了许多自然科学和社会科学的知识,如数学、政治经济学、哲学、生产技术学、社会学、心理学、行为科学、信息学、仿真学等。也就是说,管理学与社会科学、自然科学两大领域的多种学科有着广泛而密切的联系,并且它需要综合利用社会科学和自然科学的成果,才能发挥自身的作用,它具有社会科学与自然科学相互渗透、相互交叉的特点。因此,管理学是一门综合性学科,或称为综合性的边缘学科。管理学的综合性特征,要求管理者要掌握广博的知识,但并不一定是这个学科的专家。

(3) 管理学具有历史发展性

任何科学的发展,都是在人类思想遗产和前人研究成果的基础上坚持探索、坚持创新而实现的。同样,管理学的产生和发展,有其深刻的历史渊源。管理学发展到今天,已经历了许多不同的历史发展阶段,在每一个历史阶段,由于历史背景不同,产生了各种管理理论。有些管理理论已显陈旧,有的管理理论尚能适用,但总的来说,管理学作为一门现代科学来研究不过几十年时间,它还是一门非常年轻的学科,其理论还处于新旧更迭的大发展之中。同时作为一门与社会经济发展紧密关联的学科,也必将随着经济的发展和科技的进步而发展。

(4) 管理学是一门应用性、实践性很强的科学

管理学来源于实践又应用于实践,是为人们提供高效能的管理。由于管理对象的复杂性和管理环境的多变性,有的管理知识在运用时要注意技巧性、灵活性和创造性,不能用陈规旧矩或思维定式把它禁锢起来,需要在实践中不断创新。

1.4.3　管理学的理论发展

1. 古典管理理论(19 世纪末到 20 世纪 30 年代)

古典管理理论阶段是管理理论最初形成阶段。在这一历史阶段,美国、法国、德国等众多的管理学家从不同的角度认识管理活动,创立了许多的管理理论。主要代表人物有"科学管理之父"泰勒(F. W. Taylor)、"管理理论之父"法约尔(H. Fayol)以及"组织理论之父"马克斯·韦伯(M. Weber)等。

泰勒的科学管理重点研究在工厂管理中如何提高效率。认为工人和雇主双方都必须来一次"心理革命",变对抗为信任,共同为提高劳动生产率而努力。主张对工人实行劳动定额,为此必须配备"第一流的工人",并且要使他们掌握标准化的操作方法,采取"有差别的计件工资制"。此外,主张组织管理,把计划职能同执行职能分开,实行职能工长制。在管理控制上实行例外原则。

法约尔从四个方面阐述了管理理论:企业职能不同于管理职能,后者包含在前者之中;管理教育的必要性与可能性;分工、职员与职权、纪律等管理十四条原则;关于管理组织与管理过程的职能划分理论。法约尔的管理理论对后来的管理理论研究具有深远影响。

马克斯·韦伯的组织理论主张建立一种高度结构化的、正式的、非人格化的"理想的行

政组织体系",认为这是对个人进行强制控制的最合理手段,是达到目标、提高劳动生产率的最有效形式,而且在精确性、稳定性、纪律性和可靠性方面优于其他组织。

上述三位及其他一些先驱者创立的古典管理理论,被以后的许多管理学者研究和传播,并加以系统化。其中贡献较为突出的是英国的厄威克(L. F. Urwick)与美国的古利克(L. Gulick),前者提出了他认为适用于一切组织的十条原则,后者概括提出了"POSDCRB",即管理七项职能——计划、组织、人事、指挥、协调、报告和预算。古典管理理论阶段的研究侧重于从管理职能、组织方式等方面研究效率问题,对人的心理因素考虑很少或根本不考虑。

2. 行为科学理论(20 世纪 30—50 年代)

行为科学理论阶段重视研究人的心理、行为等对高效率地实现组织目标(效果)的影响作用。这些研究起源于以梅奥(G. E. Mayo)为首的美国国家研究委员会与西方电气公司合作进行的霍桑试验(1924—1932 年),该试验的结论:职工是"社会人"而非"经济人",企业中存在着"非正式组织",新型的领导能力在于提高职工的满意度。这些观点引起了管理学者对人的行为的兴趣,从而促进了行为科学理论的发展,该理论主要研究个体行为、团体行为与组织行为。

该时期具有代表性的理论成果还有:

(1) 马斯洛(A. H. Maslow)的需求层次理论。该理论认为:人的需求分为生理的需求、安定或安全的需求、社交和爱情的需求、自尊与受人尊重的需求以及自我实现的需求等五个层次,当某一层次的需求满足之后,该需求就不再具有激励作用。在任何时候,主管人员都必须随机制宜地对待人们的各种需求。

(2) 赫次伯格(F. Herzberg)的双因素理论。该理论把影响人员行为绩效的因素分为"保健因素"与"激励因素",前者指"得到后则没有不满,得不到则产生不满"的因素,后者指"得到后则感到满意,得不到则没有不满"的因素。主管人员必须抓住能促使职工满意的因素。

(3) 麦克莱兰(D. C. Macleland)的激励需求理论。该理论认为,任何一个组织都代表了实现某种目标而集合在一起的工作群体,不同层次的人具有不同的需求,因此,主管人员要根据不同人的不同需求来激励,尤其应设法提高人们的成就需要。

(4) 麦格雷戈(D. M. McGregor)的"X-Y 理论"是专门研究企业中人的特性问题的理论。X 理论是对"经济人"假设的概括,而 Y 理论是根据"社会人""自我实现人"的假设,并归纳了马斯洛与其他类似观点后提出的,是行为科学理论中较有代表性的观点。随着对人的假设发展至"复杂人",又有人提出了超 Y 理论。

(5) 波特—劳勒模式。该模式由波特(L. M. Porter)和劳勒(E. E. Lawler)合作提出,认为激励不是一种简单的因素关系,人们努力的程度取决于报酬的价值、自认为所需要的能力及实际得到报酬的可能性,管理者应当仔细评价其报酬结构,把"努力—成绩—报酬—满足"这一连锁关系结合到整个管理系统中去。

3. 现代管理理论(20 世纪 50 年代以后)

第二次世界大战后的 20 世纪 40—60 年代,美国国势与经济水平都得到了大幅度的发展,除了行为科学理论得到长足发展以外,许多管理学者(包括社会学家、数学家、人类学家、计量学家等)都从各自不同的角度发表自己对管理学的见解。其中较有影响的是以巴纳德(C. Barnard)为创始人的社会合作系统学派、西蒙(H. A. Simon)为代表的决策学派以及德鲁克(P. F. Drucker)为代表的经验(案例)学派等,到 80 年代初管理理论发展为"百花齐放"的景象,孔茨(H. Koontz)称其为管理理论丛林。

20 世纪 60 年代末到 70 年代初,美国经济内临石油危机,外遇崛起的日本及欧洲的挑战,科技竞争愈演愈烈,管理学界开始重点研究如何适应充满危机和动荡的环境的不断变化,谋求企业的生存发展,并获取竞争优势。较为突出的是,来自战争的词汇——"战略"开始引入管理界。这一期间的管理理论有以下的发展:安索夫(Ansoff)《公司战略》(1965 年)一书的问世,开启了战略规划的先河。到 1975 年,安索夫的《战略规划到战略管理》出版,标志着现代战略管理理论体系的形成。该书中将战略管理明确解释为"企业高层管理者为保证企业的持续生存和发展,通过对企业外部环境与内部条件的分析,对企业全部经营活动所进行的根本性和长远性的规划与指导"。他认为,战略管理与以往经营管理不同之处在于面向未来,动态地、连续地完成从决策到实现的过程。其间,论述企业组织与外部环境关系的著作还有劳伦斯与罗斯奇合著的《组织与环境》(1969 年),提出公司要有应变计划,以求在变化及不确定的环境中得以生存;卡斯特(F. E. Kast)与罗森茨韦克(J. E. Resenzweig)的《组织与管理——系统权变的观点》(1979 年)虽是权变理论学派的代表作,但其分析的问题也是从长期角度看待企业如何适应环境,认为在企业管理中要根据企业所处的内外条件随机应变,组织应在稳定性、持续性、适应性、革新性之间保持动态的平衡。迈克尔·波特(M. E. Porter)的《竞争战略》(1980 年)可谓把战略管理的理论推向了高峰,书中许多思想被视为战略管理理论的经典,比如五种竞争力(进入威胁、替代威胁、买方砍价能力、供方砍价能力和现有竞争对手的竞争)、三种基本战略(成本领先、标新立异和目标集聚)、价值链的分析等。通过对产业演进的说明和各种基本产业环境的分析,得出不同的战略决策。这一套理论与思想在全球范围产生了深远的影响。《竞争战略》与后来的《竞争优势》(1985 年)以及《国家竞争优势》成为著名的"波特三部曲"。

20 世纪 80 年代,随着人们受教育水平的日益提高,随着信息技术越来越多地被用于企业管理,三四十年代形成的企业组织越来越不能适应新的、竞争日益激烈的环境,管理学界提出要在企业管理的制度、流程、组织、文化等方方面面进行创新。美国企业从 80 年代起开始了大规模的"企业重组革命",日本企业也于 90 年代开始进行所谓"第二次管理革命"。这十几年间,企业管理经历着前所未有的、类似脱胎换骨的变革。实践先于理论的产生,企业再造理论的最终构架由迈克尔·海默(M. Hammer)博士与詹姆斯昌佩(J. Champy)完成。他们在其合著的《再造企业——管理革命的宣言书》(1993 年)中阐述了这一理论:现代企业普遍存在着"大企业病",面对日新月异的变化与激烈的竞争,要提高企业的运营状况与效率,迫切需要"脱胎换骨"式的革命,只有这样才能回应生存与发展的挑战;企业再造的首要任务是 BPR——业务流程重组,它是企业重新获得竞争优势与生存活力的有效途径;BPR 的实施又需两大基础,即现代信息技术与高素质的人才,以 BPR 为起点的"企业再造"工程将创造出一个全新的工作世界。在上述两人的合著出版前的 1990 年,《哈佛商业评论》杂志就发表了海默的文章《改造工作不要自动化,而要推翻重来》,海默批评了企业在改造中常犯的错误,即运用信息技术加速已落后了几十年(甚至几百年)的工作流程,指出要对流程进行重新思考,并提出了改造的七项原则。由于其为再造工程所作出的理论贡献,海默本人被美国《商业周刊》评为 20 世纪 90 年代最具影响力的"四大管理宗师"之一。除海默之外,还有许多管理学家在为企业再造做咨询工作的同时撰写文章。1993 年 11—12 月的"哈佛商业评论"上,发表了特蕾西·高斯、理查德·帕斯卡及安托尼·阿瑟斯的《重新创业的过山车——为更有力的明天在今天冒险》,其中特别强调,改造不是改变现在已有的,而是要创造现在所没有的。1993 年年底,小林裕以专著《企业经营再造工程》完成了日本管理学界对这一时期管理理论与实践的总结。

20 世纪 80 年代末以来,信息化和全球化浪潮迅速席卷世界,跨国公司力量逐日上升,跨国经营也成为大公司发展的重要战略,跨国投资不断增加。知识经济的到来使信息与知识成为重要的战略资源,而信息技术的发展又为获取这些资源提供了可能;顾客的个性化、消费的多元化决定了企业只有合理组织全球资源,在全球市场上争得顾客的投票,才有生存和发展的可能。这一阶段的管理理论研究主要针对学习型组织及虚拟组织问题而展开。1990 年,彼德·圣吉(P. M. Senge)所著的《第五项修炼》出版,该书的主要内容旨在说明:企业唯一持久的竞争优势源于比竞争对手学得更快更好的能力,学习型组织正是人们从工作中获得生命意义、实现共同愿望和获取竞争优势的组织蓝图;要想建立学习型组织,系统思考是必不可少的"修炼"。该书出版不久,即在全球范围内引起轰动,并于 1992 年荣获世界企业管理协会最高荣誉奖——开拓奖,作者本人也被冠以 90 年代的"管理学宗师"。在阿里·德赫斯(Arie De Geus)所著的《长寿公司》一书中,作者通过考察 40 家国际长寿公司,得出结论——"成功的公司是能够有效学习的公司",在他看来,知识是未来的资本,只有学习才能为不断的变革做好准备;此外,罗勃特·奥伯莱(R. Aubrey)与保罗·科恩(P. M. Cohen)合著《管理的智慧》则描述了管理者在学习型组织中角色的变化——他们不但要学会管理学习的技巧,也要使自己扮演学习的领导者、师傅和教师的多重角色。除了学习型组织,90 年代还有一个热点——虚拟组织。1990 年《哈佛商业评论》第 6 期发表文章《公司核心能力》,作者建议公司将经营的焦点放在不易被抄袭的核心能力上,由此引发后来的"虚拟组织"热。虚拟组织与传统的实体组织不同,它是围绕核心能力,利用计算机信息技术、网络技术及通信技术与全球企业进行互补、互利的合作,合作目的达到后,合作关系随即解散,以此种形式能够快速获取处于全球各处的资源为我所用,从而缩短"观念到现金流"的周期;不仅如此,灵活的"虚拟组织"可避免环境的剧烈变动给组织带来的冲击。1994 年出版的由史蒂文·L. 戈德曼(S. L. Glodman)、罗杰·N. 内格尔(R. N. Nagel)及肯尼斯·普瑞斯(K. Preiss)合著的《灵捷竞争者与虚拟组织》是反映虚拟组织理论与实践的较有代表性的著作。

上述管理理论发展的历程需要说明的是:第一,各个阶段的年代划分并非泾渭分明、非此即彼。事实上,无论是行为科学、战略管理,还是企业再造依旧是我们今天的话题。第二,无论哪一种理论或思想,都是围绕管理的核心问题"效果"(做正确的事)或"效率"(如何正确地做事)而展开。

1.5　学习和研究管理学的方法

学习和研究管理学的方法是多层次、多类别的,既有方法论基础,又有思维方法,还有具体方法。

1.5.1　唯物辩证法是学习和研究管理学的方法论基础

唯物辩证法是我们学习和研究管理学的强大的思想武器。管理学源于管理的实践活动,在长期的管理实践中,人们运用历史的、全面的、发展的观点去观察和分析各种管理现象和管理问题,通过对感性积累的经验进行加工提炼,上升为理性认识即管理理论;反过来又能动地运用有关管理理论去指导管理实践,验证管理理论的正确性和有效性,并进一步发展和完善管理理论。因此,学习和研究管理学,必须以唯物辩证法为总的方法论基础,坚持实事求是的科学态度,深入管理实践,进行调查研究,总结管理实践经验并运用判断和推理的方法,使管理实践经验上升为管理理论。在学习和研究中还要认识到一切现象都是相互联系和相互制约的,一切事物也都是不断发展变化的。因此,必须用全面的、联系的、历史的、发展的观点,去观察和分析管理问题,重视管理学的历史,考察它的过去、现状及其发展趋势,不能固定不变地看待组织及组织的管理活动。

1.5.2　系统方法是学习和研究管理学的主要思维方法

所谓系统方法,是指用系统的观点和方法来研究和分析管理活动的全过程。系统是由相互作用和相互依赖的若干组成部分结合而成的、具有某种特定功能的有机整体。系统本身,又是它所从属的一个更大系统的子系统。

从管理的角度看,系统有两层含义:第一层含义是指系统是一种实体,如组织系统。作为实体系统的组织,一般具有整体性、目的性、动态性、层次性、开放性、功能性、结构性等特征。既然组织是个系统,为了更好地研究组织与组织管理,我们就必须用系统理论来理解、分析和研究组织。第二层含义是指系统是一种方法或手段,它要求在研究和解决组织管理问题时,必须具有整体观、过程观、"开放"与相对"封闭"观、反馈观、分级观等有关系统的基本观点。尽管在现代管理科学领域,各学派在管理系统的定义、系统的具体特征等问题上,还很不统一,存在较大的理论分歧,但没有一个管理学派不运用系统理论来研究组织与组织管理,系统原理也是公认的管理的基本原理,几乎每一本管理学著作,都离不开系统概念。

因此,学习研究管理学,必须用系统方法作为主要的思维方法。在学习与研究管理理论和管理活动时,应首先把组织与组织管理活动看作一个系统,对影响管理过程的各种因素及其相互之间的关系进行总体的、系统的分析研究,对管理的概念、职能、原理、方法等管理理论作系统的分析和思考。唯有如此,才能形成科学的管理理论和有效的管理活动。

1.5.3　理论联系实际的方法

管理学是一门应用性、实践性很强的科学,它是科学性与艺术性的统一。这决定了管理学应更多地采用理论联系实际的方法的学习和研究方法。具体地说,可以是管理案例的调查和分析、边学习管理理论边从事管理实践,以及带着问题学习等多种形式。通过这种方法,有助于提高学习者运用管理的基本理论和方法去发现问题、分析问题和解决问题的能力。同时,由于管理学是一门新兴学科,因而还应以探讨研究的态度来学习,通过理论与实践的结合,使管理理论在管理实践中不断地加以检验,同时,通过对管理实践经验的总结和提升,不断丰富、深化和发展管理理论。

1.5.4　学习和研究管理学的具体方法

1. 观察总结的方法

按照理论联系实际的要求,研究管理学必须掌握观察管理实践,总结管理经验,并进行提炼概括,使其上升为理论的方法。人们的管理实践,特别是众多优秀管理者的管理经验,蕴藏着深刻的管理哲理、原理和方法,因此有必要运用综合、抽象等逻辑方法,总结人们的管理实践经验,从而形成系统的管理理论来进一步指导管理实践。这样研究和学习管理学,就会收到事半功倍的效果。

2. 比较研究的方法

当代世界各国都十分重视管理和管理学的研究,各自形成了有特色的管理科学。学习和研究管理学时,要注意管理学的二重性,既要吸收发达国家管理中科学性的东西,又要去其糟粕;既要避免盲目照搬,又要克服全盘否定;要从中国国情出发加以取舍和改造,有分析、有选择地学习和吸收西方管理的理论和实践经验。在学习和研究外国的管理经验时,至少要考虑到四个不同:社会制度的不同;生产力发展水平的不同;自然条件的不同;民族习惯和传统文化的不同。这就要求学会用比较研究的方法对世界上先进的管理理论和实践进行比较研究,分辨出一般性的东西和特殊性的东西,可以为借鉴的东西和不可借鉴的东西,真正做到兼收并蓄,丰富我国管理学的内容,建立具有中国特色的管理科学体系。

3. 历史研究的方法

历史研究的方法就是指要研究管理的发展演变的历史,要考察管理的起源、历史演变、管理思想和管理理论的发展历程、重要的管理案例,从中揭示管理规律和管理学的发展趋势,寻求具有普遍意义的管理原理、管理原则、管理方式和管理方法。无论是中国的历史,还是外国的历史,都有大量的关于管理方面的文化典籍,有许多值得研究的管理事例。只要我们坚持正确的指导思想,通过细致的工作方法,深入地研究前人留下的管理思想精华,就会有所收获,有所创新,有所发展。

4. 案例研究的方法

案例研究的方法是指对有代表性的案例进行剖析,从中发现可资借鉴的经验、方法和原则,从而加强对管理理论的理解与方法的运用,这是管理学研究和学习的重要方法。哈佛商学院因其成功的案例教学,培养出了大批的优秀企业家。管理的案例研究法,是当代管理科学比较发达的国家在管理学教学中广为推行的学习研究方法,效果甚佳。学习研究管理学,必须掌握案例教学法、案例研究法,将自己置身于模拟的管理情景中,学会运用所学的管理原理、原则和方法去指导管理实践。

5. 试验研究的方法

试验研究的方法是指有目的地在设定的环境下认真观察研究对象的行为特征,并有计划地变动试验条件,反复考察管理对象的行为特征,从而揭示出管理的规律、原则和艺术的方法。试验研究不同于案例分析,后者是将自己置于已发生过的管理情景中,一切都是模拟的,而前者则是在真实的管理环境中对管理的规律进行探讨。只要设计得合理,组织得好,通过试验方法是能够得到很好的结果的。如管理学发展史上,泰勒的科学管理原理,就以"时间—动作"的试验性研究为基础。著名的"霍桑试验"就是运用试验研究方法研究管理学的又一典范,通过试验所得到的重要成果是完善了传统管理学将人视为单纯的"经济人"的假说,建立起了"社会人"的观念,从而为行为科学这一管理学的新分支的形成和发展奠定了基础。因此,试验研究的方法是管理学研究的一种重要方法。

　　总之,研究和学习管理学,要以马克思主义的唯物辩证法为总的方法论进行指导,同时综合运用各种方法,吸收和采用多学科的知识,从系统的观点出发,理论联系实际,实事求是,这样才能真正掌握和发展管理科学。

复习思考题

1. 什么是管理? 管理活动由哪些要素构成?
2. 马克思主义的管理二重性学说的精神实质是什么?
3. 管理学是什么时候建立的? 建立的标志是什么?
4. 管理理论发展经历了哪些阶段? 各个发展阶段有什么特点?
5. 为什么说管理既是一门科学,又是一门艺术?

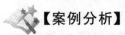【案例分析】

青岛啤酒百年品牌何以更辉煌①

　　在青岛啤酒股份有限公司总部,听青啤人细说青啤的世训:"好人做好酒";宣扬新时期的品牌主张:"激情成就梦想",以及"好啤酒不是靠检验出来的"。普通话语,道出了青啤百年辉煌的历程。

从"好人做好酒"到独特酿造工艺,再到创出现代工艺新技术

　　翻看青啤的荣誉记录,让人赞叹不已。从 1906 年德国慕尼黑博览会上获得金奖起,青啤得到的各种奖项不断:1963 年首次全国啤酒质量评比会上获得国家名酒、金奖;1980—1990 年所有国家级全国啤酒质量评比中获金奖;2002 年荣获啤酒行业唯一的全国质量管理奖……

　　青啤成功的秘诀是独一无二的酿造技术。总裁金志国回忆说,老一代的青啤人都知道,刚入厂的时候,师傅要求徒弟把发酵池刷几遍,就一定要刷几遍,没人会偷懒。再如,青啤至今采取的都是 50 天的自然发酵法,以保持产品的清香与口味,绝不为了提高产量而缩短发酵期。这就如同树上的苹果,自然熟透,摘下来非常好吃。若提前摘下来,再人工催熟,肯定就不会是原来的口味。青啤形成的"好人做好酒"的传统意识是自发的,是从人品去要求酒的品质。

---

　　① 宋学春.青岛啤酒百年品牌何以更辉煌[N].人民日报,2005-07-04.

这种长期的"人品"与"酒品"的融合,形成了青啤的独特工艺技术、独特的百年纯种青啤酵母和独特的青岛啤酒配方。用最新鲜的大米,从脱壳到使用不超过7天;麦芽采用酿造性能最好的加拿大、澳大利亚、欧盟的进口大麦生产;用得天独厚的崂山泉水、配优质啤酒花,再用传统的经典酿造工艺和独到的后熟技术精心酿制。早在20世纪60年代,由青啤编写的《青岛啤酒操作法》就被作为操作规范在全国啤酒行业中推广。现在,公司内部实行的是高于国家标准的企业内控标准:在青啤的生产线上,一瓶啤酒从原料变成成品,要经过1 800多个质量控制点。

在保持传统的酿造工艺前提下,青啤没有故步自封,而是将传统工艺技术和与时俱进的现代工艺技术相结合。1996年,公司科研中心被国家认定为国内啤酒行业第一家国家级企业技术中心。科研中心在啤酒酿造技术方面开发了大量新课题:纯生啤酒的研制开发;高浓稀释技术;啤酒生产中污染微生物快速检测及鉴定等,形成了较完整的啤酒风味物质图谱数据库。

从传统管理到引进"洋资本",再到推行"洋观念"

董事长李桂荣谈起青啤与美国安海斯—布希(AB)公司合作成功一事时,仍然掩饰不住内心的兴奋:青啤进行了一次产权改革大突破。他坦言,依自己的实力,青啤与世界级大公司相比,差距可谓触目惊心:年销售收入相差几十倍!

2002年10月,青啤与AB公司缔结秦晋之好,巨额"洋资本"进入青啤账册,青啤进进出出的工作人员中,也多了数位金发碧眼的"洋面孔",其中来自AB公司国际部的首席执行官伯乐思成了青啤副董事长。

引进"洋资本",带来了"洋高管",就要推行管理的"洋观念"。"检查设备的梯子为什么竖立在车间?"青啤人不明白,这"洋人"怎么问了这么个问题,梯子不就是这么放吗?"洋人"以为青啤人没有听清楚,建议"将梯子挂到墙壁上,既安全又扩大空间"。"对呀,多少年来,我们怎么没有想到。"令他们没有想到的还有许多:将所有阀门、开关、控制节点编上号,便于查找问题……口味一致性是青啤和AB公司的第一个交流项目。现在从采购到制造到流通,每个环节都和AB公司进行交流,使得青啤系统标准逐渐和国际化大公司靠拢。

最难解决的是啤酒的"口味一致性"。AB公司共有12家生产厂,所生产的啤酒口味都一样。"原来我们只是认为消费者说好喝就行,哪里还想到口味一致。别说我们青啤的48家生产厂达到口味一致,就是一家厂里罐装和瓶装的啤酒口味也不一样,不同时间装的不一样……"为了达到口味的一致性,各生产厂按照"洋高管"提出的"关键工序控制点回顾"法,在车间与操作工一起,对生产工序上的每一个控制点进行观察、摸索、讨论、记录。集团公司决心已定,按国际化管理法操作,一年不行两年,两年不行三年,最后实现口味一致。

变化最大的是"数字化"管理。据副总裁姜宏介绍,"上岗有竞争,在位有考核,任职有评价,淘汰没商量"已经成为青岛啤酒独具特色的人力资源管理流程。如青啤一位子公司的总经理因"一评二考"(即群众评议占15%,业绩考核占70%和组织考核占15%)不达标,只好到业务部门当一般管理人员。青啤不仅在用人机制上实现了数字化,在分配机制、运营机制等方面都进行了变革,自2001年开始变革到2004年,公司新建和优化了148项制度,对170个管理流程进行了重新审计和优化,新建和优化了24项管理机制。目前,公司基本上从"人治"进入了制度管理的轨道。

青啤,这个百年老厂,如今有了新的梦想:进入世界啤酒行业的前列,成为具有品牌影响力的国际化大公司。

思考问题

(1) 通过上述资料的学习,你认为青岛啤酒百年辉煌的根本原因是什么?

(2) 请用管理的自然属性说明西方现代管理方法的共性以及在青岛啤酒的运用。

第 2 章

古典管理理论

2.1 古典管理理论产生的时代背景

古典管理理论的产生,一方面反映了社会经济的发展对管理理论的要求;另一方面它的产生和发展又推动了社会经济的发展和进步。影响古典管理理论产生和形成的社会经济因素主要有以下几个方面。

2.1.1 科学技术革命的迅猛发展

从 1543 年哥白尼发表"太阳中心说",人类步入了科学的近代化时代,科学直接推动着社会经济的发展,并引导着世界经济中心的变迁,同时也引导着管理思想的产生和发展。主要表现在以下四个方面。

(1) 第一次科学技术的转移是以意大利为中心的欧洲,继承和发展了中国的"四大发明"以及古希腊、古罗马的科学成就,文艺复兴运动中推动了社会的进步,繁荣了商业,促进了城市的发展。

(2) 第二次科学技术的转移是英国继承了意大利、荷兰、法国等欧洲大陆的科学技术成就,在产业革命过程中实现了工业化。

(3) 第三次科学技术的转移是德国学习英国产业发展的经验,重视技术教育与科学研究工作的组织发展,使德国科学技术得到了持续发展,在经济实力上超过了英国。

(4) 第四次科学技术的转移是美国利用欧洲移民,效仿欧洲技术,在重大科技领域得到突破,促进了工农业的发展,使其在经济上超过了欧洲。

这四次科学技术发展中心的大转移,促进了生产工具的革新和生产组织形式的改进,也促进了管理思想变革和理论发展。

2.1.2 唯理主义哲学、实利主义经济学和新教伦理等思想的发展

在 19 世纪末 20 世纪初,流行于整个资本主义世界的唯理主义哲学、实利主义经济学和新教伦理,对古典管理理论的形成产生了深刻影响。其表现主要有以下三个方面。

(1) 牛顿的经典物理学理论改变了人们的传统思维方式,使人们在行事之前都必须进行理性的思考和分析。经典物理学理论认为,宇宙是一个细致而严密地组织起来的世界图景,所有的事物都是精确而严格地按照规律发生的,包括人类社会活动在内的一切现象都是受理性的规律制约的。所以,不管人们从事什么活动,都应该进行严密的理性分析,不能从事不合理的活动。这一思想为古典管理的形成提供了理性分析的工具。

（2）实利主义经济学导致人们非常注重个人的经济利益，使人们的活动具有经济目的性。实利主义经济学认为，人的行为都是以个人的经济利益为动机的，人们决定是否从事某项活动，都是以该活动是否有利于个人的经济利益为基本前提和出发点的。这一理论为人类行为的产生找到了深层次的根源，为古典管理理论的形成提供了重要思想基础。

（3）新教伦理为人类的活动指明了方向，即人们在谋求物质财富的同时，要以自制、勤俭和节约来实现人们的理想和目标。新教伦理为人们牟取利润作了宗教上的论证，鼓励人们追求物质财富，同时也推崇自制、勤奋和节约是人类的美德，从而倡导人们通过个人的努力和奋斗去实现个人的理想和目标。

2.2　古典管理理论的主要理论流派

19 世纪末 20 世纪初随着机器大生产的兴起，许多管理学家对于如何适应社会大生产的要求，有效组织工人的劳动，提高工人的劳动效率，从不同的角度探讨管理问题，形成了多种管理理论。

2.2.1　科学管理理论

科学管理理论是美国管理学家泰勒为首创立的管理理论。科学管理理论冲破了传统的经验管理模式，提出了一系列的理性的管理原则、原理和方法，建立了理性管理的模式，奠定了管理理论的基础。

1. 泰勒的科学管理理论

（1）泰勒创立科学管理理论的背景

① 泰勒创立科学管理理论的时代背景。

第一，美国的工业化进程对管理提出了新的要求。19 世纪末 20 世纪初，美国完成了从农业国向工业国的转变，许多工厂发展成为生产多种产品的大企业，出现了巨型企业——铁路公司。由于当时的这些大企业管理还相当落后，美国的经济发展速度和企业中劳动生产率的水平远远落后于科学技术成就和经济条件所提供的可能性。为了大力发展生产力，必须在管理方面有一个较大的突破。

第二，经济危机引发了一系列矛盾。从 1873—1907 年，主要资本主义国家经历了 5 次世界性的经济危机，其中 3 次都是从美国开始爆发的，每次危机都使资本主义国家的生产急剧下降，大批企业破产，失业人数猛增，劳资矛盾激化。为了提高抗危机的能力，大企业不断出现，逐渐形成了垄断组织，管理职能专门化的需求变得非常迫切。为此，需要建立有效的管理体制，来维护资本主义的社会关系。

第三，大量外来移民的涌入带来企业管理的新问题。随着美国经济的快速发展，来自世界各地的大批移民纷纷涌入美国，新移民大多集中在沿海的工业城市，为美国的企业提供了劳动力来源。但这些移民大多来自落后的农村地区，只会干体力活，无法适应大机器生产的要求。因此迫切需要一种新的管理方法，能在较短的时间内，把这些劳动力培养成适应工业生产需要的熟练工人。

第四，工业革命以来管理思想的积累为科学管理理论的产生提供了思想基础。阿克莱特等人发明和使用了一些先进的机器,并采用科学的方法进行管理。另外,英国的古典经济学家亚当·斯密对工作时间和工作方法取得了进展,杜平、巴比奇等人进行了进一步的探讨,巴比奇提出了进行作业研究的"观察制造业的方法"。①

社会经济发展使得传统的管理模式和管理方法难以适应新形式的要求,迫切需要创新管理思想和管理模式。同时,哲学、自然科学、社会科学的众多研究成果的突破,为创新管理思想和管理理论提供了坚实的基础。

②　泰勒的管理实践与管理实验。

弗雷德里克·温斯洛·泰勒(F. W. Taylor)出生在美国费城的律师家庭,幼年时期在美国完成小学教育,初高中到英法留学。英法留学回来几年后进入米德维尔工厂,他从一名学徒工开始,先后被提拔为车间管理员、技师、小组长、工长、设计室主任和总工程师。泰勒从"车床前的工人"开始,重点研究企业内部具体工作的效率。随后,他在伯利恒钢铁厂从事管理问题研究,开展了著名的"搬铁块实验"和"铁锹实验"。"搬铁块实验"的主要过程和结果如下:伯利恒钢铁厂的原材料是由一组记日工搬运的,工人每天挣 1.15 美元,这在当时是标准工资,每天搬运的铁块重量有 12~13 吨,对工人的奖励和惩罚的方法就是找工人谈话或者开除,有时也可以选拔一些较好的工人到车间里做等级工,并且可得到略高的工资。后来泰勒观察研究了 75 名工人,从中挑出了 4 个,又对这 4 个人进行了研究,调查了他们的背景、习惯和抱负,最后挑了一个叫施密特的人,这个人非常爱财并且很小气。泰勒要求这个人按照新的要求工作,每天给他 3.85 美元的报酬。通过仔细地研究,使其转换各种工作因素,来观察他们对生产效率的影响。例如,有时工人弯腰搬运,有时他们又直腰搬运,后来他又观察了行走的速度、持握的位置和其他的变量。

"铁锹实验"的过程和主要结果如下:1898 年,泰勒在匹斯连钢铁公司发现以下现象:当时,不管铲取铁石还是搬运煤炭,都使用铁锹进行人工搬运,雇用的搬运工动不动达五六百名。优秀的搬运工一般不愿使用公司发放的铁锹,宁愿使用个人拥有的铁锹。同时一个是基层干部要管理五六十名搬运工,且所涉及的作业范围又相当广泛。在一次调查中,泰勒发现搬运工一次可铲起 3.5 磅(约 1.6 千克)的煤粉,而铁矿石则可铲起 38 磅(约 17 千克)。为了获得一天最大的搬运量,泰勒开始着手研究每一锹最合理的铲取量。泰勒找了两名优秀的搬运工用不同大小的铁锹做实验,每次都使用秒表记录时间。最后发现:一锹铲取量为 21.5 磅(约 10 千克)时,一天的材料搬运量为最大。同时也得出一个结论,在搬运铁矿石和煤粉时,最好使用不同的铁锹。此外,还展开生产计划,以改善基层管理干部的管理范围。进一步地,还设定了一天的标准工作量,对超过标准的员工,给予薪资以外的补贴,达不到标准的员工,则要进行作业分析,指导他们的作业方式,使他们也能达到标准。结果,在三年以后,原本要五六百名员工进行的作业,只要 140 名就可以完成,材料浪费也大大降低。②

泰勒通过不断地观察工人的劳动,系统地研究和分析工人的操作方法和动作所花费的时间,并总结工厂实地进行的各种试验,对管理经验进行总结和研究,逐渐形成其科学管理思想体系。

　　①　李方华,等.管理思想史[M].沈阳:东北大学出版社,2003.
　　②　邵冲.管理学案例[M].北京:清华大学出版社,2006.

(2) 泰勒科学管理理论的主要观点

① 关于工人的劳动管理。

第一,劳动定额原理。泰勒认为管理的中心问题是提高劳动生产率。为了改善工作表现,他提出:首先,企业要设立一个专门制定工人劳动定额的部门或机构,设置这样的机构,不但具有管理必要性和可行性,而且具有经济效益。其次,对工人的劳动进行定额,制定工人的"合理日工作量",必须通过各种试验和测量,进行劳动动作研究和工作研究,最重要的方法是选择合适且技术熟练的工人。研究这些工人在工作中的基本操作或动作的精确序列,以及每个人所使用的劳动工具,记录每一个基本动作所需时间,加上必要的休息时间和延误时间,找出做每一步工作的最快方法,将最快最好的动作和最佳工具组合在一起,成为一个序列,从而确定工人"合理的日工作量",即劳动定额。

第二,标准化原理。泰勒认为,工人提高劳动生产率的潜力是非常大的,人的潜力不会自动跑出来,怎样才能最大限度地挖掘这种潜力呢?最有效的方法就是把工人多年积累的经验知识和传统的技巧归纳整理,并将它们结合起来,然后进行分析比较,从中找出具有共性和规律性的东西,然后将其标准化,这样就形成了科学的方法。通过这种方法对工人的操作方法、使用的工具、劳动和休息的时间进行合理搭配,同时对机器安排、环境因素等进行改进,消除不合理的因素,把最好的因素结合起来,这就形成一种最好的方法,也就是工人的标准化工作方法。

第三,挑选与培训工人原理。为了提高劳动生产率,必须为工作挑选头等工人,这是泰勒科学管理的一个重要思想,也是他提出的企业人事管理的一条重要原则。泰勒指出,健全的人事管理的基本原则是使工人的能力同工作相适应,企业管理者应当为雇员找到最合适的工作,培训他们成为第一流的工人,激励他们尽最大的力量来工作。为了挖掘人的最大潜力,必须做到人尽其才。因为每个人具有不同的才能,每个人适合做的工作不同,工作与个人的性格特点和特长有着密切的关系。为了最大限度地提高生产率,要使每一项工作找出最适宜干这项工作的人,同时还要最大限度地挖掘干这项工作的人的最大潜力,才有可能达到最高效率。因此对任何一项工作必须要挑选出"第一流的工人"即头等工人。然后再对第一流的工人利用作业原理和时间原理进行动作优化,以使其达到最高效率。

第四,工人工资支付原理。泰勒详细研究了当时资本主义企业中所推行的工资制度,例如,日工资制和一般计件工资制等,其中也包括美国管理学家亨利·汤提出的劳资双方收益共享制度,以及弗雷德里克·哈尔西提出的工资加超产奖金的制度。经过分析,泰勒认为现行工资制度存在共同缺陷,就是不能充分调动职工的积极性,不能满足效率最高的原则。于是,泰勒提出了一种具有很大刺激性的报酬制度——"差别工资制"方案。其主要内容是:首先,设立专门的制定定额部门。这个部门的主要任务是通过计件和工时的研究,进行科学的测量和计算,制定出一个标准制度,以确定合理的劳动定额和恰当的工资率,从而改变过去那种以估计和经验为依据的方法。其次,制定差别工资率。即按照工人是否完成定额而采用不同的工资率。如果工人能够保质保量地完成定额,就按最高的工资率付酬,以资鼓励;如果工人的生产没有达到定额就将全部工作量按低的工资率付给,并给以警告,如不改进,就要被解雇。例如,某项工作定额是 10 件,每件完成给 0.1 元。又规定该项工作完成额工资率为 125%,未完成定额率为 80%,那么,如果完成定额,就可得工资为 $10 \times 0.1 \times 125\% = 1.25$(元);如未完成定额,哪怕完成了 9 件,也只能得工资 $9 \times 0.1 \times 80\% = 0.72$(元)。

再次,工资支付的对象是工人,而不是根据职位和工种,也就是说,每个人的工资尽可能地按技能和工作所付出的劳动来计算,而不是按职位来计算。其目的是克服工人"磨洋工"现象,同时也是为了调动工人的积极性。要对每个人在准时上班、出勤率、诚实、快捷、技能及准确程度方面做出系统和细微的记录,然后根据这些记录不断调整他的工资。

② 关于组织管理。

第一,职能化原则。通过对传统的生产方式进行考察,泰勒发现绝大多数工厂的生产,都是资方负责出资以后,生产过程全部交由工人,工人所有工作程序凭个人经验,这样的工作效率由工人的熟练程度和个人的心态所决定,泰勒深信这不是最高效率,必须用科学的方法来改变。为此,泰勒主张:"由资方按科学规律去办事,要均分资方和工人之间的工作和职责",要把计划职能与执行职能分开并在企业设立专门的计划机构。泰勒为专门设立的计划部门规定了 17 项主要负责的工作,包括企业生产管理、设备管理、库存管理、成本管理、安全管理、技术管理、劳动管理、营销管理等各个方面。所以,泰勒所谓计划职能与执行职能分开,实际是把管理职能与执行职能分开;所谓设置专门的计划部门,实际是设置专门的管理部门;所谓"均分资方和工人之间的工作和职责",实际是让资方承担管理职责,让工人承担执行职责。这也就进一步明确厂资方与工人之间、管理者与被管理者之间的关系。

此外,泰勒不但提出将计划职能与执行职能分开,而且还提出必须废除当时企业中军队式组织而代之以"职能式"组织,实行"职能式的管理"。泰勒认为,军队式组织企业的工人从事生产活动,指令是从经理经过厂长、车间主任、工段长、班组长而传达到工人。在这种企业里,工段长和班组长的责任是复杂的,需要相当的专门知识和各种天赋的才能,所以只有本来就具有非常素质并受过专门训练的人,才能胜任。泰勒列举了在传统组织下作为一个工段长应具有的几种素质,即教育、专门知识或技术知识、机智、充沛的精力、毅力、诚实、判断力或常识、良好的健康情况等。但是每一个工长不可能同时具备这 9 种素质。但为了事先规定好工人的全部作业过程,必须使指导工人干活的工长具有特殊的素质。因此,为了使工长职能有效地发挥,就要更进一步细分,使每个工长只承担一种管理职能,为此,泰勒设计出 8 种职能工长,来代替原来的一个工长。这 8 个工长 4 个在车间、4 个在计划部门,在其职责范围内,每个工长可以直接向工人发布命令。在这种情况下,工人不再听一个工长的指挥,而是每天从 8 个不同工长那里接受指示和帮助。

第二,例外原则。泰勒认为,规模较大的企业不能只依据职能原则进行组织管理,而必须应用例外原则。所谓例外原则,就是指企业的高级管理人员把一般日常事务授权给下属管理人员,而自己保留对例外的事项一般也是重要事项的决策权和控制权。在泰勒看来,有许多事项涉及企业的生存和发展,如重大的企业战略问题和重要的人员更替问题等。这些事项需要企业高级管理人员关注和处理,泰勒在《工厂管理》一书中曾指出:"经理只接受有关超常规或标准的所有例外情况的、特别好和特别坏的例外情况、概括性的、压缩的及比较的报告,以便使他有时间考虑大政方针并研究他手下的重要人员的性格和合适性。"泰勒提出的例外原则为依据的管理控制方式,后来发展为管理的授权原则、分权原则和实行事业部制等管理体制。

③ 关于思想革命。

泰勒提出一系列的科学管理的原理、原则、方法的同时,强调劳资双方应当实现精神革命。他在《科学管理原理》一书中指出:"资方和工人的紧密、亲切和个人之间的合作,是现代科学或责任管理的精髓。"他认为,没有劳资双方的密切合作,任何科学管理的制度和方法都难以实施,难以发挥作用。

那么,怎样才能实现劳资双方的密切合作呢?泰勒指出,必须使劳资双方实行"一次完全的思想革命"和"观念上的伟大转变"。泰勒认为,科学管理在实质上包含着要求在任何一个具体机构或工业中工作的工人进行一场全面心理革命,要求他们在对待工作、同伴和雇主的义务上进行一种全面的心理革命。此外,科学管理也要求管理部门的人——工长、监工、企业所有人、董事会,进行一场全面的心理革命,要求他们在对管理部门的同事、对他们的工人和所有日常问题的责任上进行一场全面的心理革命。没有双方的这种全面的心理革命,科学管理就无法存在。在科学管理中,劳资双方在思想上要发生的大革命就是:双方不再把注意力放在盈余分配上,不再把盈余分配看作最重要的事情。他们将注意力转向增加盈余的数量上,使盈余增加到使如何分配盈余的争论成为不必要。劳资双方应当明白,当双方用友谊合作、互相帮助来代替敌对情绪时,通过共同努力,就能创造出比过去大得多的盈余。也就是说,要使劳资双方进行密切合作,关键不在于制定什么制度和方法,而是要实行劳资双方在思想和观念上的根本转变。如果劳资双方都把注意力放在提高劳动生产率上,劳动生产率提高了,不但工人可以多拿工资,而且资本家也可以多拿利润,从而可以实现双方"最大限度的富裕"。

(3) 泰勒科学管理理论的应用价值

泰勒的科学管理理论并不是脱离实际的,他提出的管理原理、原则和方法,都是经过试验和认真研究得出的。泰勒的科学管理理论坚持了竞争原则和以人为本原则。竞争原则体现为给每一个生产过程中的动作建立一个评价标准,并以此作为对工人奖惩的标准,使每个工人都必须达到一个标准并不断超越这个标准,而且超过越多越好。于是,随着标准的不断提高,工人的进取心就永不会停止,生产效率必然也跟着提高。以人为本原则体现为这个理论是适用于每个人的,它不是空泛的教条,是以工人在实际工作中的较高水平为衡量标准的,因此既可使工人不断进取,又不会让工人在工作中无法实现。

科学管理理论很明显地是一个综合概念。它不仅仅是一种思想,一种观念,也是一种具体的操作规程,是对具体操作的指导。首先,以工作的每个元素的科学划分方法代替陈旧的经验管理工作法;其次,员工选拔、培训和开发的科学方法代替先前实行的那种自己选择工作和想怎样就怎样的训练做法;再次,与工人经常沟通以保证其所做的全部工作与科学管理原理相一致;最后,管理者与工人应有基本平等的工作和责任范围。

20世纪以来,科学管理在美国和欧洲大受欢迎。100多年来,科学管理思想仍然发挥着巨大的作用,对提高劳动生产率有着巨大指导作用。泰勒提出科学管理的原理、原则和方法,奠定了管理理论基础,对管理论的发展产生了深远的影响。[①]

(4) 泰勒科学管理理论的局限性

① 科学管理理论的一个基本假设就是,人是"经济人"。在泰勒和他的追随者看来,人最为关心的是自己的经济利益,企业家的目的是获取最大限度的利润,工人的目的是获取最大限度的工资收入,只要使人获得经济利益,工人就愿意配合管理者挖掘出自身最大的潜能。这种人性假设是片面的,因为人的动机是多方面的,既有经济动机,也有许多社会和心

---

① 周成仓.泰勒的科学管理思想对现代管理理论的重要影响[J].青海师范大学民族师范学院学报,2006(11).

理方面的动机。[①]

② 科学管理的本意是应用动作研究和工时研究的方法来进行分析,以便发现提高劳动生产率的规律,但是,很多企业的工时研究受到企业主和研究人员主观判断的影响,没有建立在科学的基础上,由此确定的作业标准反映了企业主追求利润的意图,为工人确定的工资率也是不公正的。

③ 泰勒对工会采取怀疑和排斥的态度。泰勒认为,工会的哲理和科学管理的哲理是水火不相容的,工会组织是使工人集合起来,维护劳动者的自身权益,这将引发工人和管理部门不和,造成双方的对抗。而科学管理提倡工人和管理者双方利益的一致性。所以泰勒认为,如果工人参加工会,工人被组织起来,就容易发生共谋怠工的情况。但实际上,如果没有工会的参与,通过工时研究和动作研究来确定作业标准,对工人作劳动定额,很难确立公认的薪酬制度,以及建立起真正协调的劳资关系。

2. 甘特的科学管理理论

(1) 甘特的科学管理理论创立的背景

亨利·劳伦斯·甘特(Henry Laurence Gantt)是泰勒创立和推广科学管理制度的亲密的合作者,也是科学管理运动的先驱之一。甘特非常重视工业中人的因素,因此他也是人际关系理论的先驱之一。甘特是在泰罗指导下开始从事管理研究的,并为泰勒创立科学管理原理做出过重大贡献,最主要是对工人提高劳动生产率的动力问题,提出了任务和奖金制度。后来甘特离开了泰罗的研究行列,对管理人员如何做好计划问题进行深入研究,发明了"甘特图",即生产计划进度图。从某种意义上说,甘特的管理理论是在与泰罗的合作和争辩中发展起来的。

(2) 甘特科学管理理论的主要观点

① 提出了"奖励工资制"。"任务加奖金制"(task work with bonus)是甘特对于企业管理的一个重要贡献,与泰勒的差别计件工资制相比,泰勒的计件差别工资制着眼于工人个人,强调工人在规定时间内完成工作定额,可以取得规定报酬和奖金,对于超额完成工作定额的给予奖励。甘特则与泰勒不同,着眼于工人工作的集体性,所提出的任务加奖金制具有集体激励性质。甘特在《劳动、工资和利润》中论述了任务加奖金制的设想,工人在规定时间内完成规定定额,可以拿到规定报酬,另加一定奖金;如果工人在规定时间内不能完成定额,则不能拿到奖金;如果工人少于规定时间完成定额,则按时间比例另加奖金。另外,每一个工人达到定额标准,其工长可以拿到一定比例的奖金。一名工长领导下的工人完成定额的人数越多,工长的奖金比例就越高。假如一个工长领导 10 名工人,其中有 5 人能够完成定额,则工长拿 0.05 美元×5＝0.25 美元的奖金。但如果有 9 人完成定额,则工长拿 0.1 美元×9＝0.9 美元奖金。甘特所设计的这种奖金制度,改变了过去的工长对工人的对立状态,把工长培训工人的职责和其利益结合了起来。工人完成定额后给工长发奖金,使工长由原来的监工,变成了工人的帮助者和促进者,按照甘特的说法,工长奖金的目的就是"使能力差的工人达到标准,并使工长把精力放在最需要的地方和人身上"。把关心生产转变成关心工人,这一设想使甘特成为人类行为早期研究的一个标志。

---

① 罗珉. 泰罗科学管理的遗产及其反思兼纪念科学管理原理诞生 100 周年[J]. 外国经济与管理,2011(9).

② 发明了"甘特图"。甘特为管理学界所熟知的,是他发明的"甘特图"(Gatt Chart)。"甘特图"就是用水平线条图说明工人完成任务的进展情况,每天把每个工人是否达到标准和获得奖金的情况用水平线条记录下来,达到标准的用黑色加以标明,未达到标准的用红色加以标明。这种图表对管理部门和工人都有帮助,因为图表上记载了工作的进展情况以及工人未能得到奖金的原因,管理部门能够根据图表指出工厂生产的缺点,并把进展情况告诉工人,而工人则能直观地看到自己的工作成效。后来,甘特在图表上增加了许多内容,包括每天生产量的对比、产品成本控制、每台机器的工作量、每个工人实际完成的工作量及其与原先对工人工作量估计的对比情况、闲置机器的费用等,使这种图表发展为一种实用价值较高的管理工具。[1]

(3) 甘特的科学管理理论的应用价值

甘特科学管理理论的应用价值,主要体现在"甘特图"。第一次世界大战期间,甘特担任美国陆军部的顾问,为了使陆军部的工作具有效率,提出工作控制中的关键因素是时间,时间应当是制订任何计划的基础。解决时间安排问题的办法,最好绘出一张标明计划和控制工作的线条图。这种图表,就是在管理学界享有盛誉的甘特图表。甘特图表的实质,是为了表明如何通过各种活动来恰当安排工作的程序和时间,以完成该项工作。"甘特图表"解决了计划与控制的问题,管理部门可以从图表上看到计划执行的进展情况,并可以采取一切必要行动使计划按时完成。

3. 吉尔布雷斯夫妇的科学管理理论

(1) 吉尔布雷斯夫妇的科学管理理论创立的背景

弗兰克·吉尔布雷斯(Frank Bunker Gilbreth)是一位工程师和管理学家,是科学管理运动的先驱者之一,其突出成就主要表现在动作研究方面。莉莲·吉尔布雷斯(Lillian Moller Gilbreth)是弗兰克的妻子,她是一位心理学家和管理学家,是美国第一位获得心理学博士学位的女性,被后人称为"管理的第一夫人"。吉尔布雷斯夫妇改进了泰勒科学管理的研究方法,把泰勒的"工作研究"转变为"运动研究"。两者的区别在于,泰勒是基于在生产线上开展工人动作实验,吉尔布雷斯夫妇发明了一个"动素"的概念,把人的所有动作归纳成 17 个动素,如手腕动称为一个动素,这样就把所有的作业分解成一些动素的和。对每个动素做了定量研究之后,就可以分析每个作业需要花费的时间。

(2) 吉尔布雷斯夫妇科学管理理论的主要观点

① 规定高标准的作业量。吉尔布雷斯夫妇认为,对企业所有员工,无论职位高低,都必须规定其任务。这个任务必须是明确的、详细的,并非轻而易举就能完成的。他们主张,在一个组织完备的企业里,作业任务的难度应当达到第一流工人完成的工作量。

② 要有标准的作业条件。要对每个工人提供标准的作业条件(从操作方法到材料、工具、设备),以保证工人能够完成标准的作业量。作业标准和作业条件必须通过时间研究和动作研究才能确定下来。

③ 完成任务者付给高工资。如果工人完成了规定的标准作业量,就应付给工人高工资。如果工人不能完成规定的标准作业量,必须承担由此造成的损失。

---

[1]　陈莞,等.最经典的管理思想[M].北京:经济科学出版社,2003.

（3）吉尔布雷斯夫妇科学管理理论的应用价值

吉尔布雷思夫妇对工人劳动动作和劳动时间进行的研究，是对泰勒科学管理理论的进一步丰富和发展。他们使用拍摄电影的方法，分析和改善动作，寻求"最佳法"以提高工作效率。又把工人的操作动作分解为 17 个"动作的基本元素"。通过各种动作分解，剔除不必要的动作，形成新的工作方法，为制定工人劳动工作量提供了科学依据。另外，吉尔布雷思夫妇关心工作中人的因素，强调应用科学管理原理时必须首先看到工人的存在，了解他们的性格、需要，认为引起工人的不满不是工作的单调乏味，而是主管部门对工人的漠不关心，这对后来行为科学的发展有一定影响。

4. 埃默森的科学管理理论

（1）埃默森的科学管理理论创立的背景

哈林顿·埃默森（Harrington Emerson）步入工业界，开始是专门为伯林顿铁路公司经理解决问题的代表，后来他又成为处于严重停工状况的圣菲铁路公司的顾问，仅仅通过三年时间，埃默森就修复了正常的劳资关系，降低 25％的开支，并使该公司每年节约 150 万美元的资金。1910 年，他在州际商务委员会为反对美国东北部铁路公司提高货运费作证时，声称铁路公司只要采用泰勒的"科学管理"的方法，每天就可以节省 100 万美元。他的这席话，震动了美国的工商业界，对"科学管理"的推广起到了积极的作用。1912 年，他发表了《十二个效率原则》一书，积极宣传效率观念，成为管理思想史上的又一个里程碑。

（2）埃默森的科学管理理论主要观点

① 直线和参谋组织。埃默森对手工工业时期的大多数企业的直线组织进行分析，发现直线组织由于无人协助存在着严重缺陷，很想将参谋原则应用到工业活动中，使直线组织和参谋组织处于平等地位，并使直线组织的每一个成员都得到参谋的帮助。埃默森认为，每一个公司都要设一位"参谋长"，下设四个主要的次参谋小组，承担四个方面的职能：其一是负责处理有关人、计划、指导和建议的工作；其二是对结构、机器、工具和其他设备提出意见；其三是负责管理物资方面的工作，包括对物资的采购、保管、发放和经销工作提出意见；其四是有关标准、记录和会计方面的。这样，各级直线组织都可以听到参谋的意见，而参谋人员不必完成具体工作，而是制定标准和确定目标，以保证直线组织可以更有效地工作。

② 效率的原则。埃默森认为，企业要提高管理效率，需要运用理性的原则进行指导。于是，他提出了提高管理效率的十二条效率原则。主要包括：第一条原则是"理想"，即要有十分明确的目标。参加组织的人必须对理想有一致的看法，并且齐心协力来实现它。他认为，组织成员理解和承担共同的目标，可以减少组织内部的冲突、模糊不清、变化无常和失去目的等问题。第二条原则是"常识"，即经常要求管理人员考察各种问题和它们相互间的关系，丰富专门知识，主动征求各种建议。第三条原则是选择有能力的顾问，建立一支有能力的参谋队伍，采取集体决定的方式，以便进行充分的协商。第四条原则是纪律。企业需要有铁的纪律和严密的规章制度，使组织成为一个系统，从而根除无政府状态。第五条原则是待人公平。要做到这一点，管理人员必须具有同情心、思考能力和公正廉明的精神，按照制度公平和平等对待工人所有活动。第六条原则是"记录"。即对各项工作要有可靠的、及时的、准确的和持久的原始记录。第七条原则是实行"有效调度"。即对生产进行统一安排和控制，使部门的工作服从整体的要求，以求圆满、迅速地完成任务。第八条原则是制定标准和

进度表,以确定标准的工作时间、工作方法和工作秩序。第九条原则是创造标准化的条件,即使工作环境标准化,以减少人力与金钱的浪费。第十条原则是确定标准化的操作方法,以提高工作效率。第十一条原则是制定标准做法的书面说明书,对操作动作用书面形式进行正确的指导。第十二条原则是对高效率生产的工作实行"效率报酬"(激励计划),即对所有降低成本、改进质量、增加产量、节约时间的,均给予适当的报酬。埃默森的十二条原则,是以直线—参谋形式的组织为基础提出来的,前五条是关于人员关系的,后七条是关于方法、体系和系统的。这些原则不是孤立的,而是相辅相成的,它们之间的相互配合形成管理体系的基础。

③ 奖励工资制。埃默森与他的十二条效率原则相配合,创造了一种按工人的工作效率的高低确定是否给予奖金和奖金高低的工资制度。这种工资制度的主要内容是:对生产的各个方面,用科学的方法来确定是否给予奖金和给予奖金的数额。这一制度的特点是,保障能力较差、工作效率较低的工人的基本工资;奖金率随工作效率的提高而逐渐提高,促使工人不断努力提高效率。但由于这种方法比较复杂,工人不易了解,需要增加管理费用,所以后来应用得并不十分广泛。

(3) 埃默森的科学管理理论的应用价值

埃默森仍在管理发展史上享有盛名。他的效率观念,有关直线—参谋组织的思想,以及他所倡导的激励制度,与泰勒的科学管理理论相比,更为完善和富有特色。埃默森改进了泰勒的效率主张,提出了较为完善的效率原则,同时,他摒弃了泰勒的职能工长制和刺激性工资的计划,提出了直线—职能制的主张和工人更容易接受的奖励工资制。他创立了咨询管理工程师协会(1933 年),并试图通过他的同事,把更多的伦理习惯应用到管理咨询中来,他的咨询公司至今仍在营业。埃默森是西方管理学界所公认的传播效率主义的先驱者。

2.2.2　古典组织理论

古典组织理论主要可分为行政管理理论和官僚制理论两种学派。行政管理理论也被称为一般管理理论,其代表人物主要有亨利·法约尔、卢瑟·古利克和詹姆士·D.穆尼等。法约尔和泰勒不同,他更偏重于对高层管理问题进行探讨,在此基础上提出了管理的 5 种职能和管理的 14 条原则。穆尼则在《组织原理》(1939 年)一书中提出了 4 种组织原则:协调原则、梯状原则(等级结构)、职能原则(分工)和幕僚原则。官僚制理论的主要代表人物是马克斯·韦伯,该理论主要强调建立理性组织,提高组织管理的效率。

1. 法约尔的古典组织理论

(1) 法约尔组织理论创立的背景

亨利·法约尔(Henri Fayol)出生在 19 世纪中叶的法国中产阶级家庭,从矿产专科毕业以后就参与企业的管理工作,并长期担任企业高级领导职务。泰勒的研究是从"车床前的工人"开始,重点内容是企业内部具体工作的效率。法约尔的研究则是从"办公桌前的总经理"出发的,以企业整体作为研究对象。他认为,管理理论是"指有关管理的、得到普遍承认的理论,是经过普遍经验检验并得到论证的一套有关原则、标准、方法、程序等内容的完整体系";有关管理的理论和方法不仅适用于公私企业,也适用于军政机关和社会团体,这正是其一般管理理论的基石。

（2）法约尔组织理论的主要观点

① 从企业经营活动中提炼出管理活动。法约尔对企业经营和企业管理进行了区分，认为这是两个不同的概念，经营包含管理。通过对企业全部活动的分析，认为企业经营包含六项活动，即是企业经营过程中具有财务活动、技术活动、安全活动、商业活动和会计活动。此外，还有一向贯穿于企业经营全过程的管理活动。由此，法约尔得出了普遍意义的管理定义，即管理是普遍的一种单独活动，有自己的一套知识体系，由各种职能构成，管理者通过完成各种职能来实现目标的一个过程。法约尔还分析了处于不同管理层次的管理者各种能力的相对要求，随着企业由小到大、职位由低到高，管理能力在管理者必要能力中的相对重要性不断增加，而其他诸如技术、商业、财务、安全、会计等能力的重要性则会相对下降。

② 管理职能和管理过程。法约尔认为管理的过程就是预测、计划、指挥、组织、协调、控制的过程。法约尔认为管理活动由 5 种要素构成，即计划、组织、指挥、协调、控制。这是法约尔在管理学理论上最突出的贡献。它奠定了管理学的基础，建立了管理学的主要框架。

• 计划。就是探索未来，制定行动方案。计划是法约尔着重强调的一个重要因素。他认为制订计划需要组织中所有人的共同参与。一个良好的计划应该具有统一性、连续性、灵活性、精确性 4 个特点。法约尔还认识到了制订长期计划的重要性。

• 组织。就是建立企业的物质和社会的双重结构。包括有关组织体系、结构框架、活动内容与规章制度、职工的选拔、任用、奖惩、培训。组织可以分为物质的和社会的组织。法约尔还认为组织中的管理人员要具备健康的体魄、旺盛的精力、道德品质、教养、管理能力和一般业务知识这 6 种才能和条件。成员的素质和首创精神决定了组织的效率。对于职工的培训方面他主张注重管理培训，减少技术培训。

• 指挥。简单说就是使员工发挥自身潜力的一种领导艺术。法约尔主张在组织管理中采用参谋职能制而不是泰勒的职能工长制，这样可以确保对员工进行统一指挥。法约尔认为指挥人员应具备 8 个条件：对自己的手下人员有深入的了解；淘汰不胜任的人；制定约束企业和员工的合同；树立榜样；定期检查账目；召集主要助手参加会议以便统一指挥和集中精力；不要把精力浪费在细节琐事之中；要使员工保持团结努力、勇于创新的工作精神。

• 协调。即调动一切可以联合的力量实现组织目标，使企业的一切工作都和谐进行并且相互配合。法约尔认为应从 3 个方面对协调进行分析：各个部门的工作是否与其他部门协调一致；各个部门的各个部分对自己应承担的责任和彼此之间的义务是否明确清楚；每个部门的计划是否做到随时间和其他情况的变化而有所调整。

• 控制。即根据所制定的方案、规定的原则和下达的命令检查企业的各项工作是否与之相符，目的在于及时纠正工作中出现的缺点和错误，避免重犯。为了有效控制，控制活动必须马上执行，伴以适当的奖励和惩罚。由于工作性质和对象的不同，控制应采取不同的方式。

法约尔指出，管理五要素并不仅限于企业经理或领导的个人责任，它应该与企业其他工作一样，是分配于管理者和全部组织成员之间的职能。并进一步指出，不要把管理同领导混为一谈，领导是从企业拥有的资源中寻求获得尽可能大的收益，引导企业达到既定目标，保证企业各类工作顺利进行的高层次工作。

③ 管理一般原则。法约尔根据自己多年的管理实践总结出了著名的 14 项管理原则，这些原则是管理人员在管理活动中遵循的重要准则。

• 劳动分工。法约尔认为实行劳动的专业化分工可以提高人们的工作效率，一样的劳动由于进行了劳动分工可以得到更多的东西。法约尔认为劳动分工不仅适用于技术工作，在管理方面和职能的权限划分方面也同样适用。但需要注意的是专业化分工要有一定的限度，不能超出这个限度，如果分工过细或过粗，效果都不好。

• 权力和责任。法约尔把权力分为个人权力和正式权力。前者与管理人员的智慧、经验、学识、道德品质、管理能力、以往成绩等因素有关，后者则是由管理者所处的职位和职务所决定的。一个出色的管理者应该学会用个人权力弥补正式权力的不足，把个人权力作为正式权力的必要补充。一个人在组织中的地位越高，明确其责任范围就越难。避免滥用权力的最好方法是提高领导者个人素质，尤其是要提高其道德素质。对于责任，法约尔指出："权力是责任的孪生物，责任是权力的当然结果和必要补充，凡有权力行使的地方就有责任的存在。"为了贯彻权力与责任相符的原则，应该建立有效的奖惩制度，用来鼓励好的行为，制止不良行为的发生。

• 纪律。纪律是企业领导人同下属员工之间在服从、积极、勤勉、举止和尊敬等方面所达成的一种协议。纪律包含两个方面：一是纪律协定；二是人们对纪律协定的态度及遵守情况。纪律是一个企业取得成功的关键。一个企业要有良好的纪律应做到以下三点：要有好的各级领导；要有尽可能明确而又公平的纪律协定；奖惩的执行必须合理。纪律是由领导制定的，组织的纪律状况取决于领导的品德状况。不良的纪律往往由不良的领导造成，因此领导也要和下属人员一样，必须接受纪律的约束，遵守纪律。

• 统一指挥。法约尔对泰勒主张的职能工长制极力反对，认为无论什么时候，什么工作，一个下属都应接受而且只应接受一个上级的命令。如果没有统一指挥，那么权力将遭到损害，纪律也会受到破坏，秩序和稳定也会受到威胁。如果组织中有两位领导对同一个人或事下达了不同的命令，将会使下属人员无所适从，造成组织活动出现紊乱。因此，必须统一指挥，避免出现多重指挥的现象。

• 统一领导。统一指挥是指具有同一目标的全部活动，应有一个领导者和一项方案。统一领导与统一指挥既有区别又有联系，统一指挥是一个下属人员只能听从一个领导者的指挥，而统一领导则是指组织机构设置的问题，即人们可以通过建立完善的组织机构来实现一个社会团体的统一领导，充分发挥员工的作用。

• 个人利益服从集体利益。在一个企业中，个人利益不能置于企业利益之上。为了贯彻这一原则，企业目标应尽可能多地包含个人目标，在实现企业目标的同时满足个人的合理需求。企业领导人要以身作则，起模范带头作用，以集体利益为重。对员工进行教育，努力使其做到当个人利益与集体利益发生冲突时，优先考虑集体利益。

• 人员的报酬。报酬制度应当首先考虑能够维持职工的最低生活消费，其次要考虑企业的资本经营状况，然后再结合员工劳动贡献的多少，制定一个公平合理的报酬制度，人员报酬应符合 3 个条件：报酬要公平；奖励努力工作的员工；报酬要有一个合理的限度。

• 适当集权与分权。管理的集权与分权本身并没有好坏之分，适合企业发展就是好的，只是需要把握好一个尺度的问题，即掌握好集权与分权的尺度。一个组织，必须有某种程度的集权，问题是合适的集权程度是什么。合适的集权程度是由领导者的能力、员工素质、企业领导对发挥下属工作积极性的态度等因素决定的。这些因素总是不断变化的，因此，一个机构的最合适的集权程度也要根据因素变化和组织的实际情况发生相应的变化。

- 等级制度。等级制度就是从企业的最高领导层到基层管理人员的管理系列。等级制度一方面表明组织中各个层级之间的权力关系；另一方面也可以表明组织中信息传递的通道，在一个正式组织中，信息的传递是按照组织的等级系列进行的，贯彻等级系列原则有利于组织加强统一指挥，但是有时候可能会因为信息沟通的路线太长而延误了信息传递的速度，甚至会出现信息在传递过程中的失真现象。为了既能维护统一指挥原则，又能避免这种信息的延误和失真问题，法约尔提出了著名的"跳板原则"，即在相同层次的人员之间也要有直接联系，在需要沟通的两个部门之间建立一个"跳板"，建立沟通的渠道。法约尔认为"跳板"原则简单、迅速，而且可靠，它减少了信息失真和时间延误，既维护了统一指挥原则，又大大地提高了组织的工作效率，但是，必须事先请示，事后报告。

- 秩序。包括物的秩序及人的秩序。不但要物归其位，而且要让适当的人从事适当的工作。秩序原则既适用于物质的管理，也适用于对人的管理。每一个人都应该被安排在最适合发挥作用的工作岗位上。贯彻秩序原则时要注意防止表面上整齐而实际混乱的现象发生，法约尔认为要使人们做到内外统一，就要对企业的社会需要与资源有确切的了解。另外，还要慎重选人用人，消除任人唯亲，做到知人善任，利用好人才。

- 公平。法约尔认为，公平，就是善意加上公道。领导人为了激励下属人员全心全意地做好工作及对组织忠诚，就要善意地对待下属，鼓励他们忠诚地履行自己的职责。在实际的工作过程中，由于受各种因素变化的影响，原来的公道协定可能会变成不公道的协定，导致工作努力得不到公正的体现，如不及时改变这种状况，就会打击员工的工作积极性。作为领导者应重视员工在工作中希望公平和受到鼓励的愿望，努力做到公正、合理、善意地对待员工。

- 保持员工的稳定。员工从事的工作需要一定的时间来熟悉和了解，不要轻易变动，如果他刚刚对自己的工作熟悉一些就被调离，那么他就没有时间和办法为组织提供良好的服务。管理人员尤其如此，他们熟悉工作往往需要很长的时间，因此，一个成功企业的员工和领导人员必须是相对稳定的。人员变动频繁的企业或组织是很难成功的。当然，人员的稳定是相对的，对于企业而言，关键是要把握好人员流动的合适尺度，保持企业员工的稳定性与适应性。

- 首创精神。就是鼓励员工在工作中发挥自己的聪明才智，提出具有创造性的想法或有所发明、有所创造。它能够带给员工极大的快乐和满足，也是激励员工努力工作的最大动力之一。企业的领导者不但自身要具有首创精神，而且更应该肯定和激励员工的首创精神。

- 团结精神。法约尔强调，不团结对企业的生存和发展是极为有害的，企业中的员工往往由于管理能力的缺乏，有私心的人由于追求个人利益而忽视或忘记了组织的团结。组织的集体精神的强弱取决于这个组织内部员工之间是否和谐团结。为了加强组织的团结，培养员工的集体精神，最有效的方法是遵守统一指挥原则，加强组织内部交流，鼓励交流与沟通。全体成员的和谐与团结是一个企业发展的巨大力量,领导者有责任尽一切努力保持和维护组织内部成员的团结。

法约尔的十四项管理原则可以适用于一切管理活动,其实质内容在于统一指挥和等级系列。这些原则不是呆板的,而是灵活的,重要的是尺度的把握问题,这是一项很难掌握的管理艺术,领导者要充分运用自己的智慧、经验、洞察力和判断能力去适当运用这些原则管理好自己的企业。

④ 管理人员的素质与教育。在法约尔提出管理人员应具备的能力的同时,还提出了管理人员个人素质的问题。他认为,技术能力、商业能力、财务能力和管理能力等都以身体、智力、道德、文化、经验为基础,需要人们具有从自己的行为中吸取教训的记忆。许多管理人员将永远是一个"初学者",只会墨守以往技术、商业等方面的成规。法约尔还认为,管理教育不是为把所有的学生都培养成好的管理者,如同技术教育不是为了把所有的学生都培养成优秀的技术人员一样,只是要求起到像技术教育那样的作用,即引导青年人理解并运用他们的经验教训。每个人或多或少都需要管理的知识。

(3) 法约尔组织理论的应用价值

"没有原则,人们就处于黑暗和混乱之中;没有经验与尺度,即使有最好的原则,人们仍将处于困惑不安之中。"法约尔提出的一般管理原则与职能实际上奠定了以后在 20 世纪 50 年代兴起的管理过程研究的基本理论基础,许多管理理论在某种程度上可直接追溯到一般管理理论的研究。法约尔提出一般管理理论迄今已近百年,但经久不衰,至今仍有相当大的影响力,对现代管理仍然具有现实的指导意义。这主要是因为:首先,法约尔对现代管理学研究提出了总框架,对管理内涵的概括体现了全局性和战略性的特点。其次,法约尔把管理同其他容易混淆的术语区分开来,更加体现了管理的独立性和专业性,这对管理者正确理解自己的特殊职业含义很重要。再次,法约尔提出的十四条原则至今仍然成为管理活动的重要准则。最后,法约尔澄清了高层管理中的混乱思想,给高层管理者提出了应注意的问题。

管理必须善于预见未来。法约尔十分重视计划职能,尤其强调制订长期计划,这是他对管理思想做出的一个杰出贡献。他的这一主张,在今天看来仍像在他那个时代一样重要。面对剧烈变化的环境,计划职能更为关键。

尽管法约尔早就提出了"管理能力可以通过教育来获得"的思想,但时至今天,企业界的许多领导人仍然信奉"经验至上主义",认为"实践和经验是取得管理资格的唯一途径",在企业运营中,他们推崇经验管理,墨守成规,轻视管理培训,最终导致管理能力不足和管理人才匮乏的局面出现。通过管理教育,可以迅速提升管理层的管理能力,也可以迅速造就急需的管理人才,这是许多大企业的公认准则。企业的所有管理人员均应该接受必要的管理培训,这也是企业得以良性发展的重要基准。

2. 韦伯的组织理论

(1) 韦伯的组织理论创立的背景

马克斯·韦伯(德语:Max Weber)德国著名社会学家、政治学家、经济学家、哲学家,是科学发展史上最具生命力和影响力的思想家。韦伯最初在柏林大学开始教职生涯,并陆续在维也纳大学、慕尼黑大学等大学任教。在其求学的论文写作和任教的学术研究中,他对德国的社会生活进行了广泛深入调查，形成了对社会组织的结构和运行机理的深刻认识，并将这种认识创立了"官僚制组织理论"，对西方古典管理理论的确立做出了杰出贡献，是公认的现代社会学和公共行政学最重要的创始人之一，被后人称为"组织理论之父"。

(2) 韦伯的组织理论的主要观点

① 组织基础与组织类型。

韦伯认为：尽管企业、政府、军队、学校和教会等社会组织在不同的发展时期具有不同的性质和特质，但是权威和控制是各类社会组织都不可缺少的要素之一。其组织结构和运行都是一种"官僚制"。他认为，官僚制是指一种以分部—分层、集权—统一、指挥—服从等为特征的组织形态，是现代社会实施合法统治的行政组织制度。韦伯认为组织的合法权威有三种来源：习俗惯例、个人魅力、法规理性。

以命令—服从类型作为科层论的解析机理，命令—服从类型往往意味着统治类型，它又是与行动类型紧紧相连的。他认为，不同的行动类型构成了不同统治类型的基础，并发展出三种相互独立的统治形式，它们是基于传统背景之上的合法化统治、依靠个人魅力而建立的合法化统治和借助法律的正当性建立的合法化统治，它们分别被韦伯概括为传统型统治、"卡里斯马"型统治和法理型统治。这三种统治形式又可被指称为三种命令—服从类型。

在第一种命令—服从类型中，个人出于由来已久的忠诚而服从一个领袖。人们认为领袖拥有权力，是因为领袖本人及其祖辈从来就处于统治者的地位，统治者因具有传统所承认的统治地位而具有他人服从的权威。在这一类型中，家长制和世袭制是其突出的代表。依靠超凡魅力的命令—服从类型是三种形式中最不稳定和最易发生变化的。它的服从者对统治者怀有敬畏和完全忠诚的情感，相信领袖具有超凡的禀性、非常的气质或者是魔幻般的才能，认为他因为拥有天赋而能够给服从者指明行动的方向，甚至能够创造奇迹。在法理型命令—服从类型中，由成文法律规定了统治者的地位，在这种情况下，个人对统治者的服从不是基于血统论、世袭制或情感依恋，而是根据人们所认可的法律对现实等级制表示承认。服从不是对个人的个性化服从，而是主要体现于对由法律规定的某个职位的服从。从而，在此处命令—服从类型业已被物化，在所有的政治关系中，拒绝传统抑或"祛除巫魅"成为既定的社会法则，政治结构体系已被完全地非人格化了。

韦伯显然比较倾心于后一种命令—服从类型。他认为，在三种不同类型的命令—服从类型中可能都曾产生过行政生活中的官僚主义化或者说是科层化的行为，在传统型和个人魅力型这些前现代的统治形式中，科层化曾经在一些个案中明显地表现出来。例如，中世纪哥特式建筑当然是有着结构应力的考虑的（它需要成立科层化的机构具体处理这些问题）；古代地中海和近东地区以及中国和印度的簿记的合理化形式也是类似的事实。即使从国家政治看，许多前现代的社会形态已经通过发达而庞大的官僚主义机构组织自身，如新帝国时期的埃及、秦代以来的中国等。但是，所有前现代的官僚主义都可以看成是非理性的统治形式，因而它们不是真正程序化的典型的科层制行政管理。比如，古代中国通过科举取士办法实现了知识分子向官僚体制的流动，官员升降擢免也反映出官僚体制的内部流动，然而对官员的评价却主要基于伦理相对主义的标准，以及对皇帝的忠诚程度。在这里，谙熟儒家典籍并具有人文教养是最为重要的，官员几乎完全避免了对自身职位与职权的技术化与科学支持，并极端缺乏行政管理专业知识。由于用伦理主义的相对标准衡量官员的行为，依据一般是模糊的，官员在体制中的地位取决于上司个人的态度，从而大大发展了人身依附关系。比较而言,韦伯赞赏的是各种现代官僚主义制度,这种官僚主义制度由于其明确的技术化、理性化和非人格化而表现出它的合理性。所以,他认为,现代官僚主义体制是当代世界的特征。

② 官僚制组织的内容。

第一,专业化分工。韦伯从社会学意义探讨分工问题,他把专业化和人类理性紧密联系起来。韦伯的官僚组织,强调组织中根据专业技术的分工和人类理性的关系。分工的实际意义,不仅仅在于斯密强调的提高效率,还在于消除等级社会的人身特权。在韦伯的分工体系中,人的差别只有技术能力的差别,而不再是身份和社会差别。所以,组织成员的选拔,必须采用考试方式。专业能力代替了个人效忠,权力和责任属于职位而不属于个人,这些权力和责任以法律制度的形式固定在组织之中。由此形成的组织,不仅可以通过分工方式提高效率,创造更多的财富,而且能够形成新的以理性为准则的组织关系,改变整个资本主义社会的结构。

第二,等级制。韦伯主张官僚组织中的职位,按权力大小和"命令—服从"关系,形成金字塔形的等级序列。这种等级制同以往的社会分层有着实质上的区别,以往的社会分层,如国王、贵族、自由民等是按人格身份形成的。官僚组织中的等级制,则是按组织权力形成的。这种权力摆脱了对人身的依附,其实质是专业技术和知识差异。所以,这种等级制排除了古代和中世纪普遍存在的特权。在中世纪,家道中衰而穷困潦倒的贵族大爷,可以在精神上傲视那些珠光宝气却俗不可耐的下层暴发户,在物质上享有平民无法企求的各种优待。但在官僚组织中,这种依赖于社会等级形成的上下悬隔不复存在,是制度而不是身份赋予等级权力。在韦伯的官僚制组织中,成员有职权的高低大小之分,但却没有身份地位高低贵贱的区别,正是官僚制打破了传统农业社会中森严的社会等级,为建立近代以来的人人平等的契约型社会创造了先决性的条件。

第三,对法理化规则的遵从。在韦伯的理想状态中,官僚制组织的构建形成、部门分工、职位设置、成员选拔,一直到组织的运作,每一个成员的权力和责任,都是由法律制度(不光包括成文制度,也包括不成文制度)明确规定的。这些法律规则由组织成员协商而达成,或者由组织上层提出,但其成员以理性思考权衡而接受。因此,组织的一切规则都是理性的。任何组织成员,都依据这种规则而行事,上至组织的最高领导,下到基层普通职员,无不例外。他们服从的是共同认可的规则,而不是因人而异的举措,或者是个人的偏爱喜好。就连非常具体的报酬问题,也应当以固定薪金制来体现规则的力量。在这里,"人治"被彻底摒弃。但是,由于官僚组织只体现工具理性而排除了价值理性,所以,官僚组织从本质上来说是行政的或执行的工具,而不是政治的或情感的载体,所以,技术官僚不是法规制度的最终渊源,它必须服从于民选的政治领袖或拥有所有权的更高主人(如股东)。这种官僚组织,实际上必须建立在所有权和经营权分离的前提下。

第四,非人格化。在韦伯眼里,官僚组织是规章的体制,而不是个人的体制。所以,官僚制是排斥个人魅力的。组织的运行不依个人的意志为转移,不受个人的感情的支配。理性化的另一种表述,就是非人格化。官僚制改变了传统社会中的人身依附和个人忠诚,职业官僚接受上级的指挥和命令,是因为他们要服从法律和规则,而不是服从命令者本身的人格魅力感召,或者是服从附着在他身上的身份地位,更不是服从由传统习俗决定的社会等级。尽管韦伯自己也不讳言,这种完全排除了情感的官僚组织,会使组织变成冷冰冰的机器,会产生人的异化,但是,人们尚无法找到比它更好的组织模式。韦伯也承认官僚组织的缺陷,他曾试图探讨以个人魅力来校正官僚组织的异化,但他未能完成相应的研究。

③ 官僚制的特点。第一,有正式规章。组织管理的权力建立在一整套为所有组织成员共同认可和严格履行的正式规则基础之上。这些规则有明确的规定,所有管理人员的活动都无一例外地受这套规则的制约。这些规则是根据为完成组织目标和实现组织功能的需要而制定的,排除任何个人情感的因素。第二,有明确分工。组织权力横向方面按职能分工,明确规定每个部门的职责、权限和任务,限定各自的管理范围,各负其责,各司其职,相互配合,不得推诿或越权。第三,权力分层。组织权力纵向方面按职位层层授权,明确规定每一个管理人员的权力和责任。职位的设立服从管理和效率的需要,不因人设位。处于中间职位的管理人员,既接受上级的指挥,又对下级实施管理。组织权力的分层形成一个金字塔形的等级结构。第四,按正式规则发生公务关系。在组织管理范围内,部门以及管理人员的关系均为公务关系。在处理组织事务时,应照章办事,不允许将私人关系掺杂在内,更不允许因私人关系而破坏组织的正式规则。第五,任职资格要通过考核和任命。组织成员资格应通过正式考核获得,他们进入组织并占据一定职位的依据,是他们经由教育和训练所获得的专门知识和技能。除最高领导者外,所有的管理人员都是上级任命产生的,他们是专职的管理人员,领取固定的薪金。管理人员晋级有统一的标准,其薪金应与责任和工作能力相适应。

官僚制的组织结构和管理体制,根据组织目标合理地分解了组织权力,提供了组织内各方面有效合作的基础,在一定程度上排除了组织管理中的不稳定因素,有助于提高组织活动的效率。但是,由于官僚制在一定程度上忽视了组织成员的个性特征,等级森严,任何行动都受到正式规则的严格束缚,使得组织成员的创造性、主动性受到压抑,容易滋生墨守成规、繁文缛节的官僚主义,组织沟通容易出现障碍,从而导致组织效率的降低。

(3) 韦伯组织理论的应用价值

官僚制是现代资本主义经济合理性的高度体现,充分发展的官僚制是一个实施组织管理的严密的职能系统,它把整个社会变成一架非人格化的庞大机器,使一切社会行动都建立在功能效率关系上,以保障社会组织最大限度地获取经济效益。官僚制已经透到现代社会组织管理的每一个社会生活领域中,体现了社会生活的理性化。韦伯认为这是现代社会不可避免的"命运"。一方面,它使人们的行动逐渐淡化对价值理想和意识形态的追求,专注功能效率;另一方面,无情地剥削了人的个性自由,使现代社会深深地卷入了以手段支配目的和取代目的的过程。

3. 穆尼的组织理论

(1) 穆尼的组织理论创立的背景

穆尼对组织理论的思考,是在 1929 年的全球经济大危机发生以后。作为一位经理人,穆尼在萧条中面对的首要难题是如何摆脱危机。当时大多数人的思路,就是如何增加社会需求。凯恩斯主义的本质是动用国家力量制造需求,把政府由自由市场的守夜人变成带动市场的火车头,因此得到了人们的青睐。而穆尼从自己丰富的经验出发,坚信自由市场的正当性和合理性,将摆脱危机的注意力从拉动市场转向组织内部的运行机制。他从如何提高组织效率入手,强调运用市场经济的规律,以工业组织管理的自身变革来达到企业复苏的目的。与此前的古典管理理论不同的是,穆尼强调的是组织效率,不同于泰罗强调的生产效率。在泰勒那里,只要解决了生产低效率问题,有了更为丰富、成本更低、物美价廉的产品,一切事情都好商量。穆尼看来,在提高产能的同时还要更好地满足社会需要,实现组织与社会的协调,这才是组织效率的真谛。

(2) 穆尼的组织理论的主要观点

① 组织三原理。穆尼认为,只要有人与人的合作,哪怕只有两个人,也是一个组织。穆尼用了一个简单的例子——搬石头,说明组织的三个原理。他说:两个人合作搬石头,都有一个共同目的——将石头挪开,而在搬运的过程中,就会呈现出组织的基本原理。在最开始搬石头的时候,两个搬运者必须齐心协力,如果不合作,那么一个人的努力就是无效的,所以,组织中的第一个原理出现了,即协调(coordination)。为了得到协调,这两个人中的一个必须通过喊号子来统一行动,一声"嗨哦"(英文为 heavy oh)或其他等效的口令,使两人的步调一致,这便是组织的第二个原理,即领导或命令(leadership or command)。而命令发布和执行中,就会产生两人分工,这种分工使另一个人在搬运的过程中会给发令者提出建议,这又产生了必不可少的第三个原理,即参谋(staff)。随着组织的扩展,参谋原理会演化为职能划分。穆尼认为,协调、领导和参谋这三个原理是必不可少的,它们是组织的根基,是支撑组织的核心内容。

② 协调和组织目标。穆尼强调,组织意味着参与者必须协同工作(concerted effort),而这种协同工作与组织能否取得成功密切相关。在工业组织中,所有职业经理人都会认为协同工作是必要的。然而,有相当多的经理人仅仅把组织协调看作人员的协调,而忽视了组织的结构性协调。每个组织内部都存在着集体工作,一般情况下,集体工作是许多个体工作的总和,但是,单个的个体相加并不必然形成整体。组织就是要通过协调使所有人员达成一体化的整体结构。所以,组织应先于供职于该组织的人员而存在,有效地协调人员关系是组织协同的首要和必要条件。

协调依赖组织的目标而展开,仅仅靠个人对自身利益的追求,不可能对组织目标达成共识。没有协调就没有组织,所以,穆尼强调,组织目标就相当于宗教中的教义。组织成员对教义掌握得越透彻,对所属教派就越忠诚。工业组织的基本教义,就是"通过服务而获得利润"。由此,穆尼跳出了此前仅仅从企业本身来论证组织的局限,着眼于企业的社会服务性质,开了社会系统理论的先河。

③ 等级和授权。组织的结构性原理第一条就是协调,而协调有两种,表现为不同的组织结构。一种是职能组织的协调;另一种是直线组织的协调。任何一个真正有效率的组织,都要区分这两种不同组织形式如何实现协调运行。协调形成的秩序表现为组织等级。

在组织等级中,协调的核心内容是权威。穆尼指出,权威可能是独裁,但不一定是独裁。对于采用民主体制的组织来说,组织是一个整体,它所呈现出的权威是全体成员的意志。这类似于美国政府领导下的人民。在任何体系中,组织的权威都不是来自上层领导与下层员工的隔离,而是来自于上下关系的通融。权威与责任是一体的,一个协调良好的组织,要求能够清晰地界定每个层级和每个岗位的行为责任,无论是最高责任还是最低责任。

所以,在一个完整的组织中权威必须贯穿于各个层次和各个方面,这样才能保证每个人在执行自己的岗位职责时都能认同组织目标。组织中的协调是通过领导力来体现的,领导力产生出协调权威,领导力能够使最高协调权威创建一个组织,也能够影响组织运行的趋势和方向。

④ 职能和参谋。为了获取整体的有效性,协调是必要的,获得有效性的途径是在组织中对各个职能进行配置,组织中的等级链及其权威和授权是协调的源泉。协调的好与坏取决于集体是否和谐或职能是否一致。等级原理必然会产生职能分工。在企业中,除生产外,部门职能一般包括四个方面:财务、销售、供给以及售后服务。如果要在这四个方面挑选出一个具有普遍意义的职能,通常会是财务,其他三个职能根据行业的性质,其位置会有所变化。在一些行业中,供给和服务依附于销售职能;而在另一些行业中,这种关系是颠倒的,比如在公共部门中,供给和服务的结合是很重要的职能,而销售职能则稍稍靠后。从最一般的意义上讲,组织的职能分工可以划分为确定目标的职能、完成目标的职能、解释目标的职能三类,三者的关系是原理、过程和效果的关系。例如,政府的立法、行政、司法三权分立,就是这样一种划分。需要指出的是,组织中的层级划分和职能划分是交错在一起的。直线组织的权威是命令的权威,而参谋组织的权威是意见的权威。参谋组织一旦赋予其直线指挥权,就构成了复杂的条块关系。

(3) 穆尼的组织理论的应用价值

基于自身在公司中的经历,穆尼对组织的本质和原理进行了相当深入的理论研究。1929 年开始的经济大衰退,使全球企业遭遇到 20 世纪最为严重的打击,企业是否还有活力? 人类能不能走出困境? 危机周期的魔咒能不能化解? 这些推动着穆尼展开自己的思考。穆尼从组织的有效设计和运转的角度,探讨改善工业社会的途径与方法。他把组织比作"身体—精神"的统一体,寻求对组织的有机整体解释,提出了三项组织原理,即协调原理、等级原理、职能原理,从这三个原理中确立提高组织效率的方法。

2.2.3　古典管理理论的归结

1. 厄威克的古典管理理论创立的背景

林德尔·福恩斯·厄威克(Lyndall Fownes Urwick)是英国著名的行政管理学家,是《管理科学论文集》的作者。该书收集了许多著名管理学者如法约尔、穆尔、丹尼尔、怀特黑德、梅奥、福莱特、享德森等的论文。他对泰勒、法约尔、韦伯等为代表的西方早期的古典管理理论做了大量的系统化工作,并提出了一系列具有普遍实用性的(行政)管理原则。

2. 厄威克的古典管理理论的主要观点

(1) 对管理理论的系统化

厄威克把法约尔、穆尼和泰罗的主张加以归纳,并综合成一个基本的结构。正是通过厄威克的分析,科学管理和古典组织理论才得以结合,开始形成了古典管理理论。厄威克对古典管理理论的描述,可综合于图 2-1 中。

图 2-1 中的内容是厄威克对古典管理理论的描述,同时也反映了后人对厄威克思想的理解,它不仅概括了泰罗、法约尔、穆尼等人的主张,也包含着厄威克本人对控制职能的理解。图中可明显看出,厄威克从泰罗那里吸取了管理要以科学调查为指导原则的思想,强调

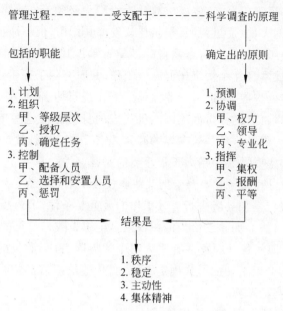

图 2-1　厄威克对古典管理理论的描述

了对工作的管理可以通过对工作场所本身收集的客观资料的分析来进行,他认为这是指导所有管理职能的基本原则。总之,厄威克对"科学管理"和古典组织理论的综合与归纳,反映了古典管理理论的实质,即所有的管理原则相配合于一个相互平衡和相互关联的总体之中。

（2）厄威克有关组织的若干(8 条)原则

厄威克提出了所谓"组织的纯理论"这一概念,又将这一概念概括为可以应用于所有组织的八条原则,认为这些原则对于一切(行政)组织都具有普遍适用性。

① 目标原则。即所有的组织都应确定出一个明确的目标。因为组织目标是组织活动的方向和标准,明确清晰的目标既是组织存在的前提,又是其成员凝聚力的基础。

② 权责相符原则。即有权必须有责,权责必须相符;只把责任加在管理人员身上是不够的,还必须授予他们履行这些责任所必需的权力,且权力与责任必须相称。

③ 人员与组织结构相适应的原则。即要为组织机构配备合适的人员。先确定组织机构(组织目的、活动、活动的分解),再为组织机构配备合适的人员,使人员适合于组织的结构。

④ 单头领导原则。也叫"一人管理原则",即在一个组织中应该由一个领导者承担管理职责。厄威克不主张在组织中用"委员会"这种形式进行管理,因其易导致行动迟缓、浪费、难协调、效率低等弊端。

⑤ 控制幅度原则。控制幅度指每一个上级直接领导的下属的人数。厄威克认为这个人数不宜过大。任何一个经理人员,其直接下属不应超过 6 人,这是因为他所必须监督的不只是每一个直接的下属人员,还包括各下属之间关系的协调(他指出:如果说下级人员的数量以算术级数增加,那么需要由上级领导的加以注意的下级人员之间的相互关系的排列组织则是以几何级数增加)。

⑥ "专业参谋与一般参谋"共存的原则。厄威克认识到,由于组织规模的扩大和工作量的增加,由专家和专业工作者来协助行政领导者的工作是非常必要的。因此他主张加强和

发展"职能"部门或"参谋部门"。首先厄威克认为组织中必须有"专业参谋",其职能主要是作为行政领导者的咨询人员,通过说服、提供建议发挥其作用,但不应拥有行政指挥的实权。除专业参谋外,行政组织中还应设有帮助行政领导者承担其指挥、控制、协调等中心职责的"一般参谋"。一般参谋本身并不从事任何专业工作,其职能除了提供建议,还包括拟定和传达命令、追踪下级工作的进展、协助对专业参谋的工作进行协调、一般领导等范围广泛的问题。但一般参谋不应以自己的身份而应以上级代表的身份进行这些工作,且其指挥的内容仅以上级决定的范围为限。这种一般参谋的好处或宗旨在于使行政领导者免除某些事务负担,使他能够扩大控制幅度并集中精力于最重要的问题。

⑦ 授权原则。即行政领导者要善于把某些职权授予下属。在《管理的要素》一书中,厄威克指出,尽可能地授权是领导者进行有效工作的最重要条件,因为授权可以使领导者避免陷入琐碎的事务而难自拔。而缺乏恰当的授权则是组织失败最常见的原因之一。

⑧ 明确性原则。即使各种职责都有明确清晰的界限,每一职位的职、权、责,以及与别的职位的相互关系,均应以书面的形式确定下来,并传达给所有的成员,以使每一成员都能明确地了解并承认各自的职责。

（3）厄威克的古典管理理论的应用价值

厄威克对泰罗、法约尔、韦伯等创立管理理论进行了研究,并加以系统化。为促进管理学科的完善与发展,建立一种统一的管理理论。他把法约尔的思想作为一种框架,提出"逻辑方阵"作为组织和比较管理概念的方式,列表显示出各个管理学家的共同之处,以便找出更为广泛的行政管理原则。厄威克构筑了一个行政管理的框架,并为行政管理要素建立起一个统一的模式。

2.3　古典管理理论的评价

古典管理理论是人类历史上首次用科学的方法来探讨管理问题,实质上反映了当时社会的生产力发展到一定的阶段对管理的要求,要求管理适应生产力的发展。反过来管理思想的发展、管理技术和方法的进步,又进一步地促进了生产力的发展。

（1）古典管理理论确立了管理学是一门科学。通过科学研究的方法能发现管理学的普遍规律,古典管理理论建立的管理理论使得管理者开始摆脱传统的经验和凭感觉来进行管理。

（2）古典的管理理论建立了一套有关管理理论的原理、原则、方法等理论。古典管理理论提出了一些管理的原则、管理职能和管理方法,并且主张这些原则和职能是管理工作的基础,对企业管理有着很大的指导意义,也为总结管理思想史提供了极为重要的参考。

（3）古典管理学家同时也建立了有关的组织理论。韦伯提出的官僚组织理论是组织理论的基石,因此,他被人们称为组织理论之父。韦伯提出了一种官僚管理体制的设想,而且,他们还就应当建立组织的结构,以及维护这种组织结构的正常运行,提出了一系列的原则。今天企业管理的组织结构虽然变得更加复杂,但是,古典组织理论设计的基本框架仍未失去其存在的意义。

（4）古典管理理论为后来的行为科学和现代管理学派奠定了管理学理论的基础,当代许多管理技术与管理方法皆来源于古典的管理理论。古典的管理学派所研究的问题有一些仍然是当今管理上所要研究的问题,都是对古典的管理思想的继承和发展。

与此同时,由于受到历史条件的限制,古典管理理论存在许多不足,主要表现在以下几方面。

（1）首先是古典管理理论基于当时的社会环境,对人性的研究没有深入进行,对人性的探索仅仅停留在"经济人"的范畴之内。泰罗对工人的假设是"磨洋工",而韦伯把职员比作"机器上的一个齿牙"。在古典管理理论中没有把人作为管理的中心,没有把对人的管理和对其他事物的管理完全区别开来;而在现代管理理论中,人是管理研究的中心课题,而正是因为对人性的深入探索,才使得现代管理理论显得丰富多彩。

（2）古典管理理论对组织的理解是静态的,没有认识到组织的本质。韦伯认为纯粹的官僚体制应当是精确的、稳定的、具有严格的纪律的组织。当代的组织理论家们普遍认为,韦伯所倡导的官僚组织体制只适合于以生产率为主要目标的常规的组织活动,而不适合于从事以创造和革新为重点的非常规的非常灵活的组织活动。法约尔认为,"组织一个企业,就是为企业的经营提供所必要的原料、设备、资本、人员。大体上说,可以分为两大部分：物质组织与社会组织。当时人们认为,组织就是人的集合体。例如,一个企业组织,就是经营管理者与职工的集合体;一个医院,就是医生与病人的集合体等。由此可见,法约尔的组织概念还停留在对组织的表象和功能的表述上,并没有抓住组织的本质进行深入的研究。而后来的巴纳德不是从组织结构的角度,而是从行为的角度对组织下定义。他反对把组织看成人的集团,他说："组织不是集团,而是相互协作的关系,是人相互作用的系统。"

（3）古典管理理论的着重点是组织系统的内部,而对企业外部环境对组织系统的影响考虑得就非常少。古典管理理论研究的着重点是企业的内部,把如何提高企业的生产率作为管理的目标,这对企业提高生产率是有相当大的指导意义的。然而任何一个组织系统都是在一定的环境下生存发展,社会环境在不断变化,企业的生存发展是在不断地和环境变化进行相互作用下前进的,企业的经营管理必须要研究外部环境的因素和企业之间相互适应关系,使管理行为和手段都随着社会环境的变化而变化。这些都是古典管理理论没有进行研究的,由于古典管理理论对组织环境以及环境的变化考虑得较少,因此对管理的动态性未予以充分的认识和关注。

复习思考题

1. 古典管理理论创立的社会历史条件是怎样的?
2. 泰勒的科学管理理论主要有哪些观点? 如何正确评价泰勒的科学管理理论?
3. 法约尔的管理理论与泰勒的管理理论有什么区别?
4. 韦伯的"官僚制组织"有什么特点?
5. 古典管理理论在管理史上有怎样的历史地位?

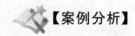【案例分析】

新达公司的效率①

新达批发公司的产品销往 6 个省市中的 500 多个零售商。批发业务的一个主要盈利因素就是尽快满足用户订单。零售商一旦发出订单,就希望能尽快到货,假如在交货中有任何耽搁,他们就会寻找其他批发商购货。

新达公司的经理黄胜上月刚完成了对公司的整改。第一,他对所有货品作了新安排,以便使那些需要快递的物品尽可能地安置在最靠近装货码头的那些仓库中。第二,他引入了新的库存控制制度,所有重要的原始记录都由计算机储存。第三,一些办公室作了新的安排,并配备了新办公设施。此外,在工作场所还播放些轻松悦耳的乐曲。

自从作了这些改变后,黄经理对公司的营运绩效十分关注。记录显示公司的交货期由原先的 4 天减少到 3 天,盈利率增加到 27%。当然,这种变革后的成效是暂时的还是长期的,目前还很难断言。但黄经理相信,绝大部分效率的提高应直接归功于他在工作环境中引入的变革。

思考问题

(1)黄经理在这次变革中应用了哪些主要管理方法?是管理科学、一般科学,还是行为科学?

(2)这些工作上的变革对职工的行为有何影响?请解释。

(3)对于管理过程的理解是否有助于黄经理进行这些工作上的变革?还有哪些方式能帮助他成为一位有效的管理者?你认为这次盈利率的提高,究竟是临时性的提高,还是长期趋势?

---

① 湖北省经济学院.管理学教学案例[J]. http://wenku.baidu.com/view/6ce887d63186bceb19e8bb28.html.

第 3 章

行为科学管理理论

3.1 行为科学管理理论形成的背景

行为科学是 20 世纪 30 年代开始形成的一门研究人类行为的新学科,是一门综合性科学,并且发展成国外管理研究的主要学派之一,是管理学中的一个重要分支,它通过对人的心理活动的研究,掌握人们行为的规律,从中寻找对待员工的新方法和提高劳动效率的途径。[①] 20 世纪 30 年代以后行为管理理论的兴起,主要是由社会发展的条件决定的。

3.1.1 社会大生产逐步过渡到生产自动化

生产自动化是指不需要人直接参与操作,而由机械设备、仪表和自动化装置来完成产品的全部或部分加工的生产过程。20 世纪 30 年代以后,随着科学技术革命的兴起,新科学技术在生产中的广泛应用,一些发达资本主义国家出现了生产自动化现象,如出现了由人遥控的自动化机器体系、机械手、机器人等。自动化机器和机器人的出现,在一定程度上代替了人的体力劳动,甚至是部分脑力劳动,它们能够代替工人在高温、易爆、剧毒、具有腐蚀性和放射性的环境中不知疲劳、不发牢骚地每天工作 24 小时,并且成本大大低于雇用工人的成本,从而为资本家带来了大量的剩余价值。自动化机器和机器人并不能完全代替人的劳动,它们不仅要由人来发明、设计和制造,而且在运转中要由人来控制、调试和维修等。即使在资本主义所谓的"无人工厂"中,在生产现场可能会看不到人,但是,在总控制室、设计室、研究室却大有人在。商品的价值和剩余价值就是由这些在自动化机器和机器人背后操纵它们工作的劳动者所创造的,自动化机器体系和机器人只不过是被人的指令和意志所推动的一种生产工具。因此,在自动化企业中,直接参加生产的工人人数尽管大量减少,但是,在同一劳动时间内,复杂劳动创造的价值不但不会减少反而会增加,从而使资本家能够获取更多的剩余价值。总之,自动化机器和机器人的出现,使资本主义商品生产的产量增加了,资本家获取的剩余价值增多了,但是,自动化机器和机器人是生产剩余价值的手段,不是剩余价值的源泉,剩余价值由雇佣工人的剩余劳动所创造的实质并没有改变。因此,提高劳动生产率很大程度上由对工人劳动技术的组织和改造,转为对工人积极性的激发和提高工人的素质,也就促使古典管理理论的淘汰,行为管理理论的兴起。

---

① 马仁杰,等.管理学原理[M].北京:人民邮电出版社,2013.

3.1.2　1929 年的经济危机给资本主义世界所带来的灾难

经济危机期间,资本主义世界的工业生产急剧下降,主要资本主义国家的企业大批破产,失业人数和失业率大量增加,社会生产力受到了严重破坏。资本家为了摆脱危机,充分利用泰勒的科学管理理论加紧对工人的剥削,使得工人的生活水平急剧下降,工人反抗资本家的斗争也就愈益激烈。为了实现一种新的"平衡",资产阶级的学者们开始寻求答案:一方面对传统的经济学理论进行思考,亚当·斯密的自由放任的经济理论是否还能在垄断资本主义高速发展的时期应用;另一方面对泰勒的科学管理理论在管理工人方面的效能进行思考。反思的结果是,在经济学方面,凯恩斯主义兴起为资本主义持续发展"开出了药方";在管理学方面,梅奥开辟了人群关系和行为研究的新方向。

3.2　行为科学管理理论的主要流派

行为科学管理理论把以事或物为中心的管理,转变为以人为中心的管理。以完全依靠纪律限制和金钱刺激的管理,转变为重视人的情绪、感情和行为诱导,从而激发人的积极性和创造性。就其理论发展来看,行为科学管理理论经历了两大发展阶段,即前期行为科学管理理论和后期行为科学管理理论。前期行为科学管理理论主要是以人际关系理论为代表的群体人管理的理论。后期行为管理理论最有代表性的就是由马斯洛的需要层次理论和麦格雷戈的 X 理论和 Y 理论,主要研究如何通过不断地满足人的需要,从而发挥人的创造性和提高人工作的积极性,以此来提高劳动生产率。

3.2.1　前期行为科学管理理论

1. 梅奥的人际关系理论

(1) 梅奥的人际关系理论创立的背景

梅奥(George Elton Myao)是原籍澳大利亚的美国行为科学家,人际关系理论的创始人。梅奥创立人际关系理论主要是根据霍桑实验的素材,推导出有关管理方面的一系列观点。霍桑实验是梅奥等人于 1924—1932 年在美国西方电器公司霍桑工厂进行的实验,霍桑实验共分五阶段。

第一阶段:照明实验。当时关于生产效率占统治地位的理论,是从泰勒科学管理发展而来的劳动医学的观点,认为影响工人生产效率的是疲劳和单调感等,于是课题研究小组把"提高照明度有助于减少疲劳,使生产效率提高"作为实验假设,可是经过两年多实验发现:当实验组照明度增大时,实验组和控制组都增产了;当实验组照明度减弱时,两组依然都增产,甚至实验组的照明度减至 0.06 烛光时,其产量亦无明显下降;直至照明减至如月光一般、实在看不清时,产量才急剧降下来。于是,得出了照明度的改变对生产效率并无影响的结论。

第二阶段:福利实验。实验目的总的来说是调查福利待遇的变换与生产效率的关系。但经过两年多的实验发现,不管福利待遇如何改变(包括工资支付办法的改变、优惠措施的增减、休息时间的增减等),都不影响产量的持续上升,甚至工人自己对生产效率提高的原因也说不清楚。进一步的分析发现,导致生产效率上升的主要原因为两方面:一是参加实验的光荣感。实验开始时 6 名参加实验的女工曾被召进部长办公室谈话,她们认为这是莫大的荣誉,这说明被重视的自豪感对人的积极性有明显的促进作用。二是成员之间的良好关系。

第三阶段:访谈实验。研究者在工厂中开始了访谈计划,此计划的最初想法是让工人就管理部门的规划和政策、工长态度和工作条件等问题做出回答,但按照规定好的问题进行访谈,工作进展得不顺利,工人认为重要的事情并不是公司或调查者认为意义重大的那些事,工人更喜欢就提纲以外的事情进行交谈。访谈者了解到这种情况,及时把访谈计划改为事先不规定内容,每次访谈时间从 30 分钟延长至 1~1.5 个小时,多听少说,详细记录工人的不满和意见。访谈计划持续了两年多,在这期间霍桑工厂的产量大幅提高。研究者对此做出分析,认为工人们长期以来对工厂的各项管理制度和方法存在许多不满,无处发泄,访谈计划的实行恰恰为他们提供了发泄机会。工人发泄过后心情舒畅,士气提高,使产量得到提高。

第四阶段:群体实验。这个实验选择 14 名男工人在单独的房间里从事绕线、焊接和检验工作,对这个班组实行特殊的工人计件工资制度。实验者原来设想,实行这套奖励办法会使工人更加努力工作,以便得到更多的报酬。但观察的结果发现,产量只保持在中等水平,每个工人的日产量平均都差不多,而且工人并不如实地报告产量。深入的调查发现,这个班组为了维护他们群体的利益,自发地形成了一些规范。他们约定,谁也不能干得太多,突出自己;谁也不能干得太少,影响全组的产量,并且约法三章,不准向管理当局告密,如有人违反这些规定,轻则挖苦谩骂,重则拳打脚踢。进一步调查发现,工人们之所以维持中等水平的产量,担心产量提高会使管理当局改变奖励制度,或裁减人员使部分工人失业,或者会使干得慢的伙伴受到惩罚。这一实验表明,为了维护班组内部的团结,工人可以放弃物质利益的引诱。由此提出"非正式群体"的概念,认为在正式的组织中存在着自发形成的非正式群体,这种群体有自己的特殊的行为规范,对人的行为起着调节和控制作用。同时,非正式组织对内部的协作关系起到加强作用。

第五阶段:态度实验。对两万多人次进行态度调查,规定实验者必须耐心倾听工人的意见、牢骚,并作详细记录,不作反驳和训斥,而且对工人的情况要深表同情,结果工厂产量大幅度提高。因为谈话内容缓解了工人与管理者之间的矛盾冲突,形成了良好的人际关系,从而得出人际关系比管理措施更为重要的结论。

(2) 梅奥的人际关系理论的主要观点

① 工人是"社会人"而不是"经济人"。梅奥认为,人们的行为并不单纯出自追求金钱的动机,还有社会方面的、心理方面的需要,即追求人与人之间的友情、安全感、归属感和受人尊敬等,而后者更为重要。因此,管理不能单纯考虑技术和物质条件方面的东西,而必须首先从社会心理方面考虑合理的组织与管理。

② 企业中存在着非正式组织。企业中除了为了实现企业目标而明确规定各成员相互关系和职责范围的正式组织之外,还存在着非正式组织。这种非正式组织的作用在于维护其成员的共同利益,使之免受其内部个别成员的疏忽或外部人员的干涉所造成的损失。为此非正式组织中有自己的核心人物和领袖,有大家共同遵循的观念、价值标准、行为准则和道德规范等。

梅奥指出,非正式组织与正式组织有重大差别。在正式组织中,以效率逻辑为其行为规范;而在非正式组织中,则以感情逻辑为其行为规范。如果管理人员只是根据效率逻辑来管理,而忽略工人的感情逻辑,必然会引起冲突,影响企业生产率的提高和目标的实现。因此,管理者必须重视非正式组织的作用,注意在正式组织的效率逻辑与非正式组织的感情逻辑之间保持平衡,以便管理人员与工人之间能够充分协作。

③ 新的领导能力在于提高工人的满意度。在决定劳动生产率的诸因素中,置于首位的因素是工人的满意度,而生产条件、工资报酬只是第二位的。职工的满意度越高,其士气就越高,从而产生效率就越高。高的满意度来源于工人个人需求的有效满足,不仅包括物质需求,还包括精神需求。

(3) 梅奥的人际关系理论的应用价值

霍桑实验对古典管理理论进行了大胆的突破,第一次把管理研究的重点从工作和物的因素转到人的因素,不仅在理论上对古典管理理论作了修正和补充,开辟了管理研究的新理论,还为现代行为科学的发展奠定了基础,而且对管理实践产生了深远的影响。

第一,人才是企业发展的动力之源。人、财、物是企业经营管理必不可少的三大要素,而人力又是其中最为活跃,最富于创造力的因素。即便有最先进的技术设备,最完备的物质资料,没有了人的准确而全力的投入,所有的一切将毫无意义。但是人的创造性是有条件的,是以其能动性为前提的。硬性而机械式的管理,只能抹杀其才能。"只有满意的员工才是有生产力的员工",富有生产力的员工才是企业真正的人才,才是企业发展的动力之源。因此,企业的管理者既要做到令股东满意、顾客满意,更要做到令员工满意。针对不同的员工,不同层次的需求分别对待。要悉心分析他们的思想,了解他们的真正需要:不仅要有必要的物质需求满足,还要有更深层次的社会需求的满足,即受到尊重,受到重视,能够体现自我的存在价值。例如,在管理过程中为了满足员工的社会需求,可以加强员工参与管理的程度,通过民主管理,民主监督的机制,增加他们对企业的关注,增加其主人翁的责任感和个人成就感,将他们的个人目标和企业的经营目标完美地统一起来,从而激发出更大的工作热情,发挥其主观能动性和创造性。

第二,有效沟通是管理的艺术方法。管理是讲究艺术的,对人的管理更是如此。按照人际关系理论的观点,亲善的沟通方式不仅可以了解到员工的需求,更可以改善上下级之间的关系,从而使员工更加自愿地努力工作。倾听是一种有效的沟通方式。具有成熟智慧的管理者会认为倾听别人的意见,善于帮助和启发他人表达出自己的思想和感情,善于聆听别人的意见,激发他们的创造性的思维,这样可以使员工增强对管理者的信任感。采用"与人为善"的管理方式,不但有助于营造和谐的工作气氛,而且可以提高员工的满意度,使其能继续坚持不懈地为实现企业目标而努力。

第三,企业文化。发现非正式组织的存在是梅奥人际关系理论的重要贡献,作为企业的管理者,也应对此有所重视。员工不是作为一个孤立的个体而存在,而是生活在集体中的一员,他们的行为很大程度上是受到集体中其他个体的影响。怎样消除非正式组织施加于员工身上的负面影响也是当代管理者必须正视的一个问题。只有在个人、集体、企业三方的利益保持均衡时,才能最大限度地发挥个人的潜能。培养共同的价值观,创造积极向上的企业文化是协调好组织内部各利益群体关系,发挥组织协同效应和增加企业凝聚力最有效的途径。

2. 团体动力学理论

（1）团体动力学理论创立的背景

20 世纪 30 年代前后，美国的工业生产得到迅速发展，这是以富尔敦、爱迪生等人创造发明的具体应用为标志的。它使人们看到了科学、文化和教育的巨大力量，知识与技术从而被赋予了极高的价值。同时，由于世界大战和与西方工业发展结伴而行的经济萧条，使得美国的一些社会问题，如移民问题、黑人问题、青少年犯罪和儿童教育等问题变得日益尖锐，通过社会学家和心理学家们的努力，人们对心理测验、科学管理和儿童福利等已产生普遍信任，科学研究可以促进"社会问题"的解决这一观念已逐渐被人们所接受。团体曾一度被看作调节工厂和集体冲突的关键，家庭和一些目的性社团则被认为是战争动乱之后复兴社会生活的必要手段。同一时期兴起的其他一些专业，如集体心理治疗、社团福利工作，由杜威倡导的新教育，以及范围更为广泛的社会管理工作等，都要求对团体和团体生活有一种科学的根本性的认识和理解。这种时代精神召唤出了一个代表性的人物——来自德国避难的犹太人库尔特·勒温（Kurt Lewin），让他从一个侧面来表达时代的要求，形成了团体动力学研究的大潮流。①

团体动力学的基本概念是生活空间，它包括人与环境。但人既是个体动力学的存在，也是团体的存在，而环境既是物理的、心理的，也是社会的。个体不是孤立的个别属性的机械相加，它是在一定的生活空间里组织为一个完整的系统。从这一点出发，可以得出这样的结论：团体绝不是各个互不相干的个体的集合，而是有着联系的个体间的一组关系。团体不是由各个个体的特征所决定的，而取决于团体成员相互依存的那种内在的关系。由此认为，虽然团体的行动要看构成团体的成员本身，但已经建立起来的一个团体有着很强的纽带，使个体成员的动机与团体目标几乎混为一体，难以区分。

（2）团体动力学理论的主要观点

团体动力学主要包括五个方面的内容：群体内聚力，群体压力和群体标准，个人动机和群体目标，领导与群体性能，以及群体的结构性。

① 群体内聚力。群体内聚力是作用于所有成员并促进其参与群体活动的各种力的组合。群体动力学家一般将具有内聚力的群体描述为其成员为了一个共同的目标而一起工作，每个成员都愿意为群体分担责任，一致反对外来的攻击等。赋予多个个体共同的任务，在成员中形成友好的合作氛围，不同成员具有相同的背景和态度，经常的接触和交往，拥有共同的遭遇或不幸，都是形成群体内聚力的因素。一般来说，提高群体内聚力可以产生如下效果：群体成员的责任性行为；成员之间的相互影响；价值取向的一致性；成员安全感的发展；群体生产力的提高。

② 群体压力和群体标准。一般来说，群体压力与群体的一致性有着密切关系。对此，群体学专家有三种解释：一是群体作为整体在很大程度上决定了个别成员的思想和行动；二是每个个体都倾向于像群体中的其他成员那样行事；三是个体在行动上与群体成员保持一致是受求同压力的影响。群体中的求同压力主要有两种：一种是当一个人发现自己的观

---

① 马仁杰，等.管理学原理［M］.北京：人民邮电出版社，2013.

点和行为与他人不同时所产生的内在压力;另一种是那些试图影响他人行为的成员所施予的外在压力。由于这些压力都直接导致群体成员的一致行为,所以通常又被归于群体标准。

③ 个人动机和群体目标。任何一种群体都会有一种目标,一种存在和行动的理由。被群体所选定的目标,在很大程度上决定该群体的行为,群体作用的发挥,成员对群体的依赖性,成员的态度和信心等。群体目标与成员的个人动机是密切相关的,努力接受群体目标的成员会表现出最为强烈的需求动机,并努力为使群体达到目标而工作。

④ 领导与群体性能。领导者的素质及其领导作风,在所有的群体生活中占有非常重要的地位。在群体动力学中,一般把领导作为群体的一种功能来研究,这涉及群体性能的发挥以及群体生产力的高低。另外,对领导方式的研究将有助于解决如何调动群体成员内在活力的问题。

⑤ 群体的结构性。当一个群体在其成员之间的关系安排上获得一种稳定时,它也就拥有了一定的结构。群体结构变量包括:正式领导、角色、规范、地位、群体规模、群体构成。群体结构塑造群体成员的行为,使人们有可能解释和预测群体内大部分的个体行为以及群体本身的绩效。群体中包含正常成员、非正常成员、领导成员和孤立者,其中,正常成员接受并遵守群体的绝大多数规范,非正常成员接受其中的某些规范而拒绝其中的一项或几项规范,但仍是群体成员之一,领导成员对保持群体的团结方面有着最大的贡献,而孤立者却基本上不属于群体,通常向往另外一个群体。

(3) 团体力学理论的应用价值

① 强调理论意义上的经验研究。从学术传统上进行分析,团体动力学应属于经验主义范畴。以观察、定量、测量和实验为基础来研究团体,正是团体动力学家有别于涂尔干、弗洛伊德和黎朋等侧重思辨来研究团体的显著标志。但是团体动力学又不同于社会科学中极端的经验主义,它从一开始就十分重视理论的意义和价值,在实践中把理论建构和经验研究完整地结合起来。

② 注重研究对象的动力关系和相互依存关系。动力性研究是群体动力学最基本的特征,它不满足于对团体性质的一般描述,或对团体类型与团体行为的一般归类,而是要研究所观察的对象是如何相互依存的,团体中各种力的交互作用以及影响团体行为的潜在动力、变化、对变化的抵制、社会压力、影响、压制、权力、内聚力、吸引、排斥、平衡和不稳定性等,都是团体动力学中动力性研究的基本术语。它们可以表示心理力以及社会力的操作,在群体动力学的理论中起着重要的作用。

③ 多学科的交叉研究。严格地说,团体动力学不属于传统社会科学中的任何一门学科,它与心理学、社会学、文化人类学和经济学等都保持着较为密切的关系。各学科的发展都有助于团体动力学的研究。实际上,团体动力学既是一种多学科的交叉性研究,也是社会科学中的一次新的综合。

④ 把研究成果应用于社会实践的潜能。应用性是群体动力学的突出特征,大部分群体动力学家的研究都是为了促进团体的功能以及群体对个体和社会的作用。尤其是随着"行动研究"和"敏感性训练"的推广,群体动力学的研究成果已被企业管理、教育、心理治疗、政府与军事等许多领域广泛采用。

3.2.2　后期行为科学管理理论

1. 马斯洛的需要层次理论

(1) 马斯洛的需要层次理论创立的背景

亚伯拉罕·哈罗德·马斯洛(Abraham Harold Maslow)是美国社会心理学家、人格理论家和比较心理学家,人本主义心理学的主要发起者和理论家,心理学第三势力的领导人。在马斯洛看来,人类价值体系存在两类不同的需要:一类是沿生物谱系上升方向逐渐变弱的本能或冲动,称为低级需要和生理需要。另一类是随生物进化而逐渐显现的潜能或需要,称为高级需要。它对人的行为和内驱力进行了假设:人要生存,他的需要能够影响他的行为。只有未满足的需要能够影响行为,满足了的需要不能充当激励工具。人的需要按重要性和层次性排成一定的次序,从基本的(如食物和住房)到复杂的(如自我实现)。当人的某一级的需要得到最低限度满足后,才会追求高一级的需要,如此逐级上升,成为推动继续努力的内在动力。为了证明这一假设,他开展了心理实验。实验证明,当人待在漂亮的房间里面就显得比在简陋的房间里更富有生气、更活泼、更健康;一个善良、真诚、美好的人比其他人更能体会到存在于外界中的真善美。当人们在外界发现了最高价值时,就可能同时在自己的内心产生或加强这种价值。

(2) 马斯洛的需要层次理论的主要观点

① 人的需要结构。马斯洛认为,人的基本需要层次有五个需要层次。第一,生理需要。生理需要是人最原始、最基本的需要,它包括衣、食、住、行和性等方面的生理要求,是人类赖以生存和繁衍的基本需要,这类需要如果不能满足,人类就不能生存。从这个意义上说,它是推动人们行为活动的最强大的动力。第二,安全需要。当一个人的生理需要获得满足以后,就希望满足安全需要。例如,人们要求摆脱失业的威胁,解除对年老、生病、职业危害、意外事故等的担心,以及希望摆脱严酷的监督和避免不公正的待遇等。第三,社会需要。社会需要主要包括社交的需要、归属的需要以及对友谊、情感和爱的需要。社会需要也叫联系动机,一个人在前面两种需要基本满足之后,社会需要便开始成为强烈的动机。人们一般都有社会交往的欲望,希望得到别人的理解和支持,希望同伴之间、同事之间关系融洽,保持友谊与忠诚,希望得到信任和爱情等。另外,人们在归属感的支配下,希望自己隶属于某个集团或群体,希望自己成为其中的一员并得到关心和照顾,从而使自己不至于感到孤独。第四,尊重需要。尊重的需要即自尊和受人尊重的需要。人们总是对个人的名誉、地位、人格、成就和利益抱有一定的欲望,并希望得到社会的承认和尊重,这类需要主要可以分为两个方面:内部需要和外部需要。内部需要就是个体在各种不同的情境下,总是希望自己有实力、能独立自主,对自己的知识、能力和成就充满自豪和自信;外部需要就是一个人希望自己有权力、地位和威望,希望别人和社会看得起,能够受到别人的尊重、信赖和高度评价。马斯洛认为,尊重需要得到满足,能使人对自己充满信心,对社会满腔热情,体会到自己生活在世界上的用处和价值。第五,自我实现的需要。自我实现的需要也叫自我成就需要,它是指一个人希望充分发挥个人的潜力,实现个人的理想和抱负。这是一种高级的精神需要,这种需要可以分为两个方面:胜任感和成就感。胜任感表现为人总是希望干称职的工作,喜欢带有挑战性的工作,把工作当成一种创造性活动,为出色地完成任务而废寝忘食地工作。成就感

表现为希望进行创造性的活动并取得成功。例如,画家努力完成好自己的绘画,音乐家努力演奏好乐曲,指挥员千方百计要打胜仗,工程师力求生产出新产品等,这些都是在成就感的推动下而产生的。

②　各层次需要发展变化的基本规律。第一,在人的心理发展过程中,五个层次的需要是逐步上升的。通常情况下,当低级的需要获得满足以后,就失去了对行为的刺激作用,这时追求更高一级的需要就成为驱使行为的动力。当人们进入高级的精神需要阶段以后,往往会降低对低级需要的要求。例如,成就需要强烈的人,往往把成就看得比金钱更重要,把工作中取得的报酬,仅仅看成衡量自己进步和成就大小的一种标志。这种人事业心强,有开拓精神,能埋头苦干,并敢于承担风险。第二,人在不同的心理发展水平上,其动机结构是不同的。第三,人的需要具有主导性。在实际生活中,由于客观环境和个人情况的差异,在需要层次结构中,往往会有其中的某一种需要占优势地位,这种占优势地位的需要就称为主导性需要。

(3)马斯洛的需要层次理论的应用价值

了解员工的需要是应用需要层次论对员工进行激励的一个重要前提。在不同组织中、不同时期的员工以及组织中不同员工的需要充满差异性,而且经常变化。因此,管理者应该经常性地用各种方式进行调研,弄清员工未得到满足的需要是什么,然后有针对性地进行激励。[1]

马斯洛理论把需求分成生理需求、安全需求、社交需求、尊重需求和自我实现需求五类,依次由较低层次到较高层次,对于管理工作来说,有着积极的指导意义,一方面管理者需要把物质激励和精神激励相结合;另一方面又要对员工的需求不断从低级引向高级,才能激发更大的激励力量。

2. 赫茨伯格的双因素论

(1)赫茨伯格的双因素论创立的背景

20世纪50年代末期,赫茨伯格和他的助手们在美国匹兹堡地区对200名工程师、会计师进行了调查访问。访问主要围绕两个问题:在工作中,哪些事项是让他们感到满意的,并估计这种积极情绪持续多长时间;又有哪些事项是让他们感到不满意的,并估计这种消极情绪持续多长时间。赫茨伯格以调查结果为材料,着手去研究哪些事情使人们在工作中快乐和满足,哪些事情造成不愉快和不满足。结果他发现,使职工感到满意的都是属于工作本身或工作内容方面的;使职工感到不满的,都是属于工作环境或工作关系方面的。他把前者叫作激励因素,后者叫作保健因素。

(2)赫茨伯格的双因素论的主要观点

①　对人的心理产生作用有两种不同性质的因素,即保健因素和激励因素。保健因素的满足对职工产生的效果类似于卫生保健对身体健康所起的作用。保健从人的环境中消除有害于健康的事物,它不能直接提高健康水平,但有预防疾病的效果;它不是治疗性的,而是预防性的。保健因素包括公司政策、管理措施、监督、人际关系、物质工作条件、工资、福利等。当这些因素恶化到人们认为无法接受时,就会产生对工作的不满意。但是,当人们认为这些

---

① 吴照云.市场营销[M].北京:经济管理出版社,2012.

因素很好时,它只是消除了不满意,并不会导致积极的态度,这就形成了某种既不是满意,又不是不满意的中性状态。那些能带来积极态度、满意和激励作用的因素就叫作"激励因素",这是那些能满足个人自我实现需要的因素,包括成就、赏识、挑战性的工作、增加的工作责任,以及成长和发展的机会。如果这些因素具备了,就能对人们产生更大的激励。从这个意义出发,赫茨伯格认为传统的激励假设,如工资刺激、人际关系的改善、提供良好的工作条件等,都不会产生更大的激励;它们能消除不满意,防止产生问题,但这些传统的"激励因素"即使达到最佳程度,也不会产生积极的激励。按照赫茨伯格的意见,管理者应该认识到保健因素是必需的,不过它一旦使不满意中和以后,就不能产生更积极的效果。只有"激励因素"才能使人们有更好的工作成绩。

② 保健因素和激励因素在一定条件下会相互转化。赫茨伯格及其同事以后又对各种专业性和非专业性的工业组织进行了多次调查,他们发现,由于调查对象和条件的不同,各种因素的归属有些差别,但总的来看,激励因素基本上都是属于工作本身或工作内容的,保健因素基本都是属于工作环境和工作关系的。但是,赫茨伯格注意到,激励因素和保健因素都有若干重叠现象,如赏识属于激励因素,基本上起积极作用;但当没有受到赏识时,又可能起消极作用,这时又表现为保健因素。工资是保健因素,但有时也能产生使职工满意的结果。这就证明,保健因素和激励因素在一定条件下会相互转化。

(3) 赫茨伯格的双因素论的应用价值

① 管理者采用什么管理措施,首先需要明确目的,并与保健因素和激励因素的效用联系起来。保健因素可以消除员工的不满、怠工和对抗,但保健因素不能激发他们的工作积极性,所以更重要的是要利用激励因素来激发员工的工作热情和工作效率。因此,企业如果只考虑到保健因素而没有充分利用激励因素,就只能使职工感到没有不满意却不能使职工变得非常满意,则企业就很难创造一流的业绩。

② 在企业管理实践中,欲使奖金成为激励因素,必须使奖金与职工的工作绩效挂钩,如果采取不讲部门和职工绩效的平均主义"大锅饭"做法,奖金就会变成保健因素,奖金发得再多也难以起到激励的作用。对某一个岗位而言,如果长期为一个人所占有,又没有来自外部的竞争压力,该职工的惰性就会自然而然地释放出来,工作质量随之下降。企业为了激发职工的工作潜能,应设置竞争性的岗位,并把竞争机制贯穿于工作过程的始终。

③ 双因素理论是在美国的社会和文化背景下提出的,与中国的国情不尽相同,因而,在企业管理中,哪些是保健因素,哪些应属于激励因素也不一样,企业的管理者在对职工进行激励时,必须考虑到这种文化差异,因地制宜,制定有效的激励措施并采取有效的激励手段。在中国企业里,工资和奖金并不仅仅是保健因素,工资和奖金的多少关系到个人的切身利益和自身价值的实现,如果运用得当,也会表现出明显的激励作用。因此,企业应该建立灵活的工资、奖金制度,防止僵化和一成不变,在工资、奖金分配制度改革中既注重公平又体现差别。

④ 激励是组织管理的重要环节,被认为是"最伟大的管理原理"。就组织工作而言,对职工激励至关重要,但对职工进行激励的时候必须注重多种激励方式的综合运用,将物质激励和精神激励有机结合起来。合理而富有竞争力的薪酬制度是企业激励职工、留住人才的基本方略。同时,企业更要注重精神激励的重要作用,通过培养员工自我超越的能力,打破旧的思维限制,创造出更适合组织发展的新的心智模式,朝着组织的整体目标和共同愿景

努力。

3. 麦克莱兰的成就需要理论

（1）成就需要理论创立的背景

20 世纪 50 年代，美国心理学家戴维·麦克莱兰（David McClelland）通过心理投射的方法对人的成就动机进行了大量的研究，并在此基础上提出，人类的许多需要都不是生理性的，而是社会性的，而且人的社会性需求不是先天的，而是后天的，得自于环境、经历和培养教育等。很难从单个人的角度归纳出共同的、与生俱来的心理需要。时代不同、社会不同、文化背景不同，人的需求当然就不同，所谓"自我实现"的标准也不同。在一个组织中，人们最重要的需要首先是成就需要，其次是权力需要和合群需要。

（2）成就需要理论的主要观点

社会生产劳动中的人具有三种需要，即成就需要、权力需要、合群需要，并且其中一种需要占主导地位。成就需要占主导地位的人，成就欲望很高的人，认为成就比报酬更重要。这种人身上具有以下三个特点：第一，喜欢接受挑战性的任务，希望独立地完成工作。因此，组织在安排这些人的工作时，要注意提供能够满足他们成就需要的工作环境，给以挑战性的工作，并让他们有一定的自主权。第二，这种人总是具有明确的行动目标，并富有一定的冒险精神，对成功有一种强烈的要求，同样也强烈担心失败。他们愿意接受挑战，为自己树立一定难度的目标。一件事情成功概率在 50％ 的时候，他们干得最好。工作过分容易或难度太大，或任务成功的概率很小，都会使他们的成就感得不到满足。第三，他们希望个人负责解决问题，并经常注意对自己工作成就的反馈。如果他们能够从上级那里得到嘉奖、晋级、增加工资，就会有一种莫大的成就感。权力需要占主导地位的人。这种人喜欢"负责"，追求社会地位，追求对别人的影响，喜欢使别人的行动合乎自己的愿望，这种人希望支配别人和受到社会的尊重，较少关心别人的有效行为。合群需要占主导地位的人，渴望相互交往、相互支持、相互尊重，这种人以自己作为群体的一员而感到满足，富有理智的人往往追求人与人之间的友谊和信赖。

（3）成就需要理论的应用价值

麦克莱兰指出了各种社会需要往往对人们的行为共同起作用，而且会有一种需要对行为起主要作用的观点，是对马斯洛需要层次理论的重大发展。他指出预测业绩的最好因素不是诸如学历、技能等外在条件，而是人的深层素质，也就是水下的冰山部分，这个比喻看似浅显，却蕴含着巨大的理论价值和实践价值，对管理学尤其是人力资源管理产生了重大影响。让人们明白这样一个道理，管理者了解和掌握这三种需要，对于组织人才的培养、使用和提拔均具有重要意义。高明的领导者，要善于培养具有高成就感的人才，这种人才对于企业、国家都有重要作用。一个企业拥有这样的人才越多，它的发展就越快，利润就越多。一个国家拥有这样的人越多，就越兴旺发达。

4. 阿尔德佛的生长需要理论

（1）阿尔德佛的生长需要理论创立的背景

克雷顿·阿尔德佛（Clayton Alderfer）在马斯洛提出的需要层次理论的基础上，进行了更接近实际经验的研究，提出了一种新的人本主义需要理论。阿尔德佛认为，人们共存在

3 种核心的需要,即生存(Existence)的需要、相互关系(Relatedness)的需要和成长发展(Growth)的需要,因而这一理论被称为 ERG 理论。

（2）阿尔德佛的生长需要理论的主要观点

阿尔德佛认为,人们共存在三种核心的需要,即生存需要、相互关系需要和成长发展需要。生存需要与人们基本的物质生存需要有关,它包括马斯洛提出的生理和安全需要。相互关系需要即指人们对于保持重要的人际关系的要求,这种需要的满足是在与其他需要相互作用中达成的,它们与马斯洛的社会需要和自尊需要分类中的外在部分是相对应的。成长需要表示个人谋求发展的内在愿望,包括马斯洛的自尊需要分类中的内在部分和自我实现层次中所包含的特征。

阿尔德佛除了用三种需要代替了马斯洛的五种需要以外,他还认为,人在同一时间可能有不止一种需要起作用,如果较高层次需要的满足受到抑制,人们对较低层次的需要的渴望会变得更加强烈。另外,马斯洛的需要层次是一种刚性的阶梯式上升结构,即认为较低层次的需要必须在较高层次的需要满足之前得到充分的满足,二者具有不可逆性。而 ERG 理论并不认为各类需要层次是刚性结构,即使一个人的生存和相互关系需要尚未得到完全满足,仍然可以为成长发展的需要工作,而且这三种需要可以同时起作用。同时,ERG 理论还提出了一种叫作"受挫—回归"的思想,当一个人在某一更高等级的需要层次受挫时,那么作为替代,他的某一较低层次的需要可能会有所增加。例如,如果一个人社会交往需要得不到满足,可能会增强他对得到更多金钱或更好的工作条件的愿望,并认为多种需要可以同时作为激励因素而起作用,并且当满足较高层次需要的企图受挫时,会导致人们向较低层次需要的回归。

（3）阿尔德佛的生长需要层次理论的应用价值

阿尔德佛的 ERG 理论在需要的分类上并不比马斯洛的理论更完善,对需要的解释也并未超出马斯洛的需要层次理论范围。如果认为马斯洛的需要层次理论是带有普遍意义的一般规律,那么,ERG 理论则偏重于带有特殊性的个体差异,这表现在 ERG 理论对不同需要之间联系的限制较少。ERG 理论并不强调需要层次的顺序,认为某种需要在一定时间内对行为起作用,而当这种需要得到满足后,可能去追求更高层次的需要,也可能没有这种上升趋势。ERG 理论认为,当较高级需要受到挫折时,可能会退而求其次。ERG 理论还认为,某种需要在得到基本满足后,其强烈程度不仅不会减弱,还可能会增强。因此,管理措施应该随着人的需要结构的变化而做出相应的改变,并根据每个人不同的需要制定出相应的管理策略。

5. 洛克的目标设定理论

（1）洛克的目标设定理论创立的背景

美国马里兰大学管理学兼心理学教授洛克(E. A. Locke)和休斯在研究中发现,外来的刺激(如奖励、工作反馈、监督的压力)都是通过目标来影响动机的。目标能引导活动指向与目标有关的行为,使人们根据难度的大小来调整努力的程度,并影响行为的持久性。于是,1967 年洛克提出目标设定理论(Goal Setting Theory),认为目标本身就具有激励作用,目标能把人的需要转变为动机,使人们的行为朝着一定的方向努力,并将自己的行为结果与既定的目标相对照,及时进行调整和修正,从而能实现目标。这种使需要转化为动机,再由动机支配行动以达成目标的过程就是目标激励。目标激励的效果受目标本身的性质和周围变量的影响。

（2）洛克的目标设定理论的主要观点

① 目标设定理论的基本模式。目标有两个最基本的属性：明确度和难度。从明确度来看，目标内容可以是模糊的，如仅告诉被试"请你做这件事"；目标也可以是明确的，如"请在十分钟内做完这25题"。明确的目标可使人们更清楚要怎么做，付出多大的努力才能达到目标。目标设定明确，便于评价个体的能力。相反，模糊的目标不利于引导个体的行为和评价业绩。因此，目标设定得越明确越好。从难度来看，目标可以是容易的，如20分钟内做完10个题目；中等的，20分钟内做完20个题目；难的，20分钟内做完30个题目，或者是不可能完成的，如20分钟内做完100个题目。难度依赖于人和目标之间的关系，同样的目标对某人来说可能是容易的，而对另一个人来说可能是难的，这取决于他们的能力和经验。一般来说，目标的绝对难度越高，人们就越难达到它。洛克研究发现，完成任务的人有足够的能力、对目标又有高度的承诺，在这样的条件下，任务越难，绩效越好，绩效与目标的难度水平呈线性关系，人们可以根据不同的任务难度来调整自己的努力程度。

目标对绩效直接产生的影响，可用模型表示，见图3-1。

② 目标设定原则。

第一，设置清晰、明确的目标。目标设置理论的研

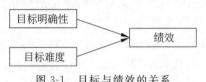

图3-1　目标与绩效的关系

究表明，明确的目标比模糊的目标具有更大的激励作用，因此管理者或教师在给下属或学生布置任务时，应当尽可能将目标明确化，以便使个体清楚地知道自己要做什么以及做到什么程度。例如，语文教师在给学生布置预习作业时，如果简单地说"回去预习第五课的内容"，目标要求就太模糊了，学生根本不清楚在预习时要注意什么，是生字、段落、故事情节还是修辞技巧？因此，许多学生常常是将课文通读一遍了事，预习的效果可想而知。一个比较明确的预习目标可能是，"请大家回去以后，结合黑板上所列的问题预习第五课的内容，希望大家在书上找出这些问题的答案，明天上课时讨论"。

第二，设置具有适当挑战性的目标。研究表明，困难的目标比容易的目标更有可能带来好的成绩。这是因为在人们看来，挑战性目标不仅给人们提出了较高的要求，而且具有更大的争取价值，它促使人们付出更大的努力和坚持性，进而取得较高的成绩水平。

不过，在设置挑战性目标时，应当注意目标的难度要适宜，所设置的目标水平应该是个体经过一定的努力可以达到的。如果目标水平远远超出了个人实际能力的范围，那么目标就太难了。研究表明，过于困难的目标会降低个体完成任务的信心和对目标的承诺，不利于激发个体活动的积极性。对于那些给他人设置目标的人来说，这一点尤为重要。如果指定目标的难度水平不合适，就无法取得良好的激励效果。例如，有些教师为了激励学生努力地学习，有意给学生提出一些超出他们能力范围的或是需要付出极大努力才能完成的任务，以便让他们认识到自己的不足，进而努力学习。可惜这种做法常常得不到预期的好效果，因为过于困难的目标让学生感到沮丧，打击了学生的自信心，进而对学习产生厌倦甚至逆反心理。因此，对于那些每天都要面对的任务来说，适当的目标是那些需要个体付出合理的努力，而不是过分努力才能达到的目标。

第三，短期目标与长远目标相结合。在那些需要通过一系列活动才能完成的复杂任务中，除了整体的长远目标之外，给每一个系列的活动设置一个明确的近期目标，可以有效地

提高个体的自我效能感和工作成绩。例如,一位自然课老师带领学生观察了一种植物的生长过程后,希望学生们能将所观察的内容写成一篇研究报告,这是一项比较困难而且复杂的任务。如果直接要求学生一个月后交报告,那么肯定会发现许多学生的报告是仓促拼凑的,而且根本没掌握学术报告的写作要领。但是,如果将这个任务分解,用一系列近期目标的设置来引导学生的工作,如先让学生交一份报告的提纲,然后交一份写作的细纲,列出报告的要点……那么最后学生交出的研究报告的质量就会好很多,同时也提高了学生以后完成此类报告的信心。

第四,提供及时的反馈信息。洛克等人认为,奖励和反馈可以给个体提供有关自我效能的信息,从而鼓励他们继续努力。不过,为了避免损害个人的内在动机,在提供反馈和奖励时,应当突出反馈的信息功能,强调提供反馈的目的是让个体了解自己所取得的成绩和工作的进展情况,为下一步的活动内容和方向提供一个参照。而不应过多强调外界的要求和期望,使个体产生一种被操纵和控制的感觉,降低个体从事活动的积极性和主动性。

第五,要求个体做出目标承诺。在设置目标激励个体活动积极性的过程中,仅仅确立目标和提供反馈是不够的,如果个体没有承诺要完成该目标,那么上述策略就无法取得良好的激励效果。只有当个体看中一个目标,决心要实现一个目标时,才会在活动中有较大的投入。因此做出目标承诺是保证目标激励作用的一个必要条件。一般来说,个体对那些有价值的、可能实现的和权威认可的目标有较高的承诺。另外,如果个体参与了目标设置的过程,并且公开声明了自己所要达到的目标水平,那么个体对目标的承诺水平也会提高。

(3) 洛克的目标设定理论的应用价值

目标设置理论认为,目标是人们行为的最终目的,是人们预先规定的、合乎自己需要的"诱因",是激励人们的有形的、可以测量的成功标准。达到目标是一种强有力的激励,是完成工作的最直接的动机,也是提高激励水平的重要过程。目标能够有效地激励员工,提高员工的工作表现。在执行复杂的工作时,应该让员工参与制定目标。在管理工作中,在执行简单的工作时,上级应该给员工制定目标,不但可以节省时间,还可以避免不必要的争执。在执行复杂的工作时,应该让员工参与制定目标,员工在参与设定目标的过程中,可以更加了解工作的内容与方法,因而可以改善工作表现。自洛克 1967 年提出目标设定理论,理论成果也已应用到实际管理工作中去,给实际工作带来了很大帮助。

6. 弗鲁姆的期望理论

(1) 弗鲁姆的期望理论创立的背景

期望理论是行为科学家维克托·弗鲁姆(Victor H. Vroom)于 1964 年在《工作与激励》中提出来的激励理论。弗鲁姆的期望理论是以下列两个前提展开的:一是人们会主观地决定各种行动所期望的结果的价值,所以,每个人对结果的期望各有偏好;二是任何对行为激励的解释,不但要考虑人们所要完成的目标,也要考虑人们为得到偏好的结果所采取的行动。弗鲁姆说,当一个人在结果难以预料的多个可行方案中进行选择时,他的行为不仅受其对期望效果的偏好影响,也受他认为这些结果可实现程度的影响。

（2）弗鲁姆的期望理论的主要观点

① 期望公式。弗鲁姆认为，人们采取某项行动的动力或激励力取决于其对行动结果的价值评价和预期达成该结果可能性的估计。换言之，激励力量的大小取决于该行动所能达成目标的预期价值乘以达成该目标的期望概率。用公式可以表示为：

$$M = \sum V \cdot E$$

式中：M 表示激发力量，是指调动一个人的积极性，激发人内部潜力的强度。V 表示效价，是指达到目标对于满足个人需要的价值。E 是期望值，是人们根据过去经验判断自己达到某种目标或满足需要的可能性是大还是小，即能够达到目标的主观概率。

该理论指出，效价受个人价值取向、主观态度、优势需要及个性特征的影响。可以根据行为的选择方向进行推测，假如个人可以自由地选择 X 结果和 Y 结果的任一个，在相等的条件下：如果选择 X，即表示 X 比 Y 具有正效价；如果选择 Y，则表示 Y 比 X 具有正效价。也可以根据观察到的需求完成行为来推测。例如，有人认为有价值的事物，另外的人可能认为全无价值。如 1 000 元奖金对生活困难者可能很有价值，而对百万富翁来说意义不大。一个希望通过努力工作得到升迁机会的人，在他心中，升迁的效价就很高；如果他对升迁漠不关心，毫无要求，那么升迁对他来说效价就等于零；如果这个人对升迁不仅毫无要求，而且害怕升迁，那么，升迁对他来说，效价就是负值。再如，吃喝的数量和质量可以表明需求完成的情况，如果吃得多、吃得快，说明食品具有正效价。

期望值是人们判断自己达到某种目标或满足需要的可能性的主观概率。目标价值大小直接反映人的需要动机强弱，期望概率反映人实现需要和动机的信心强弱。弗鲁姆认为，人总是渴求满足一定的需要并设法达到一定的目标。这个目标在尚未实现时，表现为一种期望，期望的概念就是指一个人根据以往的能力和经验，在一定的时间里希望达到目标或满足需要的一种心理活动。对于目标的期望值怎样才算适合？有人把它形容为摘苹果。只有跳起来能摘到苹果时，人才最用力去摘。倘若跳起来也摘不到，人就不跳了。如果坐着能摘到，无须去跳，便不会使人努力去做。由此可见，领导者给员工制定工作定额时，要让员工经过努力就能完成，再努力就能超额，这才有利于调动员工的积极性。定额太高使员工失去完成的信心，他就不会努力去做；定额太低，唾手可得，员工也不会努力去做。因为期望概率太高、太容易的工作会影响员工的成就感，失去目标的内在价值。所以领导者制定工作、生产定额，以及使员工获得奖励的可能性都有个适度问题，只有适度才能保持员工恰当的期望值。

效价与期望值的关系。在实际生活中，每个目标的效价与期望常呈现负相关。难度大、成功率低的目标既有重大社会意义，又能满足个体的成就需要，具有高效价；而成功率很高的目标则会由于缺乏挑战性，做起来索然无味，而导致总效价降低。因此，设计与选择适当的外在目标，使其既给人以成功的希望，又使人感到值得为此而奋斗，就成了激励过程中的关键问题。

② 期望模式。在弗鲁姆的期望模式中，激励力量来自个人努力程度，也就是始发行为的强度。而个人的努力程度受到个人预期达到的成绩或外界确定的成绩标准和组织奖励的影响。这是因为运用目标进行激励时，个体经历了两个层次的期望和效价的评估。第一层次的期望是指个体根据目标难度与自我力量分析，判断行为成功的概率。假如这个概率恰当，个体就有信心和动力去实现目标。第二层次的期望是指个体根据以往经验及情境条件

分析,判断个人成绩导致组织奖励的概率。假如这个概率恰当,个体就会进一步评价组织奖励对满足个人需要的价值。因为人与人之间存在着个别差异,所以同一个目标对不同的人会产生不同的效价和期望。

按照弗鲁姆的期望模式,激励力量与个人的努力和绩效密切相关。人们总是希望通过一定的努力达到预期的目标,如果个人主观认为达到目标的概率很高,就会有信心,并激发出很强的工作力量;反之如果他认为目标太高,通过努力也不会有很好绩效时,就失去了内在的动力,导致工作消极。

进一步对弗鲁姆的期望模式进行分析,激励力量与绩效的奖励关系密切。绩效即指个体经过努力取得良好工作绩效所带来的对绩效的奖赏性回报的期望。人总是希望取得成绩后能够得到奖励,当然这个奖励也是综合的,既包括物质上的,也包括精神上的。如果他认为取得绩效后能得到合理的奖励,就可能产生工作热情,否则就可能没有积极性。由此个体会思考:深入了解弗鲁姆的期望模式,可以知道,激励力量受到满足个人需要的水平的影响。任何结果对个体的激励影响的程度,取决于个体对结果的评价,即奖励与满足个人需要的关系。人总是希望自己所获得的奖励能满足自己某方面的需要。然而由于人们在年龄、性别、资历、社会地位和经济条件等方面都存在着差异,他们对各种需要要求得到满足的程度就不同。因此,对于不同的人,采用同一种奖励办法能满足的需要程度不同,能激发出的工作动力也就不同。

(3) 弗鲁姆的期望理论的应用价值

期望理论提出了目标设置与个人需求相统一的理论。期望理论假定个体是有思想、有理性的人。对于他们生活和事业的发展,他们有既定的信仰和基本的预测。因此,在分析激励雇员的因素时,必须考察人们希望从组织中获得什么以及他们如何能够实现自己的愿望。

期望理论也是激励理论中为数极少的量化分析理论。这一理论并不满足于对问题的定性说明,还非常重视定量分析。它通过对各种权变因素的分析,正确说明了人们在多种可能性中所做出的选择。也就是说人们的行为选择通常是效用最大的,或者说人们的现实行为是其激励力量最大的行为选择。这不仅是激励理论的重要发展,同时在实践中也更具操作性。

7. 亚当斯的公平理论

1) 亚当斯的公平理论创立的背景

公平理论又称社会比较理论,由美国心理学家约翰·斯塔希·亚当斯(John Stacey Adams)于 1965 年提出。该理论是研究人的动机和知觉关系的一种激励理论,认为员工的激励程度来源于对自己和参照对象的报酬和投入的比例的主观比较感觉。只有公平的报酬,才能使职工感到满意和起到激励作用。

2) 亚当斯的公平理论的主要观点

(1) 公平关系的公式。

亚当斯认为,劳动者对报酬是否公平,不是只看绝对值,而是进行社会比较。比较的维度主要来自三个方面,即是和他人比较,和历史比较,和自己的过去比较。报酬过高或过低,都会使职工心理上紧张不安。报酬过高时,实行计时工资制的员工会以提高产量、改进质量来消除自身的不公平感,实行计件工资制的员工则将产量降低而把质量搞得好一些;报酬过低时,计时制职工便同时用降低产量和质量的办法来消除不公平感,计件制职工则以降低质量、增加产量的办法来维持收入。

公平理论可以用公平关系式来表示。设当事人 a 和被比较对象 b,则当 a 感觉到公平时有下式成立:

$$\frac{OP}{IP} = \frac{OC}{IC}$$

式中:OP——对自己所获报酬的感觉;

　　　OC——对他人所获报酬的感觉;

　　　IP——对自己所作投入的感觉;

　　　IC——对他人所作投入的感觉。

当上式为不等式时,也可能出现以下两种情况。

① $\frac{OP}{IP} < \frac{OC}{IC}$。在这种情况下,员工可能要求增加自己的收入或减小自己今后的努力程度,以便使左方增大,趋于相等;第二种办法是可能要求组织减少比较对象的收入或者让其今后增大努力程度以便使右方减小,趋于相等,以达到心理上的平衡。

② $\frac{OP}{IP} > \frac{OC}{IC}$。在这种情况下,他可能要求减少自己的报酬或自动多做些工作,但久而久之,他会重新估计自己的技术和工作情况,终于觉得他确实应当得到那么高的待遇,于是产量便又会回到过去的水平了。

除了横向比较之外,人们也经常做纵向比较,只有相等时他才认为公平,如下式所示:

$$\frac{OP}{IP} = \frac{OH}{IH}$$

式中:OP——对自己报酬的感觉;

　　　IP——对自己投入的感觉;

　　　OH——对自己过去报酬的感觉;

　　　IH——对自己过去投入的感觉。

当上式为不等式时,也可能出现以下两种情况。

① $\frac{OP}{IP} < \frac{OH}{IH}$。当出现这种情况时,人也会有不公平的感觉,这可能导致工作积极性下降。

② $\frac{OP}{IP} > \frac{OH}{IH}$。当出现这种情况时,人不会因此产生不公平的感觉,但也不会觉得自己多拿了报偿,从而主动多做些工作。不公平感的产生,绝大多数是由于经过比较认为自己报酬过低而产生的。但在少数情况下,也会由于经过比较认为自己的报酬过高而产生。

(2) 劳动者的积极性与公平感的关系。

公平理论指出,人的工作积极性不仅与个人实际报酬多少有关,而且与人们对报酬的分配是否感到公平更为密切。人们总会自觉或不自觉地将自己付出的劳动代价及其所得到的报酬与他人进行比较,并对公平与否做出判断。公平感直接影响职工的工作动机和行为。

因此,从某种意义来讲,动机的激发过程实际上是人与人进行比较,做出公平与否的判断,并据以指导行为的过程。公平理论研究的主要内容是职工报酬分配的合理性、公平性及其对职工产生积极性的影响。

亚当斯认为:职工的积极性取决于他所感受的分配上的公正程度(公平感),而职工的公平感取决于一种社会比较或历史比较。所谓社会比较,是指职工对他所获得的报酬(包括物质上的金钱、福利和精神上的受重视程度、表彰奖励等)与自己工作的投入(包括自己受教育的程度,经验,用于工作的时间、精力和其他消耗等)的比值与他人的报酬和投入的比值进行比较。所谓历史比较是指职工对他所获得的报酬与自己工作的投入的比值同自己在历史上某一时期内的这个比值进行比较。

每个人都会自觉或不自觉地进行这种社会比较,同时也要自觉或不自觉地进行历史比较。当职工对自己的报酬作社会比较或历史比较的结果表明收支比率相等时,便会感受到公平待遇,因而心理平衡,心情舒畅,工作努力。如果认为收支比率不相等时,便会感受到不公平的待遇,产生怨恨情绪,影响工作积极性。当认为自己的收支比率过低时,会产生报酬不足的不公平感,比率差距越大,这种感觉越强烈。这时职工就会产生挫折感、义愤感、仇恨心理,甚至产生破坏心理。少数时候,也会因认为自己的收支比率过高,产生不安的感觉或感激心理。

当职工感到不公平时,他可能千方百计进行自我安慰,如通过自我解释,主观上造成一种公平的假象,以减少心理失衡或选择另一种比较基准进行比较,以便获得主观上的公平感;还可能采取行动,改变对方或自己的收支比率,如要求把别人的报酬降下来、增加别人的劳动投入或要求给自己增加报酬、减少劳动投入等;还可能采取发牢骚,讲怪话,消极怠工,制造矛盾或弃职他就等行为。

3) 亚当斯的公平理论的应用价值

公平理论为组织管理者公平对待每一个职工提供了一种分析处理问题的方法,对于组织管理有较大的启发意义。

第一,管理者要引导职工形成正确的公平感。职工的社会比较或历史比较客观存在,并且这种比较往往是凭个人的主观感觉,因此,管理者要多作正确的引导,使职工形成正确的公平感。在人们的心理活动中,往往会过高估计自己的贡献和作用,压低他人的绩效和付出,总认为自己报酬偏低,从而产生不公平心理的现象。随着信息技术的发展,人们的社会交往越来越广,比较范围越来越大,以及收入差距增大的社会现实,都增加了职工产生不公平感的可能性。组织管理者要引导职工正确进行比较,多看到他人的长处,认识自己的短处,客观公正地选择比较基准,多在自己所在的地区、行业内比较,尽可能看到自己报酬的发展和提高,避免盲目攀比而造成不公平感。

第二,职工的公平感将影响整个组织的积极性。事实表明,职工的公平感不仅对职工个体行为有直接影响,而且将通过个体行为影响整个组织的积极性。在组织管理中,管理者要着力营造一种公平的氛围,如正确引导职工言论,减少因不正常的舆论传播而产生的消极情绪;经常深入群众中,了解职工工作、生活中的实际困难,及时帮助解决;关心照顾弱势群体,必要时可根据实际情况,秘密地单独发奖或给予补助等。

第三,领导者的管理行为必须遵循公正原则。领导行为是否公正将直接影响职工对比较对象的正确选择,如领导处事不公,职工必将选择受领导"照顾者"作比较基准,以致增大比较结果的反差而产生不公平心理。因此,组织管理者要平等地对待每一位职工,公正地处理每一件事情,依法行政,避免因情感因素导致管理行为不公正。同时,也应注意,公平是相对的,是相对于比较对象的一种平衡,而不是平均。在分配问题上,必须坚持"效率优先,兼顾公平"的原则,允许一部分人通过诚实劳动和合法经营先富起来,带动后富者不断改变现状,逐步实现共同富裕,否则就会产生"大锅饭"现象,使组织运行机制失去活力。

第四,报酬的分配要有利于建立科学的激励机制。对职工报酬的分配要体现"多劳多得,质优多得,责重多得"的原则,坚持精神激励与物质激励相结合的办法。在物质报酬的分配上,应正确运用竞争机制的激励作用,通过合理拉开分配差距体现公平;在精神上,要采用关心、鼓励、表扬等方式,使职工体会自己受到了重视,品尝到成功的欣慰与自我实现的快乐,自觉地将个人目标与组织目标整合一致,形成无私奉献的职业责任感。

8. 麦格雷戈的 X-Y 理论

(1)麦格雷戈的 X-Y 理论创立的背景

道格拉斯·麦格雷戈(Douglas M. Mc Gregor)是美国著名的行为科学家、人性假设理论创始人、管理理论的奠基人之一。麦格雷戈认为,有关人的性质和人的行为的假设,对于管理人员采取的工作方式十分重要。各种管理人员以自己对人的性质的假设为依据,可用不同的方式来组织、控制和激励。基于这种思想,道格拉斯·麦格雷戈提出了有关人性的两种截然不同的观点:一种是消极的 X 理论,即人性本恶;另一种是基本上积极的 Y 理论,即人性本善。X 理论阐述了独裁式的管理风格,而 Y 理论则阐述了民主式的管理风格。

(2)麦格雷戈的 X-Y 理论的主要观点

① X 理论。麦格雷戈把传统的管理观点叫作 X 理论,其主要内容是:是管理者对人性作了一个假定——人性丑恶,人们基本上厌恶工作,对工作没有热诚,如非必要就会加以逃避。人类只喜欢享乐,凡事得过且过,尽量逃避责任。所以要使之就范,雇主必须用严密的控制、强迫、惩罚和威逼利诱的手段来对付之。

• 大多数人是懒惰的,他们尽可能地逃避工作。工作对他们而言是一种负担,工作毫无享受可言。只要是有机会,他们就尽可能地偷懒,逃避工作。

• 大多数人都没有什么雄心壮志,也不喜欢负什么责任,而宁可让别人领导。他们缺乏自信心,把个人的安全看得很重要。

• 大多数人的个人目标与组织目标都是自相矛盾的,为了达到组织目标必须靠外力严加管制。必须用强迫、指挥、控制并用处罚威胁等手段,使他们做出适当的努力去实现组织的目标。

• 大多数人都是缺乏理智的,不能克制自己,很容易受别人影响,而且容易安于现状。

• 大多数人都是为了满足基本的生理需要和安全需要,所以他们将选择那些在经济上获利最大的事去做,而且他们只能看到眼前的利益,看不到长远的利益。

• 人群大致分为两类,多数人符合上述假设,少数人能克制自己,这部分人应当负起管理的责任。

X 理论假设人对于工作的基本评价是负面的,即从本质上来说,人都是不喜欢工作的,并且一有可能就逃避工作;一般人都愿意被人指挥并且希望逃避责任。基于上述假设,X 理论得出这样一个结论,管理人员的职责和相应的管理方式如下:

第一,管理人员关心的是如何提高劳动生产率、完成任务,他的主要职能是计划、组织、经营、指引、监督。

第二,管理人员主要是应用职权,发号施令,使对方服从,让人适应工作和组织的要求,而不考虑在情感上和道义上如何给人以尊重。

第三,强调严密的组织和制定具体的规范和工作制度,如工时定额、技术规程等。

第四,应以金钱报酬来收买员工的效力和服从。

② Y 理论。与 X 理论消极的人性观点相对照,麦格雷戈提出了 Y 理论。Y 理论对于人性假设是正面的,假定人性本善,假设一般人在本质上并不厌恶工作,只要循循善诱,雇员便会热诚工作,在没有严密的监管下,也会努力完成生产任务。而且在适当的条件下,一般的人不仅愿意承担责任而且会主动寻求责任感。其主要内容如下:

• 一般人并不是天性就不喜欢工作的,工作中体力和脑力的消耗就像游戏和休息一样自然。工作可能是一种满足,因而自愿去执行;也可能是一种处罚,因而只要有可能就想逃避。到底怎样,要因环境而定。

• 外来的控制和惩罚,并不是促使人们为实现组织的目标而努力的唯一方法。它甚至对人是一种威胁和阻碍,并放慢了人成熟的脚步。人们愿意实行自我管理和自我控制来完成应当完成的目标。

• 人的自我实现的要求和组织要求的行为之间是没有矛盾的。如果给人提供适当的机会,就能将个人目标和组织目标统一起来。

• 一般人在适当条件下,不仅学会了接受职责,而且学会了谋求职责。逃避责任、缺乏抱负以及强调安全感,通常是经验的结果,而不是人的本性。

• 大多数人,而不是少数人,在解决组织的困难问题时,都能发挥较高的想象力、聪明才智和创造性。

• 在现代工业生活的条件下,一般人的智慧潜能只是部分地得到了发挥。

根据以上假设,管理人员采取的管理措施如下:

第一,管理职能的重点。在 Y 理论的假设下,管理者的重要任务是创造一个使人得以发挥才能的工作环境,发挥出职工的潜力,并使职工在为实现组织的目标贡献力量时,也能达到自己的目标。此时的管理者已不是指挥者、调节者或监督者,而是起辅助者的作用,从旁给职工以支持和帮助。

第二,激励方式。根据 Y 理论,对人的激励主要是给予来自工作本身的内在激励,让他担当具有挑战性的工作,担负更多的责任,促使其工作做出成绩,满足其自我实现的需要。

第三,在管理制度上给予工人更多的自主权,实行自我控制,让工人参与管理和决策,并共同分享权力。

(3) 麦格雷戈的 X-Y 理论的应用价值

X 理论把人的行为视为机器,需要外力作用才能产生,Y 理论把人视为一个有机的系统,其行为不但受外力影响,而且受内力影响。这是两种截然不同的世界观和价值观。

所谓 X 理论,反映的是经理人对员工的不信任,主张对员工严加看管。而 Y 理论却认为员工都是善良的,完全可以通过激励的方式使其自觉地为企业工作。属于 X 理论的经理认为,企业目标和员工个人目标不可能是统一的,企业要求员工刻苦工作,而人天生都是好吃懒做的,因此员工都容易讨厌工作,尤其是逃避艰苦困难的工作。因此,要想企业各项工作得以完成,唯有对员工制定严格的纪律,采取强制、监管、惩罚等措施。在这种氛围中,俯首帖耳、老老实实工作的员工便是好员工。信奉 X 理论的管理者对属下的行动非常警觉,对他们的一言一行都非常敏感。他们更倾向于采取军队的管理方法,要求属下对上级的指令绝对服从,否则就要对他们实行责罚。

Y 理论跟中国古代认为"人之初,性本善"的观点很相似,认为人都是有良心和自觉性的,只要条件合适,员工一般会卖力地工作。要求员工很好地工作,不能仅靠苛刻的管理制度和惩罚措施。如果企业能够采取正确的激励措施,员工不仅能够在工作中约束自己,自觉地完成所分配的工作任务,而且会发挥自己的潜能。持有这种信念的管理者往往采用松散诱导的管理方式,通过与员工一起制定目标的方式,促使员工参与管理,从而达到完成工作任务的目的。Y 理论越来越受到管理者的重视和应用。日本推行的美国学者戴明的全面质量管理方法就是建立在 Y 理论的基础之上。从表面上看,Y 理论和 X 理论是相互对立的,但实际上它们是同一个问题的两个侧面,而不是互不兼容的必选其一的对立关系,一味强调一个方面显然是片面的。

X 理论和 Y 理论是统一价值杠杆上的两个不同终端。从两者之中可以看出,不管你怎样看待员工,对员工提出目标并进行管理是完全必要的,既要尊重员工,诱导他们自觉地工作,又要制定科学严谨的管理制度,对员工进行一定的纪律约束。在这个价值杠杆上,左端是 X 理论式管理,而右端是 Y 理论式管理,管理的标点应根据员工素质、公司管理基础和工作特点等条件灵活机动地进行滑动。在员工素质比较差、公司管理基础比较薄弱、生产力低下的公司,管理标点应该滑向左端,反之应向右端滑动。优秀的管理者应该根据企业的实际状况和员工的素质特点,善于运用这个杠杆,讲究管理艺术,将员工管理维持在一个高水平上。

9. 莫尔斯的超 Y 理论

(1) 莫尔斯的超 Y 理论创立的背景

超 Y 理论是 1970 年由美国管理心理学家约翰•莫尔斯(John J. Morse)和杰伊•洛希(Jay W. Lorsch)根据"复杂人"的假定提出的一种新的管理理论。[①] 20 世纪 50 年代末期,基于对人性的看法或假设,麦格雷戈提出了 X 理论与 Y 理论。前者的基本假设为:人是不喜欢工作的,必须强迫他、控制他,朝着组织的目标前进,而且大多数人没有进取心,不愿承担责任而宁愿受人支配和领导。后者强调的是人天生就对他的工作感兴趣,人的行为受动机的支配,只要给其创造一定的条件,他就会努力工作,达到确定的目标,并取得相应的成就。X 理论和 Y 理论的产生,在西方管理界引起不同的反响。其后,莫尔斯和他的研究团队根据这一理论,选择了工作效率高的亚克龙工厂和史脱克顿研究室、工作效率低的哈特福工厂和卡媒研究室进行研究。研究结果表明,亚克龙工厂和卡媒研究室实施 X 理论,采取严密的组织,实施指令式的控制管理,结果因人员素质不同,效果并不一样。工人程度高的

---

① 马仁杰,王荣科,左雪梅.管理学原理[M].北京:人民邮电出版社,2013.

亚克龙工厂效率高,而研究员程度高的卡媒研究室效率则低。另外,史脱克顿研究室和哈特福工厂实施 Y 理论,实验结果则相反。这说明了 X 理论并不一定是毫无用处,而 Y 理论也不一定是普遍适用的。

(2) 莫尔斯的超 Y 理论的主要观点

① 人们怀着许多不同的需要和动机加入工作组织,但主要的需要是去实现胜任感。

② 取得胜任感是人的共性,但不同的人可以用不同的方式来满足,胜任感的取得不仅受外部环境的影响,同时还受本人的权力、自由、地位、成就、交往的需要等强度的制约。

③ 当工作任务的性质与组织结构相适合时,胜任感最容易满足,工作效率也就高,如果不相适合时,工作效率也就低。

④ 胜任感可以持续不断地被激励。当一个目标达成时,新的目标又会产生,胜任感又会被激励,并引起积极的连锁作用。

(3) 莫尔斯的超 Y 理论的应用价值

人们到组织中工作的需要和动机是多种多样的,但主要的需要是取得胜任感。胜任感是指组织成员成功地掌握了周围的世界,其中包括所面对的任务而积累起来的满意感;取得胜任感的动机尽管人人都有,但不同的人可用不同的方式来实现,这取决于这种需要与其他需要之间的相互作用;组织目标与个人目标的一致易于导致胜任感,而胜任感即使实现了也仍会有激励作用;所有的人都需要感到胜任,但由于人的个体差异的存在,因而用什么样的方式取得胜任感是不同的。

10. 大内的 Z 理论

(1) 大内的 Z 理论创立的背景

Z 理论由日裔美国学者威廉 · 大内(William Ouchi)在 1981 年出版的《Z 理论》一书中提出来的,其研究的内容为人与企业、人与工作的关系。大内选择了日、美两国的一些典型企业(这些企业在本国及对方国家中都设有子公司或工厂)进行研究,发现日本企业的生产率普遍高于美国企业,而美国在日本设置的企业,如果按照美国方式管理,其效率非常低。根据这一现象,大内提出了美国的企业应结合本国的特点,向日本企业的管理方式学习,形成自己的一种管理方式。他把这种管理方式归结为 Z 型管理方式,并对这种方式进行了理论上的概括,称为“Z 理论”。

(2) 大内的 Z 理论的主要观点

大内认为,任何企业组织都应该对它们内部的社会结构进行变革,使之既能满足新的竞争性需要,又能满足各个雇员自我利益的需要。Z 型组织也许就接近于这种新的组织形式。

① 畅通的管理体制。管理体制应保证下情充分上达;应让职工参与决策,及时反馈信息。特别是在制定重大决策时,应鼓励第一线的职工提出建议,然后再由上级集中判断。

② 基层管理者享有充分的权力。基层管理者对基层问题要有充分的处理权,还要有能力协调职工们的思想和见解,发挥大家的积极性,开动脑筋制定出集体的建议方案。

③ 中层管理者起到承上启下的作用。中层管理者要起到统一思想的作用,统一向上报告有关情况,提出自己的建议。

④ 长期雇用职工,及时整理和改进来自基层的意见。企业要长期雇用职工,使工人增加安全感和责任心,与企业共荣辱、同命运。

⑤ 关心员工的福利。管理者要处处关心职工的福利,设法让职工们心情舒畅,造成上下级关系融洽、亲密无间的局面。

⑥ 创造生动的工作环境。管理者不能仅仅关心生产任务,还必须设法让工人们感到工作不枯燥、不单调。

⑦ 重视员工的培训。要重视职工的培训工作,注意多方面培养他们的实际能力。

⑧ 职工的考核。考核职工的表现不能过窄,应当全面评定职工各方面的表现,长期坚持下去,作为晋级的依据。

(3) 大内的 Z 理论的应用价值

如果不能认同并接受组织价值、组织目标以及组织观念,那么,组织管理就无从谈起。如果已经确定的组织观不能被实施,那么一切努力也都是没有价值的。一个组织可以运用从调查反馈到操作运行等多种方法来保证组织观的实施,但是,组织内一定要有一种接受非量化组织目标的愿望。

Z 理论的组织文化建立在传统文化基础上,其中对员工的承诺最为重要,而这种承诺又是建立在信任与合作的基础上。大内认为,如果美国的公司能够使公司目标与员工个人需求相协调,那么就可以从日本人的挑战中学到许多东西,并由此而获益。

3.3　行为科学管理理论的评价

行为科学管理理论产生之前,在西方盛行的是古典管理理论,古典管理理论形成于 19 世纪末 20 世纪初,主要是系统地研究企业生产过程和行政组织管理。前者以泰罗为代表,着重研究车间生产,如何提高劳动生产率问题;后者以法约尔、韦伯为代表,着重探讨大企业整体的经营管理,且突出的是行政级别组织体系理论。

行为科学管理理论始于 20 世纪 20 年代中期至 30 年代初梅奥的霍桑实验,该项研究的结果表明,工人的工作动机和行为并不仅仅为金钱收入等物质利益所驱使,他们不是“经济人”而是“社会人”,有社会性的需要。梅奥由此建立了人际关系理论,行为科学因之早期也称为人际关系学。1949 年在美国芝加哥召开的一次跨学科会议上,首先提出行为科学这一名称。1953 年这门综合性学科被正式定名为“行为科学”。

对于行为科学,国内外的学者和企业家持有不同的看法。国外有人认为行为科学只不过是一种科学的虚构,还不是科学的真实。理论上是混乱的,概念上也是不统一的,方法上的可靠性也值得怀疑。国内有三种意见:第一种意见认为行为科学是一门现代科学,不应受到政治制度、文化的影响,任何国家都可以研究它、应用它;第二种意见认为行为科学是调和阶级矛盾的产物,是为维持资本主义秩序服务的,必须彻底否定;第三种意见认为人的行为是客观存在的,把人的行为作为一门科学来研究是完全必要的,在研究中提出假设也是允许的,行为科学有合理的地方也有不合理的地方,应当根据中国国情,吸收其合理的成分。

行为科学理论被广泛地应用到现代企业的管理之中,特别是对人力资源的合理开发和利用、激发企业下属参与工作的积极性、改善和协调企业员工之间的关系、提高企业员工对于公司文化的认同度、增强组织成员的凝聚力和向心力、提高企业劳动生产率和组织绩效、缓解组织内部冲突都起到了积极的指导作用。

复习思考题

1. 为什么 20 世纪 30 年代会产生行为科学管理理论？

2. 梅奥的人际关系理论主要有哪些观点？正式组织和非正式组织有什么作用？

3. 群体动力学理论主要有哪些观点？管理者如何建立高效率的团体？

4. 试比较马斯洛的需要需要层次理论和阿尔德佛的生长需要理论的异同。

5. 赫茨伯格认为保健因素和激励因素有什么作用？

6. 按照目标设置理论的观点，管理者应如何设置组织目标？

7. 期望理论主要观点是什么？依照期望理论何如激励员工的积极性？

8. 公平理论认为员工的公平感对员工行为有什么影响？

9. X 人性和 Y 人性有什么不同？X 人性的员工如何管理？Y 人性的员工如何管理？

10. 复杂人的人性有什么特点？按照复杂人的人性假设如何激励员工的积极性？

11. Z 人性是怎样的？基于 Z 人性应当建立怎样的管理制度？

 【案例分析】

案例 1　王军经理的疑惑

　　王军是一家大型制造类企业的采购经理，他在工作上勤勤恳恳、认真负责，几乎把自己的全部精力都用到了工作上。王军的努力不但换来了可喜的工作业绩，而且使其深受公司领导层的赏识。他能从一个中专毕业生走到现在这个位子，多半也是因为如此。

　　王军不但自己工作努力，对下属的要求也很高，管理非常严格。他期望员工也能像他一样，一心扑在工作上。他要求下属在上班时间不得擅自离岗，不得做与工作无关的事情，不得闲聊，不得接打私人电话，所有的时间都在工作。他总是想方设法占有员工的时间，认为只有员工多做工作才能多出成绩。在他的管理下，员工总有做不完的工作，即使有些工作没有任何意义。他还要求员工养成"早到晚退"的习惯，并经常让员工陪自己加班，即使员工无事可做，也要陪伴着他。假如员工没有养成这种习惯，那么加薪晋职的机会就比较少，而且可能被他"雪藏"，再无出头之日，甚至被莫名其妙地调离。另外，他还将员工的节假日进行了重新规划，以适合他工作的需要。

　　王军本以为自己的严格管理会提高部门的工作业绩，但实际情况恰恰相反。他的管理方式不但引起了员工的极大不满，而且引起了员工的消极抵抗。一些员工开始断断续续地请假，以各种理由和借口逃避王军的工作检查，一些员工通过各种关系调动工作，希望早日离开这个让他们像在地狱中工作的顶头上司。结果不到半年，王军的工作便陷入僵局，他的下属们调走的调走，请假的请假，而那些仍来上班的员工，也士气低落，出工不出力。[①]

　　思考问题

　　（1）为什么王军的严格管理换来的是员工的不满和工作效率的下降？

　　（2）按照行为科学管理理论王军应当怎样改善管理工作？

---

① 廖华.动机与管理[J]. http://www.njliaohua.com/lhd_7efvy3i8hs8az803iusc_4.html.

案例 2　F公司为什么会高薪不高效[①]

F公司是一家生产电信产品的公司。在创业初期,依靠一批志同道合的朋友,大家不怕苦不怕累,从早到晚拼命干,使公司得到了迅速的发展。几年之后,员工由原来的十几人发展到几百人,业务收入由原来的每月十来万元发展到每月上千万元。企业大了,人也多了,但公司领导明显感觉到大家的工作积极性越来越低,也越来越计较。F公司的老总一贯注重思考和学习,为此他专门到书店买了一些有关成功企业经营管理方面的书籍来研究,他在介绍松下幸之助的用人之道一书中看到这样一段话:"经营的原则自然是希望能做到'高效率、高薪资'。效率提高了,公司才可能支付高薪资。但松下先生提倡'高薪资、高效率'时,却不把高效率摆在第一个努力的目标,而是借着提高薪资,来提高员工的工作意愿,然后再达到高效率。"他想:公司发展了,确实应该考虑提高员工的待遇,一方面是对老员工为公司辛勤工作的回报,另一方面是吸引高素质人才加盟公司的需要。为此,F公司重新制定了薪酬制度,大幅度提高了员工的工资,并且对办公环境进行了重新装修。高薪的效果立竿见影,F公司很快就聚集了一大批有才华有能力的人。所有的员工都很满意,大家的热情高,工作十分卖力,公司的精神面貌也焕然一新。但这种好势头不到两个月,大家就又慢慢回复到懒洋洋、慢吞吞的状态。这是怎么啦? F公司的高工资没有换来员工工作的高效率,公司领导陷入两难的困惑境地,既苦恼又彷徨。那么症结在哪儿呢?

思考问题

(1) F公司高薪不高效的原因是什么?

(2) 怎样才能改变F公司高薪不高效的问题?

---

① 刘祖轲. 为何高薪不高效[J]. 人力资源开发,2008(8).

第 4 章

现代管理理论

4.1　现代管理理论形成的历史背景

　　现代管理理论是指第二次世界大战(以下简称二战)结束以后发展起来的管理理论。由于二战结束以后,全球的政治格局产生了根本改变,二战后建立社会主义制度的国家面临经济建设的新任务,资本主义国家也面对战后经济重建问题。二战结束以后科学技术和文化得到了迅猛发展,各种哲学思想不断涌现,宗教文化大力发展。由此,不同的学者从各自的思想、文化背景出发,借用不同的科学技术和理论成果创立了众多的管理理论,形成了百花齐放的局面。美国管理学家孔茨把现代管理理论发展的这种状态称为"管理丛林"。

4.1.1　战后经济重建和发展

　　一般认为,战后主要的资本主义国家的经济发展大体上经过三个历史阶段:第一阶段是从二战后到 20 世纪 50 年代初,这个阶段是资本主义国家的政治调整和经济恢复时期,在政治上由于轴心国的战败,德、意、日的经济遭到极大的破坏,德国被分为东西德国,原有的经济体系受到彻底的破坏,由于苏联的政治制度和资本主义的社会制度的不同,使得世界上形成阵线分明的两大阵营,形成了独具特色的历史景观。在经济上,除了美国没有受到战争的破坏以外,英国、法国的经济均受到了极大的破坏,都存在着经济上的一个恢复过程。在第二次世界大战中美国非但没有遭受战火的破坏,而且借助这次战争得到了来自各国的大量订货,从而大力发展军火工业生产,使得美国又一次发了横财,登上了资本主义世界霸主的宝座。为了与苏联对抗,推行"冷战"政策,对军事工业进行了大量的投资,1947 年美国军费从 91 亿美元上升到 1949 年的 133 亿美元,由于这一刺激美国出现了战后经济的第一次高涨。英国在战前是资本主义的强国之一,由于在战争中受到巨大的损失,经济、政治和军事地位严重削弱,黄金的储备几乎枯竭,并欠下了 30 亿英镑的外债,甚至成为自己的殖民地的债务国。法国在战争中的损失比英国还大,经济损失达 14 000 亿法郎。到 1944 年秋法国解放时工业产值只有战前 1938 年的 20%。德国由于是战败国,其损失更是巨大,1946 年的工业生产只有战前 1938 年的 22.1%。日本在战争丧失了 45% 的国民财富、40% 的城市建筑,一半以上的工业遭到破坏。1950 年由于朝鲜战争的爆发,日本成为美国对朝战争的最主要的物资转运站,美国向日本发出了巨额的特需订单,使日本出现了战争的景气现象。总的来说,发达的资本主义国家在战后恢复时期的进展是比较顺利的,发展也是比较快的。为了协调资本主义世界发展的平衡问题,它们发起并建立了有利于各国的经济合作和交流的布雷顿森林国际货币体系、国际货币基金组织、关税和贸易总协定等,这些政策和措施有力地促进了各国的经济恢复。资本主义发展的第二阶段是 50 年代中期以后到 70 年代初,这个时期被称为发达资本主义国家经济发展的黄金时期,经济发展速度超过了历史上的任何时期。美国从 50 年代到 60 年代是经济上空前发展的时候,50 年代的工业生产年平均增长率为 4%。60 年代是美国繁荣的 10 年,这一时期美国以科技革命为先导,在 1953—1973 年美国取得了 65 项突破性发明创造。美国的工业生产率在 1950—1970 年增加了 94%,劳动生产率得到提高,使生产量增大,成本降低,利润增加。西欧的经济发展也非常迅速,并且在经济一体化方面有突破性的进展,20 年增加了 5 倍多,年平均增长 6.1%。这个速度仅次于日本。英国这一时期的发展比其他国家慢,年平均增长为 3%,到 1970 年由世界的第二位降到第五位。在这一时期西欧国家的经济发展,不仅表现在经济增长较为迅速上,也表现在西欧国家经济的日益加强和扩大上。经济联合与合作又是西欧各国经济得以较为迅速增长的一个重要条件。日本在这一时期的经济令人瞩目。1956 年日本政府宣称今后的增长将由现代化来支撑,从此日本经济进入了以现代化为中心的高速发展时期。1955 年到 1960 年平均增长为 8.5%,1960—1965 年平均增长为 9.8%,1965—1970 年平均增长为 11.8%,国民生产总值增长了 7.2 倍。单就工业来说增长更快,1950—1970 年工业总产值增长 15.7 倍,年平均增长 14.1%。在资本主义国家中日本经济增幅最快,其国民生产总值在 1960 年超过加拿大,1967 年压倒了英国和法国,1968 年超过了德国,一跃成为资本主义世界的第二经济大国。

战后的 50 年代中期到 70 年代初期,发达的资本主义国家经济获得了历史上空前的发展,国民经济面貌发生了巨大的变化。工业在大发展的基础上,新产品和新部门不断涌现,并实现了自动化和半自动化,这些都为资本主义的发展奠定了物质基础。资本主义战后发展的第三阶段是 1973 年年末开始爆发的世界性资本主义经济危机,从此资本主义世界进入了一个叫滞胀时期或对经济结构、经济政策进行重新调整的时期。主要是因为从 1973 年意、德、英、美、日、法等国家相继进入了危机阶段。工业生产大幅度下降,整个资本主义世界工业生产下降 8.1%,企业破产,股票行情下跌。这次经济危机的一个突出现象,是失业人数大量的增加创战后的最高纪录。1973—1975 年的经济危机过后复苏比较慢,在这一阶段资本主义世界没有出现过大规模的经济高涨的现象。到了 1979—1982 年又发生了世界性的经济危机,这次危机不但持续的时间长而且发展也比较曲折。美国从 1979 年 4 月起到 1982 年 12 月工业断断续续下降了 44 个月,超过了 30 年代的大危机,而且在这两次危机中没有出现过真正的繁荣现象。

4.1.2　企业结构发生变化

20 世纪初资本主义国家的生产和资本集中基础是私人垄断资本。经过两次世界大战以后特别是第二次世界大战以后,随着科技革命成果的运用,中化工业和新型的工业部门的建立,第三产业的大发展,使得资本主义国家的生产和资本进一步集中,垄断资本的统治也和战前不一样,主要有以下一些特点。

1. 垄断企业规模巨型化

企业规模的大小,是判断和衡量资本主义国家生产集中和垄断程度的一个重要标准。战后在发达的资本主义国家中,出现了规模越来越大的垄断企业。在美国,资产超过

10 亿美元的大工业公司,1901 年只有 1 家,即美国的钢铁公司,1948 年有 12 家,1960 年增加到 80 家,1970 年达 152 家,1980 年增加到了 219 家。资产在 100 亿美元以上的超级大公司,在 1955 年只有两家,到了 1970 年猛增到 10 家,1980 年更达 19 家。其他国家的公司虽然达不到美国公司的规模,但是也增加得很快。德国 1 亿马克以上的公司从 1954 年的 39 家增加到 1980 年的 175 家。在日本,10 亿日元以上的大公司由 1955 年的 169 家增加到 1974 年的 1 576 家,到 1984 年增加到 2 726 家。

大公司的不断增加反映了社会大生产逐渐集中于少数的大企业,生产和资本日趋集中是企业间竞争和企业兼并加剧的结果,是战后科技革命发展的必然结果,也是生产力发展到一定程度的必然结果。这给管理理论和实践提出一系列的新问题,从而促进了管理思想的发展。

2. 垄断企业混合化

资本主义国家大的垄断企业基本上是在激烈的市场竞争中通过企业兼并或合并而建立起来的。战后各国的企业竞争更为激烈。20 世纪 50—70 年代是发达资本主义国家经济发展较快的时期,也是企业兼并或合并的高潮期。美国在 1954—1974 年的 20 年间企业合并共达 21 328 起,平均每年 1 015 起。1960—1970 年英国企业兼并达 9 062 起,平均每年 800 起以上,仅 1970 年一年就有 56 家企业宣告破产,创 30 年来的最高纪录。1950—1969 年法国 500 家最大的公司合并、兼并和吞并了 1 193 家企业。1960 年日本有 440 家企业进行了合并,1965 年增为 891 家,1970 年达 1 147 家。这些企业的合并混合,不同的时期比重是不一样的,美国 50 年代前半期占 42.6%,后半期占 63.8%,1968 年达到 82.6%。这种大规模的混合合并的结果,使大多数垄断企业都变成了跨部门多样化的经营联合企业。混合兼并的产生不是偶然的,这是当时的历史条件和生产力发展到一定水平的必然结果,也是国际市场竞争日益激烈的必然趋势。首先,它适应了战后科技革命使产业结构不断变化的形势,便于把发展缓慢的工业资本逐渐转移到新型的工业部门中去,从而保证资源得到最大限度的应用,使得资源得到最佳配置。其次,它适应了战后发生的经济形势需要,能使得资本逃避经济危机的打击。最后,由于战后的特殊经济形势,过分的竞争很可能导致两败俱伤,因此通过合并在一定程度上缓和了各部门之间的竞争。

3. 大中小企业协作化

为了使经济得到最快的增长,使战后经济得到尽快恢复,需要最大限度地发挥各类企业自身的优势。尽管在资本主义的国家中各企业弱肉强食,大的企业吞并小企业,但中小企业本身具有灵活性高、适应性强的特点。就市场而言,并不是所有市场大企业都能覆盖,同时大企业还需要小企业的支持,而中小企业往往有很强的生命力,是新技术、新产品的开拓者。例如,1982 年有 25 346 家企业倒闭,而新开张的企业就有 56 692 家,战后中小企业发展在各个发达国家都占有相当大的比重,这样,在科技革命和生产社会化日益加深的情况下,大企业为了充分发挥企业经营多样化和专业化的优势,力求利用中小企业适应性强、灵活性大、劳动工资低的特点和中小企业合作,使之成为大企业的协作厂和附属厂,形成了大中小企业相互补充、相互利用的系列经营网络。

4. 企业的股份高度分散化

由于资本主义企业向垄断企业方向发展,为了最大限度地吸收社会游资,缓和劳资双方的矛盾,大企业发行了大量小面额股票分散股权,如美国在 20 世纪 80 年代有 7 000 家公司的 1 000 万工人、雇员持有本公司的股票。

5. 企业不断向国际化发展

由于企业不断扩大,垄断的资本国际化的主要形式是建立跨国公司,通过对外投资在国外设立分公司或子公司,从事跨国的经营和销售。如美国通用汽车公司在 25 个国家直接投资,在 100 多个国家和地区设立子公司和分支机构。据统计,跨国公司的生产总值约占世界总值的 1/3,其销售额占世界贸易的 1/2。

4.1.3　科学技术迅猛发展

科学技术的发展在二战以后取得了几个巨大的突破,推动了世界经济的发展。科学技术发展及其应用的发展历程证明,18 世纪第一次工业革命的导火线是人们掌握了将热能转换成机械能的本领,即发明了蒸汽机,实现了能源的第一次革命,使人类进入了工业文明时代。第二次能源革命是在 19 世纪,人们通过对电磁现象的了解,将其中的一些能转变为电能,又一次引起了能源革命,使人类进入了电气化时代,这成为现代文明时代的首要物质基础。二战以后的原子能应用和开发使人类进入第三次能源革命,这使人类的生活揭开一个新篇章。另外,计算机的诞生、应用及发展,实现了人工智能,这是一个巨大的变革,它将改变人类生活的方方面面,使人类的生产力产生一个巨大的飞跃,对于管理理论发展也是一个巨大推动力。第三是新材料的不断发现和应用。现代新技术的兴起和广泛应用,主要是以新材料作为支柱和先导,每一种新材料的出现都给工业和生活带来了巨大的变化,从而大大地促进了生产力的发展(如超导材料),一旦实现了工业化生产,进行工业的应用,其所产生的影响是十分巨大的。

能源(原子能)、信息(电子计算机)、材料(人工合成材料)被认为是当代社会发展的三大基础,而材料又是关键。最后就是人类的空间技术和生物工程的应用与发展,这些科技上的发展将逐渐改变人类的生活,进一步解放社会生产力。科学革命从以下几方面来推动工业生产力的发展。

1. 科技革命促进了工业劳动生产率的提高

现代工业的发展主要是通过劳动生产率的提高实现的,而劳动生产率提高的决定性因素是科学技术的发展,一项发明往往使得生产力提高几倍或几十倍。例如,1551—1977 年日本工业生产主要是靠技术上的进步,工业增长才以平均每年 12%的速度增长。

2. 科技革命创造了工业扩大再生产的物质条件

战后以来,发达的资本主义国家为了促进工业的迅速发展,进行了大规模的设备投资,这为经济的高速增长奠定了基础,并且大规模的设备投资是大规模资本积累的前提条件。

3. 科技革命开辟了广阔工业品的国内外市场

现代工业生产是高度发达的商品生产,产品没有市场就无法生存。科学技术的发展,为生产资料和各类消费开辟了新的广阔的市场。一方面,在科技革命中建立了一系列的新兴的工业部门;另一方面,科学技术在一系列消费品领域的应用为各类新产品开辟了新的广阔的市场。科技革命的影响是极其深远的,它带动着整个世界的前进,成为推动整个世界经济的一个强有力的发动机。

以上这些战后国际形势的各种变化,给管理提出各种各样的要求。首先是企业不断地扩大,对企业应用什么样的管理理论来指导提出了要求。另外,由于生产力的不断提高,人的生活水平也在逐步提高,人的需求呈现出丰富多彩的多样化趋势。那么,对人的管理也随着人的多样化而需要不同的管理方法。还有,不同的学者从不同的政治立场、哲学观、文化价值等角度,运用不同的技术方法,对管理问题进行认识,形成了不同的理论体系。因此,第二次世界大战以来管理的理论发展出现了多种多样的观点和流派。

4.2　现代管理理论的主要流派

第二次世界大战以后创立的管理理论不可胜数,只能按照时间发展顺序,对各个时期最为重大的管理理论进行把握。

4.2.1　社会系统学派

1. 社会系统学派创立的背景

社会系统学派的创立者是美国管理学家切斯特·巴纳德(Chester Barnard),1938 年,巴纳德出版了著名的《经理人员的职能》一书,此书被誉为美国现代管理科学的经典之作。1938 年正处于行为科学学派的发展初期,人际关系学说的兴起,使管理学者已经开始注意使用社会学、心理学的方法来分析和处理管理问题,注意协调好组织中的人际关系。但在巴纳德看来,梅奥等人的人际关系学说研究的重点只是组织中人与人之间的关系,这种人际关系强调的是行为个体相互之间的关系,并没有研究行为个体与组织之间的关系协调问题。而如果将组织看作一个复杂的社会系统,要使系统运转有效,必然涉及组织中个人与组织间的协调问题,如个人目标与组织目标之间的协调,这也符合系统论的基本观点,即系统之间的协调。它不仅包括各个子系统之间的协调,也包括各个子系统与大系统之间的协调。而当时的管理实践也暴露出了某些单纯以人际关系学说为理论指导而不能解释的管理问题。正是基于这样的历史背景,社会系统学派将协调组织中个人与组织之间的关系作为其研究的主导方向,创立了社会系统学派理论。

2. 社会系统学派的主要观点

社会系统学派的主要观点可以归纳为以下几个方面。

(1)组织是一个由个人组成的协作系统,个人只有在一定的相互作用的社会关系下,同他人协作才能发挥作用。

（2）巴纳德认为组织作为一个协作系统都包含三个基本要素：共同目的、协作意愿和信息交流。

（3）组织是两个或两个以上的人所组成的协作系统，管理者应在这个系统中处于相互联系的中心，并致力于获得有效协作所必需的协调，因此，经理人员要招募和选择那些能为组织目标的实现而做出最好贡献并能协调地工作的人员。为了使组织的成员能为组织目标的实现做出贡献，并进行有效的协调，巴纳德认为应该采用"维持"的方法，包括"诱因"方案的维持和"威慑"方案的维持。"诱因"方案的维持是指采用各种报酬奖励的方式来鼓励组织成员为组织目标的实现做出贡献，"威慑"方案的维持是指采用监督、控制、检验、教育和训练的方法来促使组织成员为组织目标的实现做出贡献。

（4）经理人员的作用就是在一个正式组织中充当系统运转的中心，并对组织成员的活动进行协调，指导组织的运转，实现组织的目标。根据组织的要素，巴纳德认为，经理人员的主要职能有三个方面：提供信息交流的体系；促成必要的个人努力；提出和制定目的。[①]

3. 社会系统学派的应用价值

巴纳德颇具哲学迷思的组织理论对管理理论发展产生了重要影响，甚至诺贝尔经济学奖得主西蒙，也坦承其对巴纳德理论思想的继承。巴纳德的组织理论对管理理论做出重大贡献，主要表现在以下几个方面。

（1）创立了社会系统学派，首先把组织看作一个社会系统，强调人们之间的协作。巴纳德对组织理论的一个重要贡献在于他率先提出组织理论是现代管理理论的核心这一命题。在巴纳德看来，经营者的职能及其管理过程，是组织的一个专门职能。在组织中担负起谋求组织的形成和维持这种专门职能的就是经营者。

（2）采用了动态性和分析性的研究方式，理论带有演绎色彩，使管理学获得了一定程度的科学性，在社会科学领域被广泛使用。巴纳德认为要对组织进行科学的研究就必须采取科学的方法，这就是行为主义的分析方法，同时借用社会学、心理学、人类学等"行为科学"来研究组织行为。巴纳德将心理学方法引入组织研究是一种进步，对组织中人的行为的研究离不开经济分析，但他将经济分析放在了次要位置。同时，从心理学和社会学的角度来研究管理，为管理理论的研究开辟了新的领域。

（3）对权威提出了全新的看法，对后人很有启发。巴纳德的组织行为研究方法是以一种"决策人"的假设作为前提的。在巴纳德看来，构成组织的个人并不像传统管理理论所说的那样是一种"机器的附属物"，也不是单纯接收命令的"被动的生产工具"。个人既具有自由意志，就有个人的人格，也就有决策能力，即具有自由选择，并通过自由选择以适应环境的能力。因此，任何一个组织成员，无论是经营者还是职工，都是决策者。同时，巴纳德的"决策人"假设，在一定程度上体现了"人本管理"的思想。

（4）对"沟通""动机""决策""目标"和"组织关系"等问题进行了开创性的研究。巴纳德在组织管理理论方面的开创性研究，奠定了现代组织理论的基础，后来的许多学者如德鲁克、孔茨、明茨伯格、西蒙、利克特等人都极大地受益于巴纳德，并在不同方向上有所发展。对于经理人员，尤其是将一个传统的组织改造为现代组织的经理人员来说，巴纳德的价值尤

其突出。因为传统的组织偏重于非正式组织和非结构化的决策与沟通机制，目标也是隐含的，要将其改造为现代组织，就必须明确组织的目标、权力结构和决策机制，明确组织的动力结构即激励机制，明确组织内部的信息沟通机制。这三个方面是现代组织的柱石，同时在转变的过程中，要充分考虑利用非正式组织的力量。这对组织改革和组织管理具有现实意义。

4.2.2　目标管理理论

1. 目标管理理论创立的背景

美国管理大师彼得·德鲁克（Peter F. Drucker）于 1954 年在其名著《管理实践》中最先提出了"目标管理"的概念，其后他又提出"目标管理和自我控制"的主张。德鲁克认为，并不是有了工作才有目标，而是相反，有了目标才能确定每个人的工作。所以"企业的使命和任务，必须转化为目标"，如果一个领域没有目标，这个领域的工作必然被忽视。因此管理者应该通过目标对下级进行管理，当组织最高层管理者确定了组织目标后，必须对其进行有效分解，转变成各个部门以及各个人的分目标，管理者根据分目标的完成情况对下级进行考核、评价和奖惩。

目标管理提出以后，便在美国迅速流传。时值二战后西方经济由恢复转向迅速发展的时期，企业急需采用新的方法调动员工积极性，以提高竞争能力，目标管理可谓应运而生，遂被广泛应用，并很快为日本、西欧国家的企业所仿效，在世界管理界大行其道。

2. 目标管理理论的主要观点

（1）目标管理的概念

目标管理是指企业根据决策确定的目标，从上至下，再从下至上，上下结合反复协商，确定一定时期各个部门或组织成员的分目标，并为各分目标的实施而进行的组织管理和控制的一种计划制订与实施方法。目标管理是一种参与管理，也是一种授权管理。

（2）目标管理的过程

目标管理的具体做法分三个阶段：第一阶段为目标的设置；第二阶段为实现目标过程的管理；第三阶段为总结和评估所取得的成果。

① 目标的设置。目标的设置目标管理最重要的阶段，这一阶段可以细分为四个步骤。

第一，高层管理预定目标，这是一个暂时的、可以改变的目标预案，即可以由上级提出，再同下级讨论；也可以由下级提出，上级批准。无论哪种方式，必须共同商量决定。同时，领导必须根据企业的使命和长远战略，估计客观环境带来的机会和挑战，对该企业的优劣有清醒的认识。对组织应该和能够完成的目标做到心中有数。

第二，重新审议组织结构和职责分工。目标管理要求每一个分目标都有确定的责任主体。因此预定目标之后，需要重新审查现有组织结构，根据新的目标分解要求进行调整，明确目标责任者和协调关系。

第三，确立下级的目标。首先上级明确组织的规划和目标，然后商定下级的分目标。在讨论中上级要尊重下级，平等待人，耐心倾听下级意见，帮助下级发展一致性和支持性目标。分目标要具体量化，便于考核；分清轻重缓急，以免顾此失彼；既要有挑战性，又要有实现可能。每个员工和部门的分目标要和其他的分目标协调一致，支持本单位和组织目标的实现。

第四,上级和下级就实现各项目标所需的条件以及实现目标后的奖惩事宜达成协议。分目标制定后,要授予下级相应的资源配置的权力,实现权责利的统一。由下级写成书面协议,编制目标记录卡片,整个组织汇总所有资料后,绘制出目标图。

② 实现目标过程的管理。目标管理重视结果,强调自主,自治和自觉。并不等于领导可以放手不管,相反由于形成了目标体系,一环失误,就会牵动全局。因此领导在目标实施过程中的管理是不可缺少的。首先进行定期检查,利用双方经常接触的机会和信息反馈渠道开展检查工作;其次要向下级通报进度,便于互相协调;最后要帮助下级解决工作中出现的问题,当出现意外、不可测事件严重影响组织目标实现时,也可以通过一定的手续,修改原定的目标。

③ 总结和评估。达到预定的期限后,下级首先进行自我评估,提交书面报告;然后上下级一起考核目标完成情况,决定奖惩;同时讨论下一阶段目标,开始新循环。如果目标没有完成,应分析原因、总结教训,切忌相互指责,以保持相互信任的气氛。

3. 目标管理理论的应用价值

目标管理最为广泛的应用是在企业管理领域。企业目标可分为战略性目标、策略性目标以及方案、任务等。一般来说,经营战略目标和高级策略目标由高级管理者制定;中级目标由中层管理者制定;初级目标由基层管理者制定;方案和任务由职工制定,并同每一个成员的应有成果相联系。自上而下的目标分解和自下而上的目标期望相结合,使经营计划的贯彻执行建立在职工的主动性、积极性的基础上,把企业职工吸引到企业经营活动中来。

目标管理方法提出来后,美国通用电气公司最先采用,并取得了明显效果。其后,在美国、西欧、日本等许多国家和地区得到迅速推广,被公认为是一种加强计划管理的先进科学管理方法。中国 20 世纪 80 年代初开始在企业中推广,采取的干部任期目标制、企业层层承包等,都是目标管理方法的具体运用。

4.2.3　管理科学学派

1. 管理科学学派创立的背景

管理科学学派也称计量管理学派、数量学派。这个学派认为,解决复杂系统的管理决策问题,可以用电子计算机作为工具,寻求最佳计划方案,以达到企业的目标。管理科学其实就是管理中的一种数量分析方法,它主要用于解决能以数量表现的管理问题。其作用在于通过管理科学的方法,减少决策中的风险,提高决策的质量,保证投入的资源发挥最大的经济效益。它主要不是探求有关管理的原理和原则,而是依据科学的方法和客观的事实来解决管理问题,并且要求按照最优化的标准为管理者提供决策方案,设法把科学的原理、方法和工具应用于管理过程,侧重于追求经济和技术上的合理性。就管理科学的实质而言,它是泰罗的科学管理的继续与发展,因为他们都力图抛弃凭经验、凭主观判断来进行管理,而提倡采用科学的方法,探求最有效的工作方法或最优方案,以达到最高的工作效率,以最短的时间,最小的支出,得到最大的效果。不同的是,管理科学的研究已经突破了操作方法、作业研究的范围,而向整个组织的所有活动方面扩展,要求进行整体性的管理。由于现代科学技术的发展,一系列的科学理论和方法被引进到管理领域。其基本特征是:以系统的观点,运用数学、统计学的方法和电子计算机技术,为现代管理决策提供科学的依据,解决各项生产、经营问题。基于管理科学的特征,许多管理学家认为管理科学只是一种有效的管理方法,而不是一种管理学派,它仅适用于解决特定的管理问题。

2. 管理科学学派的主要观点

(1) 关于组织的基本看法。他们认为组织是由"经济人"组成的一个追求经济利益的系统,同时又是由物质技术和决策网络组成的系统。

(2) 关于科学管理的目的、应用范围、解决问题的步骤。它们的目的就是通过科学原理、方法和工具应用于管理的各种活动之中。应用范围着重在管理程序中的计划和控制这两项职能。解决问题的步骤:提出问题;建立数学模型;得出解决方案;对方案进行验证;建立对解决方案的控制;把解决的方案付诸实施。

(3) 关于管理科学应用的科学方法。在管理中应用比较广泛有效的数学模型有决策理论模型、盈亏平衡模型、库存模型、资源配置模型(线性规划)、网络模型、排队论、投入产出模型等。它们有的是描述性的,如盈亏平衡模型、排队论。有的是规范性的,如决策理论模型、库存模型、线性规划模型、网络模型等。有的含有多种确定性变量,如盈亏平衡模型、库存模型、线性规划模型。有的含有各种随机的变量,如决策理论模型、网络模型和排队模型等。

(4) 计算机是管理科学应用的先进工具。管理科学学派借助于数学模型和计算机技术研究管理问题,重点研究的是操作方法和作业方面的管理问题。现在管理科学也有向组织更高层次发展的趋势,但目前完全采用管理科学的定量方法来解决复杂环境下的组织问题还面临着许多实际困难。

3. 管理科学学派的应用价值

管理科学学派建立的管理活动的方法和数学模式,对管理有着巨大贡献。第一,使复杂的、大型的问题有可能分解为较小的部分,更便于诊断、处理;第二,制作与分析模式必须重视细节并遵循逻辑程序,这样就把决策置于系统研究的基础上,增进决策的科学性;第三,有助于管理人员估价不同的可能选择,如果明确各种方案包含的风险与机会,便更有可能做出正确的选择。

但是必须指出,管理科学方法的应用也有它的局限性。首先,管理科学学派的适用范围有限,并不是所有管理问题都是能够定量的,这就影响了它的使用范围。例如,有些管理问题往往涉及许多复杂的社会因素,这些因素大都比较微妙,难以定量,当然就难以采用管理科学的方法去解决。其次,实际解决问题中存在许多困难。管理人员与管理科学专家之间容易产生隔阂。实际的管理人员可能对复杂、精密的数学方法很少理解,无法做出正确评价。管理科学专家一般又不了解企业经营的实际工作情况,因而提供的方案不能切中要害,解决问题。这样,双方就难以进行合作。此外,采用此种方法大都需要相当数量的费用和时间。由于人们考虑到费用问题,也使它往往只是用于那些大规模的复杂项目。这一点也使它的应用范围受到限制。因此,管理科学不是万能的。充分认识到它是一种重要的管理技术和方法,而起决定作用的还是人。所以,要求管理人员要尽快地掌握管理科学,使之与各种管理技术、管理方法相符合,以便发挥更大的作用。

4.2.4 决策学派

1. 决策理论创立的背景

二战后,随着现代生产和科学技术的高度分化与高度综合,企业的规模越来越大,特别是跨国公司不断地发展,这种企业不仅经济规模庞大,而且管理十分复杂。同时,这些大企业的经营活动范围超越了国界,使企业的外部环境发生了很大的变化,面临着更加动荡不安和难以预料的政治、经济、文化和社会环境。在这种情况下,对企业整体的活动进行统一管理就显得格外重要。

自第二次世界大战以来,许多运筹学家、统计学家、计算机学家和行为科学家都力图在管理领域寻找一套科学的决策方式,以便对复杂的多方案问题进行明确合理的选择。随着这方面的研究,决策理论得到了迅速的发展。决策理论学派是以统计学和行为科学为基础的,运用电子计算机技术和统筹学的方法建立的管理学派。核心理论是赫伯特·西蒙(Herbent Simon)提出的决策理论。[1]

2. 决策理论的主要观点

(1)管理就是决策。西蒙认为,决策贯穿管理的全过程,决策程序就是全部的管理过程,组织则是由作为决策者的个人所组成的系统。全部决策过程是从确定组织的目标开始,随后寻找为达到该项目标可供选择的各种方案,比较并评价这些方案,进行选择并做出决定;然后执行选定的方案,进行检查和控制,以保证实现预定的目标。

组织的全部活动都是群体行为,其中心过程就是决策。制订计划的过程是决策,在两个以上的备择计划中选择一个也是决策。组织的设计、部门化方式的选择、决策权限的分配等,是组织上的决策问题;实际成绩同计划的比较、控制手段的选择等是控制上的决策问题。所以,决策贯彻于管理的各个方面和全部过程,管理就是决策。

(2)系统阐述了决策原理。西蒙认为,决策过程包括四个阶段:搜集情况阶段、拟订计划阶段、选定计划阶段、评价计划阶段。

搜集企业所处环境中有关经济、技术、社会等方面的情报并加以分析,同时对企业内部的有关情报也要搜集并加以分析,以便为拟订和选择计划提供依据,称之为"情报活动"。拟订计划阶段是以企业所需解决的问题为目标,依据第一阶段所搜集到的情报,拟定出各种可能的备择方案,可以称之为"设计活动"。选定计划阶段就是根据当时的情况和对未来发展的预测,从各个备择方案中选定一个,称之为"抉择活动"。评价计划是对已选定的计划进行评价,称之为"审查活动"。

决策活动一般是按上述顺序排列的,即先搜集情报,再拟订计划,然后选定计划,最后审查计划。但是,阶段循环的实际情况要复杂得多。例如,设计阶段可能需要新的情报,而任何阶段中的问题又会产生出若干次要问题。这些次要问题又有各自的情报、设计、抉择等阶段,也就是大圈套小圈,小圈之中还有圈。

虽然决策过程的阶段循环很复杂,有时还会发生逆转,但从决策的总过程来看,还是可

---

① 周三多.管理学原理[M].5版.上海:复旦大学出版社,2008.

以分辨出这四个阶段的。这四个阶段在经理人的时间表上占有不同的分值,各个企业之间和各个经理之间、各个阶段所占的分值可以有很大的变化。这四个部分加在一起,就构成了经理所做的主要事情。

(3) 在决策标准上,用"令人满意"的准则代替"最优化"准则。西蒙认为,不存在有人主张的那种"绝对的理性"即"最优化准则"。由于决策者受认识能力和在时间、经费、情报来源等方面的限制,不可能具备上述三个前提,所以,他们不可能做出"完全合理的"决策。人类实际的理性既不是完美无缺的"绝对理性",也不是非理性的。因为人们没有求得"最优化"的才智和条件,决策时就不存在最理想的解答,只能满足于"足够好的"或"令人满意的"决策。

管理决策人员面对的是一个非常广阔而复杂的世界,需要做出的决策一般无法用简单的线性规划手段来解决,也无法用微积分求极大值和极小值的办法来解决。因此,西蒙以"管理人"来代替按最高准则行动的"经济人"。"管理人"不考虑一切可能的复杂情况,而只考虑与问题有关的特定情况,能用"令人满意的"准则代替"最优化"准则。在市场中,这种"令人满意的"准则就是"适当的市场份额""适度的利润""公平的价格"等。而一个企业组织存在的意义和目的正在于此,因为"弥补个人的有限制的理性",从而能做出"令人满意的"决策是它的应有职能。

(4) 一个组织的决策可分为程序化决策和非程序决策。这是因为,依据人的目的行为类型,一个组织的全部活动也可以分为两类:一类是例行活动,这是些重复出现的例行公事。有关这类活动的决策是经常反复的,而且有一定的结构。这类决策可以建立一定的程序,当这类活动重复出现时予以应用,不必每次都做新的决策。这类决策即程序化决策。另一类是非例行活动。这类活动不是重复出现的,也不能用对待例行公事的办法来处理。这类活动往往是比较重要的活动,如新产品的研究和开发,企业经营的多样化等。有关这类活动的决策是新出现的、不能程序化的。这类决策即非程序化的决策。

3. 决策理论的应用价值

决策理论强调有限理性决策,提出了一系列的决策方法。对管理理论和实践有两方面的重大意义:一是从管理职能的角度来说,决策理论提出了一条新的管理职能。针对管理过程理论的管理职能,西蒙提出决策是管理的职能,决策贯穿于组织活动全部过程,进而提出了"管理的核心是决策"的命题,而传统的管理学派是把决策职能纳入计划职能当中的。由于决策理论适用于社会生产的各种组织的管理,具有普遍的适用意义。因此,"决策是管理的职能"现在得到普遍的承认。二是强调了管理行为执行前分析的必要性和重要性。在决策理论之前的管理理论,管理学家的研究重点集中于管理行为研究,而忽略管理行为的分析,西蒙把管理行为分为"决策制定过程"和"决策执行过程",并把对管理的研究的重点集中在"决策制定过程"的分析中。任何实践活动,无不包含着"决策制定过程"和"决策执行过程"。因此,管理理论既要研究后者也要研究前者。

4.2.5　权变理论

1. 权变理论创立的背景

权变理论又被有的学者称为因地制宜理论或权变理论学派,它是在 20 世纪 70 年代初的美国经验主义学派的基础上发展的管理学派,该学派认为没有什么一成不变、普遍适用的"最好的"管理理论和方法,权变管理就是依托环境因素和管理思想及管理技术因素之间的变数关系来研究的一种最有效的管理方式。[①] 该学派是从系统观点来考察问题的,它的理论核心就是通过组织的各子系统内部和各子系统之间的相互联系,以及组织和它所处的环境之间的联系,来确定各种变数的关系类型和结构类型。它强调在管理中要根据组织所处的内外部条件随机应变,针对不同的具体条件寻求不同的最合适的管理模式、方案或方法。其代表人物有弗雷德·卢桑斯(Fred Luthans)、菲德勒·豪斯(Robert J. House)等人。[②]

2. 权变理论的主要观点

(1) 权变理论就是要把环境对管理的作用具体化,并使管理理论与管理实践紧密地联系起来。

(2) 权变关系是两个或两个以上的变数之间的一种函数关系。把权变关系看作是一种"如果—那么"的函数关系。"如果"是自变数,"那么"是因变数。在权变管理中,环境是自变数,而管理的观念和技术是因变数。

(3) 关于权变管理,卢桑斯提出了一个观念性的结构,用下面的矩阵图来表示。这个结构有 3 个主要部分:环境、管理观念和技术、它们两者之间的权变关系。沿着矩阵的横轴是独立的"如果",纵轴是从属的"那么"。

环境变数:分为外部环境与内部环境两个方面。外部环境又分一般的外部环境和特有的外部环境两种:一般的外部环境是由社会的、技术的、经济的和政治、法律的力量所组成。它们对正式组织系统的影响一般不是直接的,但却是巨大的。特有的外部环境包括供应者、顾客、竞争者。内部环境基本上是正式组织系统。它的各变数间,以及它与外部环境各变数间是相互关联、相互依存的。主要的内部变数包括组织结构、决策、交流和控制过程,以及工艺的组织状态。

管理变数:主要是指过程学说、计量学说、行为学说、系统学说等所主张的管理观念和技术。其主要内容如下:过程的管理变数有计划、组织、指挥、交流和控制;计量的管理变数有基本的计量方法、决策模式、运筹学;行为的管理变数有学习、行为的改变、动机的形成、集体动态、组织行为;系统的管理变数有普通系统理论、系统设计和分析、信息管理系统。

3. 权变理论的应用价值

权变理论为人们分析和处理各种管理问题提供了一种十分有用的方法。它要求管理者根据组织的具体条件及其面临的外部环境,采取相应的组织结构、领导方式和管理方法,灵活地处理各项具体管理业务。这样,就使管理者把精力转移到对现实情况的研究上来,并根据对于具体情况的具体分析,提出相应的管理对策,从而有可能使其管理活动更加符合实际情况,更加有效。所以,管理理论中的权变的或随机制宜的观点无疑应当肯定。同时,权变学派首先提出管理的动态性,人们开始意识到管理的职能并不是一成不变的,以往人们对管理的行为的认识大多从静态的角度来认识,权变学派使人们对管理的动态性有了新的认识。

---

① 郭咸纲.西方管理思想史[M].北京:世界图书出版公司,2010.
② 韩苓.领导权变理论综述[J].决策探索,2007(10).

但权变学派存在一个带有根本性的缺陷,即没有统一的概念和标准。虽然权变学派的管理学者采取案例研究的方法,通过对大量案例的分析,从中概括出若干基本类型,试图为各种类型确认一种理想的管理模式,但却始终提不出统一的概念和标准。权变理论强调变化,却既否定管理的一般原理、原则对管理实践的指导作用,又始终无法提出统一的概念和标准,每个管理学者都根据自己的标准来确定自己的理想模式,未能形成普遍的管理职能,权变理论使实际从事管理的人员感到缺乏解决管理问题的能力,初学者也无法适从。

4.2.6 经营管理学派

1. 经营管理学派创立的背景

经营管理学派又叫管理过程学派或叫管理职能学派。这个学派在西方是继古典管理理论学派和行为科学学派之后影响最大、历史最久的一个学派。古典管理理论的代表人物之一法约尔就是这个学派的创始人,这个学派后来经美国的管理学家哈罗德·孔茨等人的发扬光大,成为现代管理理论丛林中的一个主流学派。

经营管理学派是以管理的职能及其发挥作用的过程为研究对象,认为管理就是通过别人或同别人一起完成工作的过程。管理过程与管理职能是分不开的,管理的过程也就是管理的诸职能发挥作用的过程。从这一认识出发,经营管理学派试图通过对管理过程或管理职能的研究,把管理的概念、原则、理论和方法加以理性概括,从而形成一种"一般性"的管理理论。在研究方法上,经营管理学派一般是首先把管理人员的工作划分为各种职能,然后对这些职能进行分析研究,并结合管理实践探索管理的基本规律和原则。管理过程学派认为,运用这种研究方法,可把管理工作的一切主要方面加以理论概括,从而建立起可指导管理实践的管理理论。[①]

2. 经营管理学派的主要观点

经营管理学派的主要特点是将管理理论同管理人员所执行的管理职能,也就是管理人员所从事的工作联系起来。他们认为,无论组织的性质多么不同(如经济组织、政府组织、宗教组织和军事组织等),组织所处的环境有多么不同,但管理人员所从事的管理职能却是相同的,管理活动的过程就是管理的职能逐步展开和实现的过程。因此,管理过程学派把管理的职能作为研究对象,先把管理的工作划分为若干职能,然后对这些职能进行研究,阐明每项职能的性质、特点和重要性,论述实现这些职能的原则和方法。经营管理学派认为,应用这种方法就可以把管理工作的主要方面加以理论概括并有助于建立起系统的管理理论,用以指导管理的实践。孔茨把管理揭示为通过别人使事情做成的各项职能,并划分为计划、组织、人事、指挥和控制五项。

3. 经营管理学派的应用价值

经营管理学派强调管理与管理理论的重要性和普遍性,创始人亨利·法约尔根据自己长期从事管理工作的经验,强调了管理与管理理论的重要性和普遍性,该学派认为,对于所

---

① 郭咸纲.西方管理思想史[M].北京:世界图书出版公司,2010.

有的事业或企业单位,不论其规模和性质如何,管理都具有极端的重要性。人们在管理中各行其是,自相矛盾,是由于缺乏对于一般管理规律的了解。因此,法约尔非常强调管理教育的重要性。而要发展管理教育,就必须创立管理理论。法约尔认为,管理理论不仅适用于公私企业,也适用于军政机关和宗教组织。因此,他的管理理论叫作一般管理理论,其中提出了一些认为普遍适用的管理原则和要素。

经营管理学派的其他代表人物,也都强调管理的重要性和普遍性,认为存在一些普遍适用的管理职能和原则。拉尔夫·戴维斯认为工厂管理的基础职能和原理是普遍适用的,并提出了适用于所有各种类型企业的三项有机职能:计划、组织和控制。经营管理学派通过对管理职能和管理过程的分析,为经营管理实践的理解和理论的研究提供了一个概括的框架。组织的经营管理事务纷繁,头绪众多,有了这种框架以后,就可以对管理从几个主要方面进行深刻的理解并作有条不紊的分析;而在发展中新增的一切概念均可被分门别类地安置于这个框架之中。虽然许多学者对此不以为然,但正是由于这样的框架才使管理过程学派为世人所注目。计划、组织、控制作为管理的三项职能,是得到普遍承认的。

4.2.7 学习型组织理论

1. 学习型组织理论创立的背景

彼得·圣吉(Peter M. Senge)是学习型组织理论的奠基人。1970 年在斯坦福大学获航空及太空工程学士学位后,彼得·圣吉进入麻省理工学院斯隆管理学院攻读博士学位,师从佛瑞斯特,研究系统动力学,并将组织学习、创造理论、认识科学等融合,发展出一种全新的组织概念。彼得·圣吉用了近十年的时间对数千家企业进行研究和案例分析,于 1990 年完成其代表作《第五项修炼——学习型组织的艺术与实务》。彼得·圣吉指出现代企业所欠缺的就是系统思考的能力,它是一种整体动态的搭配能力,因为缺乏它而使得许多组织无法有效学习。之所以会如此,正是因为现代组织分工、负责的方式将组织切割,而使人们的行动与其时空上相距较远。当不需要为自己的行动的结果负责时,人们就不会去修正其行为,也就无法有效地学习。

《第五项修炼》提供了一套使传统企业转变成学习型企业的方法,使企业通过学习提升整体运作"群体智力"和持续的创新能力,成为不断创造未来的组织,从而避免了企业"夭折"和"短寿"。彼得·圣吉也被誉为 20 世纪 90 年代的管理大师,未来最成功的企业将是学习型企业。学习型组织的提出和一套完整的修炼的确立,实际上宣告整个管理学的范式在彼得·圣吉这里发生了转变。正是在这个意义上,不少学者认为,《第五项修炼》以及随后的《第五项修炼·实践篇》《变革之舞》的问世,标志着学习型组织理论框架的基本形成。

2. 学习型组织理论的主要观点

(1) 学习型组织的要素

学习型组织应包括五项要素。

① 建立共同愿景(building shared vision):愿景可以凝聚公司上下的意志力,通过组织共识,大家努力的方向一致,个人也乐于奉献,为组织目标而奋斗。

② 团队学习(team learning):团队智慧应大于个人智慧的平均值,以做出正确的组织

决策,通过集体思考和分析,找出个人弱点,强化团队向心力。

③ 改变心智模式(improve mental models):组织的障碍,多来自个人的旧思维,例如,固执己见、本位主义,唯有通过团队学习,以及标杆学习,才能改变心智模式,有所创新。

④ 自我超越(personal mastery):个人有意愿投入工作,专精工作技巧的专业,个人与愿景之间有种"创造性的张力",正是自我超越的来源。

⑤ 系统思考(system thinking):应通过资讯搜集,掌握事件的全貌,以避免只见树木不见林。培养综观全局的思考能力,看清楚问题的本质,有助于了解因果关系。

(2) 学习型组织的特征

① 组织成员拥有一个共同的愿景。组织的共同愿景(shared vision)来源于员工个人的愿景而又高于个人的愿景。它是组织中所有员工共同愿望的景象,是他们的共同理想。它能使不同个性的人凝聚在一起,朝着组织共同的目标前进。

② 组织由多个创造性个体组成。在学习型组织中,团体是最基本的学习单位,团体本身应理解为彼此需要他人配合的一群人。组织的所有目标都是直接或间接地通过团体的努力来达到的。

③ 善于不断学习。这是学习型组织的本质特征。所谓"善于不断学习",主要有四点含义:一是强调"终身学习",即组织中的成员均应养成终身学习的习惯,这样组织才能形成良好的学习气氛,促使其成员在工作中不断学习。二是强调"全员学习",即企业组织的决策层、管理层、操作层都要全心投入学习,尤其是经营管理决策层,他们是决定企业发展方向和命运的重要阶层,因而更需要学习。三是强调"全过程学习",即学习必须贯穿组织系统运行的整个过程。约翰·里丁(John Redding)提出了一种被称为"第四种模型"的学习型组织理论。他认为,任何企业的运行都包括准备、计划、推行三个阶段,而学习型企业不应该是先学习然后进行准备、计划、推行,不要把学习与工作分割开,应强调边学习边准备、边学习边计划、边学习边推行。四是强调"团体学习",即不但重视个人学习和个人智力的开发,更强调组织成员的合作学习和群体智力(组织智力)的开发。学习型组织通过保持学习的能力,及时铲除发展道路上的障碍,不断突破组织成长的极限,从而保持持续发展的态势。

④ "地方为主"的扁平式结构。传统的企业组织通常是金字塔式的,学习型组织的组织结构则是扁平的,即从最上面的决策层到最下面的操作层,中间相隔层次极少。它尽最大可能将决策权向组织结构的下层移动,让最下层单位拥有充分的自决权,并对产生的结果负责,从而形成以"地方为主"的扁平化组织结构。例如,美国通用电器公司目前的管理层次已由 9 层减少为 4 层。只有这样的体制,才能保证上下级的不断沟通,下层才能直接体会到上层的决策思想和智慧光辉,上层也能亲自了解到下层的动态,吸取第一线的营养。只有这样,企业内部才能形成互相理解、互相学习、整体互动思考,协调合作的群体才能产生巨大的、持久的创造力。

⑤ 自主管理。学习型组织理论认为,"自主管理"是使组织成员能边工作边学习并使工作和学习紧密结合的方法。通过自主管理,可由组织成员自己发现工作中的问题,自己选择伙伴组成团队,自己选定改革、进取的目标,自己进行现状调查,自己分析原因,自己制定对策,自己组织实施,自己检查效果,自己评定总结。团队成员在"自主管理"的过程中,能形成共同愿景,能以开放求实的心态互相切磋,不断学习新知识,不断进行创新,从而增加组织快速应变、创造未来的能量。

⑥ 组织的边界将被重新界定。学习型组织的边界的界定,建立在组织要素与外部环境要素互动关系的基础上,超越了传统的根据职能或部门划分的"法定"边界。例如,把销售商的反馈信息作为市场营销决策的固定组成部分,而不是像以前那样只是作为参考。

⑦ 员工家庭与事业的平衡。学习型组织努力使员工丰富的家庭生活与充实的工作生活相得益彰。学习型组织对员工承诺支持每位员工充分的自我发展,而员工也以承诺对组织的发展尽心尽力作为回报。这样,个人与组织的界限将变得模糊,工作与家庭之间的界限也将逐渐消失,两者之间的冲突也必将大为减少,从而提高员工家庭生活的质量(满意的家庭关系、良好的子女教育和健全的天伦之乐),达到家庭与事业之间的平衡。

⑧ 领导者的新角色。在学习型组织中,领导者是设计师、仆人和教师。领导者的设计工作是一个对组织要素进行整合的过程,他不只是设计组织的结构和组织政策、策略,更重要的是设计组织发展的基本理念;领导者的仆人角色表现在他对实现愿景的使命感,他自觉地接受愿景的召唤;领导者作为教师的首要任务是界定真实情况,协助人们对真实情况进行正确、深刻地把握,提高他们对组织系统的了解能力,促进每个人的学习。学习型组织有其不同凡响的作用和意义。它的真谛在于:一方面学习是为了保证企业的生存,使企业组织具备不断改进的能力,提高企业组织的竞争力;另一方面学习更是为了实现个人与工作的真正融合,使人们在工作中活出生命的意义。

(3) 学习型组织的领导作用

学习型组织是从组织领导人的头脑中开始的。学习型组织需要有头脑的领导理解学习型组织,并能够帮助其他人获得成功。学习型组织的领导具有三个明显的作用。

① 设计社会建筑。社会建筑是组织中看不见的行为和态度。组织设计的第一个任务就是培养组织目的、使命和核心价值观的治理思想,它将用来指导雇员。有头脑的领导要确定目标和核心价值观的基础。第二个任务是设计支持学习型组织的新政策、战略和结构,并进行安排。这些结构将促进新的行为。第三个任务是领导并设计有效的学习程序。创造学习程序并且保证它们得到改进和理解需要领导的创造力。

② 创造共同的愿景。共同的愿景是对组织理想未来的设想。这种设想可以由领导或雇员的讨论提出,公司的愿景必须得到广泛的理解并被深深铭刻在组织之中。这个愿景体现了组织与其雇员所希望的长期结果,雇员可以自己自由地识别和解决眼前的问题,这一问题的解决将会帮助实现组织的愿景。但是,如果没有提出协调一致的共同愿景,雇员就不会为组织整体提高效益而行动。

③ 服务型的领导。学习型组织是由那些为他人和组织的愿景而奉献自己的领导建立的。作为靠自己一人建立组织的领导人形象不适合学习型组织。领导应将权力、观念、信息分给大家。学习型组织的领导要将自己奉献给组织。学习型组织废弃了使管理者和工人之间产生距离的纵向结构,同样也废弃了使个人与个人、部门与部门相互争斗的支付和预算制度。团队是横向组织的基本结构。伴随着生产的全过程,人们一起工作为顾客创造产品。在学习型组织里,实际上已经排除了老板,团队成员负责培训、安全、安排休假、采购,以及对工作和支付的决策。部门之间的界限被减少或消除,而且组织之间的界限也变得更加模糊。公司之间以前所未有的方式进行合作,新兴的网络组织和虚拟组织是由若干个公司组成的,它们就是为了达到某种目的而联合起来,这些新的结构提供了适应迅速变化着的竞争条件所需的灵活性。

（4）学习型组织的构建

① 培养组织成员的自我超越意识。自我超越包括三个内容：一是建立愿景（指一种愿望、理想、远景或目标）；二是看清现状；三是实现愿景，即组织中的每一成员都要看清现状与自己的愿景间的距离，从而产生出创造性张力，进而能动地改变现状而达到愿景。初始愿景实现后，又培养起新的愿景。随着愿景的不断提升，又产生出新的创造性张力。显然，组织成员的自我超越能力是组织生命力的源泉。

② 改善心智模式。心智模式是人们的思想方法、思维习惯、思维风格和心理素质的反映。一个人的心智模式与其个人成长经历、所受教育、生活环境等因素有关，因此并非每个人的心智模式都很完美。人们通过不断的学习就能弥补自己心智模式的缺陷。

③ 建立共同愿景。共同愿景源自个人愿景，它是经过各成员相互沟通而形成的组织成员都真心追求的愿景，它为组织的学习提供了焦点和能量。企业只有有了共同愿景，才能形成强大的凝聚力，推进企业不断地发展。

④ 搞好团体学习。组织由很多目标一致的团队构成。团体学习是指每一团体中各成员通过深度会谈与讨论，产生相互影响，以实现团体智商远大于成员智商之和的效果。它建立在发展自我超越及共同愿景的工作基础上。团体是企业的基础，每个团体的团体学习都搞好了，企业才更有竞争力。因此，团体学习比个人学习更重要。

⑤ 运用系统思考。系统思考是指以系统思考观点来研究问题、解决问题。其核心就是：从整体出发来分析问题；分析关键问题；透过现象分析问题背后的原因；从根本上解决问题。系统思考是见识，也是综合能力。这种见识和能力只有通过不断学习才能逐渐形成。

3. 学习型组织理论的应用价值

学习型组织理论认为，在新的经济背景下，企业要持续发展，必须增强企业的整体能力，提高整体素质；也就是说，企业的发展不能再只靠像福特、斯隆、沃森那样伟大的领导者一夫当关、运筹帷幄、指挥全局，未来真正出色的企业将是能够设法使各阶层人员全心投入并有能力不断学习的组织——学习型企业。

成功的学习型企业应具备六个要素：一是拥有终身学习的理念和机制，重在形成终身学习的步骤；二是多元反馈和开放的学习系统，重在开创多种学习途径，运用各种方法引进知识；三是形成学习共享与互动的组织氛围，重在企业文化；四是具有实现共同目标的不断增长的动力，重在共同目标不断创新；五是工作学习化使成员活化生命意义，重在激发人的潜能，提升人生价值；六是学习工作化使企业不断创新发展，重在提升应变能力。

创建学习型企业意义在于：第一，它解决了传统企业组织的缺陷。传统企业组织的主要问题是分工、竞争、冲突、独立，降低了组织整体的力量，更为重要的是传统组织注意力仅仅关注于眼前细枝末节的问题，而忽视了长远的、根本的、结构性的问题，这使得组织的生命力在急剧变化的世界面前显得十分脆弱。学习型组织理论分析了传统组织的这些缺陷，并开出了医治的"良方"——"五项修炼"。第二，学习型组织为组织创新提供了一种操作性比较强的技术手段。学习型组织提供的每一项修炼都由许多具体方法组成，这些方法简便易学，此外，圣吉和他的助手还借助系统思考软件创建起实验室，帮助企业管理者在其中尝试各种可能的构想、策略和意境的变化及种种可能的搭配。第三，学习型组织理论解决了企业生命活力问题。它实际上还涉及企业中人的活力问题，在学习型组织中，人们能够充分发挥生命的潜能,创造出超乎寻常的成果,从而由真正的学习体悟出工作的意义,追求心灵的成长与自我实现,并与世界产生一体感。第四,学习型组织提升了企业的核心竞争力。过去讲的企业竞争力是指人才的竞争,学习型组织理论讲的企业竞争力是指企业的学习力。在知识经济时代,获取知识和应用知识的能力将成为竞争能力高低的关键。一个组织只有通过不断学习,拓展与外界信息交流的深度和广度,才能立于不败之地。人们可以运用学习型组织的基本理念,去开发各自所置身的组织创造未来的潜能,反省当前存在于整个社会的种种学习障碍,使整个社会早日向学习型社会迈进。或许,这才是学习型组织所产生的更深远的影响。

尽管学习型组织的前景十分迷人,但如果把它视为一贴万灵药则是危险的。事实上,学习型组织的缔造不应是最终目的,重要的是通过迈向学习型组织的种种努力,引导一种不断创新、不断进步的新观念,从而使组织日新月异,不断创造未来。

4.3　现代管理理论评价

20 世纪 40—80 年代,现代系统论、信息论、控制论、数学、统计学、经济学等研究方法出现,极大地丰富了管理科学研究。这一时期出现了系统管理学派、决策学派、管理科学学派、社会系统学派等多个流派,呈现出管理的"丛林"。后现代管理思潮源于 20 世纪 80 年代的美国,主要侧重于研究战略管理、组织结构、组织的变革与发展、知识管理、绿色管理、企业的国际化战略与跨文化管理等。后现代管理学说更加注重人性化管理,是高层次科学管理、变化与多样化和人性化管理的有机结合,而且管理从本质上正在演变为"以人为本"的管理。

从管理科学产生和发展的历史不难看出,社会生产力特别是社会经济活动的发展是推动管理活动发展的最主要的因素。现代社会经济的迅速发展,出现了新的管理思想、管理手段,这极大地推动了管理实践的发展。影响管理发展的第二大因素是与管理相关的其他学科的发展,特别是系统科学、信息科学、决策科学、计算机网络等技术科学的发展,为管理的发展发挥积极的促进作用。此外,随着经济全球化广泛而深入地推进而发生的各种管理思想、管理理念、管理实践之间的融合、借鉴,也促进了管理实践及理论的丰富和发展。以上因素的快速发展使管理在功能、组织、方法和理念上产生根本性变化,未来管理实践呈现出以下发展特点。

(1)信息、知识贯穿于管理活动的各个层面,成为管理活动的重要构成因素。随着信息技术的推广应用,信息管理渗透和体现在各种管理的所有方面和全过程之中。与此同时,出现了信息管理向知识管理演进的发展趋势。知识管理是信息管理的延伸和发展,其本质是将信息转化成为知识,用知识来提高特定组织的应变能力和创新能力。

(2)现代管理的实质是创新,企业的管理不再是被动守旧的活动,而是为创新创造条件。信息时代的多变性、复杂性和快节奏确定了管理创新的主导地位。创新是一个组织兴旺发达的不竭动力,也是一个企业赢得竞争胜利和保持竞争优势的可靠保证。在组织机构上,柔性模式代替了刚性模式,学习型组织成为人们追求的理想模式。在管理方式上发生了从以物为中心到以人为中心的转变。创新型管理不同于守旧型管理,它把创新贯穿于整个管理过程,使管理随着技术、市场等环境的变化而变化,但它也要求整个组织及其组成人员是创新型的,把创新作为其活动的主旋律。可以预言,创新管理是未来组织生存和发展的根基。创新管理有助于企业促进全面创新,从而使企业更好地适应激烈的竞争,从中脱颖而出,永葆活力。

(3) 管理活动日益复杂,管理范围不断扩展,管理活动国际化。随着经济全球化的发展,国际经济交往频繁,大型跨国公司纷纷建立。跨国公司的管理是典型的国际化管理,它跨越国别、社会制度、文化,这使得企业内部的管理活动复杂多变。如何在复杂的背景下,不同的文化观念、不同性质的组织中更好地实施管理以达到预期目标,成为极具挑战性的一项工作。此外,各种不同的管理理论与管理实践之间的相互借鉴、交流、融合乃至反思必将进一步推进和影响管理活动的发展。

(4) 风险管理在未来管理活动中的地位越来越重要,是未来管理活动中的重要甚至关键的组成部分。高科技及其产业的崛起,市场、金融、经济的全球化扩张,导致不确定因素增长。信息不完备又加剧了风险。环境瞬息万变,人们在管理活动中不得不考虑风险因素,增强风险意识,加强风险管理,在捕捉机遇的同时努力防范风险。在风险管理中,应加强监测预测,以预防为主,把风险降到最低限度,缩小因风险可能造成的损失和带来的影响。分析风险形成的因素,预测风险到来的时机,积极采取防范风险的对策,以回避风险、转移风险、分散风险、减轻风险和做好承受风险的准备。

(5) “硬”管理向“软”管理的转化。管理发展史表明,存在着由理性的科学管理即物本主义的“硬”管理向以人为本的“软”管理的转变。“软”管理的发展是以“硬”管理的存在为基础的,而“硬”管理又靠“软”管理来提升,需以“软”管理的指导为前提。早期的管理较少考虑个人因素,个人的情感、心理等问题,管理活动较为机械。随着实践的不断深入,人们越来越意识到人的心理、行为对管理活动的影响。而早期的以物为主的管理逐渐向以人为本的管理靠拢,越来越注重个体的活动。

为适应管理实践的发展要求,管理研究也将呈现全新的发展趋势。

(1) 管理学发展的哲学化、伦理化、合规化趋势。管理学的哲学化趋势表现在从哲学的高度,对管理进行了最高层次的考察与解释,将管理与哲学联系起来。管理学的伦理化是指管理的理念等应与道德伦理相结合,企业借助伦理道德达到更好的管理效果。此外,现代企业还应注重法律理念的塑造与培养,通过合规管理,树立契约精神、诚信意识和社会责任理念,保障企业生存和发展的持续稳定和安全。

(2) 新的管理学分支的发展将更加迅速。知识经济时代对知识资本的管理,信息共享的体系的建设与管理,人力资本管理的创新,新型的组织结构,如学习型组织、战略联盟、虚拟企业等新型组织形式的管理,将形成一些新兴管理学分支。此外,还有对企业寿命周期、企业的成长方向、成长速度等问题进行系统研究的可持续发展与企业的成长管理;由于企业环境不确定性而导致危机管理;将机会作为一种稀缺资源,探讨如何认识机会、寻找机会、利用机会,结合风险管理,为企业决策服务的寻机管理等。这些分支均从不同视角、不同层面对企业内部的管理活动进行总结、研究。

(3) 管理研究将更多地与经济学、心理学、社会学、数学等紧密结合。管理学本身就是一门综合性学科。其发展除了管理实践创新的不断推动之外,还有其他相近学科的推动,其中经济学、心理学、社会学、数学等学科发展的最新成果都在管理学研究中得到了运用。

(4) 管理研究将更加突出以人为本的特色,管理研究向东方管理思想回归。在知识经济时代,企业、国家前途和命运将越来越取决于人才的数量和质量,研究如何充分开发人的智力和体力,将成为管理学更为重要的任务。特别是将人作为一种知识的载体的研究将更为突出。在管理思想的研究上,西方管理理论呈现出向东方探源回归的趋势。随着人本主义管理时代的到来,见物不见人的基于利益驱动与诱惑思想的西方管理技术,受到了严峻挑战。人们开始认识到,人性得到充分尊重、个人自主性得到充分发挥,即人人都是管理者的模式,与传统的东方以人为本的管理思想有着不谋而合之处。应当把对人的理性管理同感性管理有机结合起来,把企业中正式组织以及员工间非正式组织的作用结合起来进行管理。

随着社会生产力的进步和社会关系的转变,新的管理理论内容和管理方法层出不穷。在管理工作实践中,我们应灵活运用这些理论,这将有助于提高现代化管理的科学水平。

世界各国的现代化进程表明,在工业化的实现过程中,尤其是在工业化中后期阶段,工业化的推进不仅仅取决于技术创新和技术进步,还取决于管理创新和科学化的程度。进入21世纪,中国经济的持续高增长,中国模式、中国经验备受世界关注。在这种时代背景下,如何更好地推进中国管理科学化进程,提升管理科学研究水平,有着重要的实践与理论意义。

复习思考题

1. 现代管理理论发展有什么特点?
2. 社会系统学派的代表人物是谁? 主要观点有哪些?
3. 目标管理理论主要有哪些观点? 如何实施目标管理?
4. 决策学派的代表人物是谁? 决策学派的决策标准是什么? 管理人员如何进行相对理性决策?
5. 权变管理理论主要有哪些观点? 如何处理管理的自变因素和因变因素的关系?
6. 管理科学学派在管理方法方面有什么突破?
7. 学习型组织理论主要有哪些观点? 学习型组织主要有哪些特点?
8. 当代管理理论发展的主要趋势表现在哪些方面?

 【案例分析】

案例 1 应该如何处理违反制度的值班人员①

管理者某天发现一位值班负责人在将本班人员外出后,在值班室值班期间浏览与工作无关的网页,公司处理的方法有两种:一种是根据值班管理制度进行处罚,因为在值班管理制度中明确规定,在值班期间不得浏览与工作无关的网页,对其进行处罚也是理所当然,但是值班负责人心里肯定有疙瘩,同时也会对他在班内的威信造成负面影响;另一种做法是提醒其注意类似的事件不能再次发生,并不进行处罚,值班负责人肯定会心存感激,会更好地带领大家把工作做好。

思考问题

依照权变理论,什么情况下采用第一种处理方法?什么情况下采用第二种处理方法?

① 权变理论在班组管理的应用实践[J]. http://work.riskmw.com/team/2010/12-14/mw41486.html.

案例 2 东成印刷公司的管理

第一,目标的制定。总公司制定的印制企业管理绩效评价内容主要包括四个方面:企业成本费用控制状况、企业专业管理能力状况、企业资产效益状况、企业发展能力状况。东成印刷公司每年根据总公司下达的考核目标制定企业总目标,结合企业长远规划,并根据企业的实际,兼顾特殊产品要求,总目标主要体现在东成印刷公司每年的行政报告上。依据厂级行政报告,东成印刷公司将企业目标逐层向下分解,将细化分解的数字、安全、质量、纪律、精神文明等指标,落实到具体的处室、车间,明确具体的负责部门和责任承担人,并签署《企业管理绩效目标责任状》,以确保安全、保质、保量、按时完成任务,此为二级目标即部门目标。然后部门目标进一步向下分解为班组和个人目标,此为三级目标,由于班组的工作性质,不再继续向下分解。部门内部小组(个人)目标管理,其形式和要求与部门目标制定相类似,签订班组和员工的目标责任状,由各部门自行负责实施和考核。具体方法是:先把部门目标分解落实到职能组,任务再分解落实到工段、工段再下达给个人。要求各个小组(个人)努力完成各自目标值,保证部门目标的如期完成。

第二,目标的实施。《企业管理绩效目标责任状》实行承包责任人归口管理责任制,责任状签订后,承包方签字人为承包部门第一责任人,负责组织在部门内部进行目标分解,细化量化指标,进行第二次责任落实,实行全员承包。各部门可以根据具体情况在部门内部制定实施全员交纳风险抵押金制度。各部门的第二次责任分解可根据具体情况按两种形式进行,部门负责人直接与全员签字落实责任。部门负责人与班组长签字落实责任,班组长再与全员签字落实责任。管理绩效目标责任状签订并经主管人员批准后,一份存上一级主管部门,一份由制定单位或个人自存。承包方责任人负责组织进行本部门日常检查管理工作。专业部门负责人负责组织进行本专业日常检查管理工作;企管处负责组织处室、车间的日常检查管理工作。在此基础上还实行了承包责任人交纳风险抵押金制度。副主办以上责任承包人依据级别的不同,分别向企业交纳一定数额的责任风险抵押金,并在目标达成后给予一定倍数的返还。

第三,目标考评。在考评机构方面,东成印刷公司成立了专门负责考核工作的厂绩效考核小组,厂长任组长,三位副厂级领导任组员,共由 9 位管理部门的相关人员组成。厂考核领导小组下设部门绩效考核小组。由责任状的承包方责任人负责组织本部门日常检查管理工作。专业部门负责人负责组织本专业日常检查管理工作。企管处负责组织对处室、车间的日常检查管理工作。考核领导小组、部门考核工作组负责对各自处室、车间的结果进行考评。

在考评周期方面,企业对部门的考核周期是一年,平时有日常考核和月度报告,对班组和管理技术人员的综合考核一般也是在年底,平时主要是日常出勤的考核。

在考评办法方面,东成印刷公司对绩效目标落实情况每月统计一次,年终进行总考评,并根据考评结果与奖惩挂钩。各部门于每季度末将其完成管理绩效目标责任状情况的季度工作总结与下一季度的工作计划交与相关部门。各专业处室按照绩效目标责任状中本专业的管理目标和工作要求,对车间及有关部门进行每半年一次的专业考评。

在考评方式方面,考核中采用了"自我评价"和上级部门主观评价相结合的做法,在每季度末月的 29 日之前,将本部门完成管理绩效目标责任状、行政工作计划情况的季度工作总结与下一季度的工作计划一并报企管处。企管处汇总核实后,由考核工作组给予恰当的评分。

在考评处理方面,对日常考核中发现的问题,由相应主管负责人实施相应奖惩。年终,企管处汇总各处室、车间的考核目标完成情况,上报厂级考核小组,由其根据各部门的重要性和完成情况,确定奖惩标准。各处室、车间内部根据企业给予本部门的奖惩情况,确定所属各部门或个人的奖惩标准。考评结果一般不公开,对奖惩有异议的可以层层向上一级主管部门反映。①

思考问题

(1) 东成印刷公司采取的是什么管理模式?

(2) 完善东成印刷公司管理需要从哪些方面着手?

案例 3　创建学习型组织的成功与失败

(一) 成功的案例——Fasway 公司

Fasway 公司是一家小型的软件开发公司。该公司在管理中,倡导学习型组织管理模式,具体体现如下:

(1) 通过各类培训为员工创造不断学习和交流的机会。比如内训大会。公司每年定期举行两次全体员工的内训大会,内容包括公司的状况、项目知识、行业、专业知识层面上的分析和共享。内训结束后要做出总结。新员工进入公司时,都会接受包括公司文化、经营理念、规章制度以及专业知识的培训。每次内训的材料均会成为最新版本的公司入职培训的教材。

(2) 促进探讨和对话。对公司的一个专题项目组织专题研讨,研讨中没有上下级界限,所有与会人员都可以畅所欲言。这种头脑风暴的结果会产生一个切实可行的行动计划。诸如此类的探讨和对话在各部门随处可见。

(3) 鼓励共同合作和团队学习、建立学习共享系统。管理团队成员除了定期参加各项会议外,还随时随地进行沟通与交流,团队任何人在任何地点的任何感悟,均在第一时间做到共享。

(4) 学习共享系统的沟通形式是无限的。公司鼓励部门内部和部门之间在餐桌上、电话中、各类公司会议上、聚会上交流。当然,最多的是用电子邮件的形式进行沟通,每天工作的第一件事一定是:接收电子邮件。公司定期举行各部门的"新知、问题、方案"会议。只要没有重要任务,所有人均自觉地出席,这是公司员工获取行业知识、传播、分析的定期途径。而外地和出差的员工同样可以在第二天"知识邮件"中进行共享。公司为了鼓励大家系统进行学习,专门在公司的局域网上设立了"知识银行"的站点,每个人随时随地均可以向"银行"支出和存入所需的各类知识。

(5) 促使成员迈向共同愿景。公司强调员工的发展与企业的发展愿景是一致的。员工为了适应公司的发展,应和公司的发展愿景保持一致,自觉加强自己各方面的学习,不断增强自身的核心竞争力。例如,平时、周末到公司加班、培训充电等都是平常的事情,而自费进修、培训更是蔚然成风。

① 东成印刷公司带给我们的启示[J]. http://www.reader8.cn/exam/20101017/601475.html.

（6）提倡一专多能，考核学习能力。每位员工都是多项任务的执行者，公司自上而下均强调每位员工在掌握核心技能之外，尽量主动掌握"生存"的其他技能。

（二）失败的案例——Night View 公司

Night View(NV)公司是一家高新技术企业，创立于 1997 年，其目标是建立一个集生产、研发和销售为一体的具有行业领导地位的优秀企业。NV 公司的内部情况如下：

（1）自主工作。建立初期的骨干人员有全国著名高等学府刚刚毕业的大学生、研究生，也有具有丰富的技术经验的工程技术人员、研发人员和技工。公司决策层认为，这些人完全可以自主地完成工作任务，通常情况下，公司很少组织内部的技术和管理培训。

（2）新员工进入程序。新员工进入 NV 的工作程序大致是：社会招聘—考核—公司招聘负责人简单介绍情况的面谈—进入工作。

（3）简单直线式决策过程。公司生产线出现技术问题，由负责生产的副总组织生产部人员进行讨论分析。副总爱面子，大家讨论时提出的一些意见不能太直接或太尖锐。通常情况下，技术问题由生产副总一人说了算，员工往往会放弃自己提出的建议和意见，按副总的意见办理。

（4）团队学习和信息共享。NV 公司相信员工的素质较高，未建立程式化的共享途径。一般采取单兵作战的方式，互相交流学习较少。而且公司内部一种双向的恐惧心理普遍存在：担心向别人请教会降低自己的身份和威信；同时，担心将自己知道的告诉别人会失去自己的优势。

（5）员工日常业务工作与在职学习的关系。NV 管理层认为，公司应该是一个工作的场所，而不是一个进修学校或休息教室，员工们应该把学业完成于进入公司之前。自 NV 成立到 2001 年年底，共有 7 名技术人员因为此类原因而离职。而在 1998 年公司还明确提出"员工在公司的唯一任务是完成本职业务，不应分散精力，等等"。

（6）高层决策与员工的沟通。对于 NV 的运转状况和发展方向，公司认为，只能由高层管理者参与决策，员工只是完成具体任务的人，他们没必要知道这些，知道了也没有什么用。对经营过程中的一些重大事件，公司总是通过与个别相关人员探讨做出决定，对员工是保密的。因为"让员工了解过多，会引起思想混乱或泄露 NV 的商业机密，导致不必要的麻烦"。如 1999 年，NV 引进了一条美国生产线，由于设备质量有问题，引起了全体员工的关注。但是，高层管理者没有将近期目标的改变及时让员工了解，使得公司内人心起伏不定，许多员工担心公司会因此陷入困境。[①]

思考问题

请比较分析两个公司建立学习型组织的成功和失败的原因，并分析学习型组织的意义。

---

① 两个公司的比较分析[J]. http：//www.exam8.com/zige/renli/fudao/201503/3224538_3.html.

第 5 章

管理机构与管理者

5.1 管理机构概述

管理主体是指掌握企业管理权力,承担管理责任,决定管理方向和进程的有关组织和人员。从管理活动的实际来看,推动管理活动的开展有两种主体,即群体人的管理机构和个体人的管理人员,所以,管理机构和管理者是管理主体的两个有机组成部分。

5.1.1 管理机构的含义

管理机构就是由两个或两个以上的人组成的有特定目标和一定资源并保持某种权责结构的群体。理解和把握管理机构的含义包括三个方面。

1. 拥有资源

一般认为,管理组织拥有的资源主要包括 5 大类:人、财、物、信息和时间。

(1)人的资源

人的资源是组织最大的资源,是组织创造力的源泉。

(2)财的资源

财的资源主要是指资金,资金不同于资本,资本是有特定的所有权人,而资金是流动中的货币,主要是使用权。任何组织存在和发展,都需要一定量的资金,这些资金有一部分是归组织或股东所有的,还有相当一部分是通过各种渠道聚集起来的。有了资金,组织的各项工作才能运转起来。

(3)物的资源

物资管理对于组织活动和组织管理十分重要,组织的资金只有转化成物资,才完成了从抽象到具体、从一般到特殊的过程,从而能满足组织发展的特定需要。

(4)信息资源

信息实际上是一种可以认知其意义的符号。例如,微笑就是一种信息,这种信息可以代表你对这一事物感兴趣,一旦见到这一事物,那么微笑信息就完成了其传递过程。现代社会信息传输、交换、存储的手段已经非常发达,信息量激增,它给管理带来了许多好处,同时也提出了挑战。在海量的信息中如何找到最有价值的,如何能在信息不完全的情况下进行经营决策呢?这是对每一个管理者的考验。运用好信息资源对一个企业来说也是非常关键的。对于企业组织的运营特色方面,管理学大师德鲁克说,一个管理者最不同于其他岗位和领域的人员的三大特征:一是他要交换和处理信息;二是基于前者做出决策;三是要为组织进行战略规划。可见信息对管理是非常重要的。

（5）时间资源

时间是生命的尺度，具有不可重复性、不可再生性，而且是不可替代的。科学管理起源于工业革命后期企业家对效率的追求，而效率就是对时间的节约，同样的时间做更多的事、出更多的成果就是高效率，从这点上看，可以说管理学的起源，来自人类理性对时间的珍爱，以及充分利用时间资源的追求。

2. 有明确的目标

没有目标就不是组织而仅是一个人群。目标是组织的愿望和外部环境结合的产物，所以组织的目的性不是无限的，而是受环境影响和制约的，这个环境包括物质环境及社会文化环境，有了目标后组织才能确定方向。只有确立了组织目标和方向，才能聚集组织成员的人心，集合组织成员的力量，才能建设一支高效率队伍。

3. 保持一定的权责结构

组织的权责结构表现为层次清晰，任务有明确的承担者，承担工作的部门和人员具有完成工作任务的相应的权力。所以，并且权力和责任是紧密相连的，有多大的权力就有多大的责任，这是管理的权责对等原则的要求。例如，一个企业的领导者，带领下属研发一种产品，他对大家说："本人是领导，你们要服从我，但失败了是你们自己的责任，跟我没关系。"如果他这样说，就会有人反对他做领导。权力和责任一定要对等，它是行使管理权的前提。如果哪个管理者只想坐享其成，却想方设法逃避责任风险，那么被管理者就会站出来反对。

5.1.2　管理机构的特点

1. 管理机构的阶层性

管理机构的阶层性指的是作为管理部门或管理者在组织管理中的层次位置。一般而言，人们可以把一个组织内的管理者或管理部门分为高层管理、中层管理和基层管理三个层次。低一层的管理者既是管理活动的主体，实际上又是更高一层管理主体的管理对象。

2. 管理机构的部门性

在一个组织中，基层和中层的管理者又有其不同的分属领域，对于不同管理部门的管理者来说，从整体着眼，从本职着手是很重要的。部门管理机构是由主管部门管理的，负责企事业单位某方面工作的机构，具有相对的独立性。部门管理机构需直接向本单位高层请示时，应同时报告主管部门。本部门业务范围内的工作可以单独向下或向有关部门行文，也可与有关部门联合行文，并定期报告主管部门。

3. 管理机构的全员性

从更宽泛的视角来理解管理主体，组织中的每个成员都是本职工作岗位和领域中的管理主体。因此，管理组织中的每一个成员都承担管理职责，都需要努力完成管理工作。各级管理者如何发挥全体成员的工作自主性和积极性，是管理实施的重要条件。

5.2 管理机构设计

管理机构设计就是为了社会生产组织开展工作,实现目标所必需的各种资源进行安排,以便在适当的时间、适当的地点把工作所需的各方面力量有效地组合到一起的管理活动过程。

5.2.1 管理机构设计的任务

管理机构设计工作的直接结果是形成管理组织,或者说形成两个或两个以上的人的活动或力量的协作系统。在许多情形下,这种协作系统或关系网络,通常被称为"组织结构"。在管理实际工作中,机构设计工作包括以下三项具体任务。

1. 职位分析与设计

职位分析是指了解组织内的一种职位并以一种格式把与这种职位有关的信息描述出来,从而使其他人能了解这种职位的过程。它是对职位信息进行收集、整理、分析与综合,确定这些职位的职责以及这些职位任职人特征的程序。其成果主要包括两种:一种是职位说明书(工作任务及职责清单);另一种为职位分析报告。

职位分析是人力资源管理的一个重要的子系统,是建立"以职位为基准的薪酬模式"的重要基础性工作。职位分析又称岗位分析、工作分析,主要是指通过系统地收集、确定与组织目标职位有关的信息,对目标职位进行研究分析,最终确定目标职位的名称、督导关系、工作职责与任职要求等的活动过程。

职位分析与设计是组织设计的最基础工作。它是在对企业(或其他组织)的目标活动进行逐级分解的基础上,具体确定出组织内各项作业和管理活动开展所需设置的职务的类别与数量,以及每个职位所拥有的职责权限和任职人员所应具备的素质。

2. 部门划分和层次设计

企业发展壮大了,职能越来越多,分工越来越细,当职能分工细到一定程度的时候,一个层次的管理就不适应了,这时必须把职能相近或者靠近的部门合并在一起,在这些部门中挑选一个能力较强的人来管理。比如,研究开发部门、质控部门、生产制造部门、产品部门,它们之间协调合作得最多,就这些部门合并,交给一个人来管理。这是根据各个职务所从事工作的性质、内容及职务间的相互联系,采取一定的部门化方式,依照一定的原则,将各个职务组合成被称为"部门"的作业或管理单位。

在组织设计方面,企业高层管理者需要反复考虑的内容是设置多少个管理部门? 每个职能部门的职责权限是什么? 应该建立几个管理层次? 每一级的管理层次又起着什么样的作用。这种对管理层次和对部门的划分,以及各部门和岗位相应的职能、职责、职权等问题,就是组织结构问题。为了加强企业的价值链管理,优化组织结构和业务流程,降低组织和经营成本,增强企业的竞争力,企业应该定期或不定期调整自己的组织机构,进行部门的合理划分。

3. 结构形成

结构形成是通过职责权限的分配和各种联系手段的设置,使组织中的各构成部分(各职务、各部门和各层次)联结成一个有机的整体,使各方面的行动协调配合起来。

一般情况下,组织设计工作的结果体现在两份书面文件上。其一是组织、机构系统图,亦称组织图或组织结构图。它一般以树形图的形式简洁明了地展示组织内的机构,构成了主要职权关系。绘图时常以"方框"来表示职位或部门、方框的垂直排列位置说明该职位或部门在组织层中所处的位置,而上下两方框间相连的"直线"则体现两个职位或部门之间的隶属和权力关系。其二是职务说明书,有时也称职位说明。它一般是以文字的形式规定某一职位的工作内容、职责和职权与组织中其他职务或部门的关系,以及该职务担当者所必须具备的任职条件,如基本素质、学历、工作经验、技术知识和处理问题的能力等。

5.2.2　管理机构设计的依据

管理组织活动总是在一定的环境中利用一定的技术条件,并在组织总体战略的指导下进行的,组织设计不能不考虑到这些因素的影响,此外,组织的规模及其所处阶段不同,也会要求与之相应的结构形式。

1. 战略

管理机构必须服从组织所选择的战略的需要。适应战略要求的组织结构,为战略的实施,从而为组织目标的实现,提供了必要的前提。

战略是实现组织目标的各种行动方案、方针和方向选择的总称。为实现同一目标,组织可在多种战略中挑选。比如,经济组织的实现利润和求得成长的目标,既可以生产低成本、低质量的产品,比廉价去争取众多的低收入用户,以求得数量优势,亦可利用高精技术和材料生产优质产品争取高收入消费者,以求得质量优势,在同一类高商品的生产中,既可制造适应各类消费者需要的不同规格,不同型号的产品,也可专门制造某一类用户有特殊要求的产品。

不同的战略在两个层次上影响组织结构:不同的战略要求不同的业务活动,从而影响管理职务的设计;战备重点的改变,会引起组织工作重点以及各部门与职务在组织中重要程度的改变。因此,要求各管理职务以及部门之间的关系作相应的调整。

2. 环境

任何组织作为社会的一个单位都存在于一定的环境中,组织外部的环境必然会对内部的结构形式产生一定程度的影响。这种影响主要表现在三个不同的层次上。

(1) 对职务和部门设计的影响。组织是社会经济大系统中的一个子系统。组织与外部存在的其他社会子系统之间也存在分工问题,社会分工方式的不同决定了组织内部工作内容以及所需完成的任务、所需设立的职务和部门不一样。

(2) 对各部门关系的影响。环境不同,使组织中各项工作完成的难易程度以及对组织目标实现的影响程度亦不同,同样在市场经济的体制中,当产品的需要大于供给时,企业关心的是如何增加产量、扩大生产规模,增加新的生产线或生产车间,企业的生产职能就会比其他部门显得更加重要,而相对要冷落销售部门和销售人员,但是一旦市场供过于求,产品从卖方市场转变为买方市场,则营销职能会得到强化,营销部门自然会成为组织的中心。

(3) 对管理机构总体特征的影响。外部环境是否稳定,对管理机构的要求也是不一样的,稳定环境中的经营,要求设计出被称为"机械式管理系统"的稳固结构,管理部与人员的职责界限分明,工作内容和程序经过仔细的规定,各部门在权责关系固定、等级结构严密,而多变的环境则要求组织结构灵活,各部门的权责关系和工作内容需要经常做适应性的调整;等级关系不甚严密,组织设计中强调的是部门间的横向沟通而不是纵向的等级控制。

3. 技术

组织的活动需要利用一定的技术和反映一定技术水平的物质手段来进行。技术以技术设备的水平组织活动的内容划分,职务的设置和工作的素质要求:信息处理的计算机化将改变组织中的会计、文书、档案等部门的工作形式和性质。

技术对组织结构的影响,最明显的可能是作为经济组织的企业。现代企业的一个最基本特点是在生产过程中广泛使用了先进的技术和机器设备。由人制造的设备和设备体系有其自身的运转规律,这个规律决定了对运用设备进行作业的工人的生产组织。

4. 规模与组织所处的发展阶段

规模是影响组织结构的一个不容忽视的因素。适用于仅在某个区域市场上生产和销售产品的企业,其组织结构不可能与在国际经济舞台上进行经营活动的巨型跨国公司相同。

组织的规模往往与组织的发展阶段相联系。伴随着组织的发展,组织活动的内容日趋复杂,人数会逐渐增多,活动的规模会越来越大,组织的结构也需随之而经常调整。

5.2.3 管理机构设计的原则

机构是组织结构的细胞,而结构是组成一个整体的各个因素之间稳定的联系,一定的结构可以使组成事物的各个因素发挥其单独所不能发挥的作用。合理的结构能促进事物的发展。不合理的结构将阻碍事物的发展。要使组织机构有合理的结构,在设置机构时应依照科学的原则。

1. 目标明确化原则

任何一个组织的存在,都是由它特定的目标决定的。也就是说,每一个组织和这个组织的每一个部分,都是与特定的任务、目标有关系的,否则它就没有存在的意义。组织的调整、增加与合并都应以是否对其实现目标有利为衡量标准,而不能有其他标准。例如,企业中的管理组织结构,是为了实现企业目标而设置的。其中每一分支机构的确立和每一岗位的设置,都必须与企业目标密切相连,由此来把各级管理人员和全体工人组织为一个有机整体,为生产符合社会需要的高质量的产品,创造良好的经济效益而奋斗。所以,在建立组织结构中,一定要首先明确目标是什么,每个分支机构的分目标是什么,以及每个人的工作是什么,即是目标明确化原则。

2. 分工协作原则

分工就是按照提高管理专业化程度和工作效率的要求,把单位的任务和目标分成各级、各部门、各个人的任务和目标,明确干什么,怎么干,不允许出现名义上是共同负责,实际上职责不清、无人负责的混乱现象。有分工还必须有协作,明确部门之间和部门内的协调关系与配合方法。

在分工中要强调的是:必须尽可能按照专业化的要求来设置组织结构;工作上要有严格分工,每个职工在从事专业化工作时,应力争达到较高的要求;人人应当掌握基本的工作规范,在完成本身的业务活动中要有必要的专门知识和熟练的技巧,这样才可能提高效率;要注意到分工的经济效益。

机构的部门和成员协调需要强调两点:一是自觉协调是至关重要的。其中包括明确甲部门与乙部门到底是什么关系?在工作上有什么联系和衔接?寻找出容易出矛盾之点,加以协调。协调搞不好,分工再合理也不会获得整体的最佳效益,所以说,协调是一门艺术;二是对于协调中的各种关系,应逐步规范化、程序化,应有具体可行的协调配合办法,以及违反规范后的惩罚措施。

3. 权责统一原则

权责统一是建立组织机构和配置人员所必须遵循的原则。在组织机构中,权责分离是一大忌讳。一个权责分离的组织,总是难以完成好任务的。长期的管理实践证明,如果管理体制弊病重重,组织内部有的机构或管理者就会出现有责无权,或者是有权无责的现象,这往往会给工作造成很多矛盾、带来损失。所以,职权和职责是组织理论中的两个基本概念。职责是指职位的责任、义务。职权是指在一定的职位和职务范围内,为完成其责任所应具有的权力,一般包括决定权、命令权、审查权、提案权等。在设置管理组织结构时,既要明确规定每一管理层次和各职能机构的职责范围,又要赋予完成其职责所必需的管理权限。职责与权限必须协调一致。

为了履行一定的职责,就必须有相应的权限。只有职责,没有权限或权限太小,管理者的积极性和主动性就会受到束缚,实际上是不可能承担起应有责任的。相反,只有权限而没有责任,就会造成滥用权力,产生官僚主义。所以,设置什么样的机构,配备什么样的人员,规定什么样的职责,就要授予什么样的权限。

4. 统一指挥与分权管理原则

统一指挥与分权管理原则就是要求各级管理组织结构必须服从上级管理机构的命令和指挥,并且强调只能服从一个上级管理机构的命令和指挥。只有这样,才能保证命令和指挥的统一,避免多头领导和多头指挥。统一指挥与分权管理原则在具体实行过程中,要注意各级管理机构在生产行政上都必须实行领导人负责制,下级领导对上级领导负责,副职对正职负责,一般干部对本部门的直接领导负责,以避免分散指挥和无人负责的现象。在一般情况下,各级管理机构都不应该越级指挥。但是,实行命令统一原则,并不是把一切权力都集中在组织最高一级领导层,而应是既有集权,又有分权,该集中的权力必须集中起来,该下放的权力就应当分给下级。这样才可以加强部门的灵活性和适应性。如果事无巨细,把所有的权力都集中于最高一级领导层,不仅会使最高层领导淹没于烦琐的事务当中,顾此失彼,而且还会助长官僚主义、命令主义和文牍主义作风,有时甚至"捡了芝麻,丢了西瓜",忽视了规划性、方向性的大问题,成为庸庸碌碌的事务主义者。

那么在组织中,哪些权力该集中起来、哪些权力该分下去呢?这并没有统一规定的模式,往往根据具体情况结合管理经验来确定。但是有这样一些因素影响着集权和分权的划分:组织规模、组织的地区分布、组织环境与竞争能力、管理人员的能力等。

5. 合理宽度原则

组织的机构多设了不行,少设了也不行,同样,一个机构中的人员多了是浪费,少了又不利于开展工作,这就涉及管理宽度的问题。一个领导者或一个上级机构能够有效地直接领导的人员数量就是管理宽度。

在管理实践和管理理论发展的过程中,很早时期对管理宽度就有了认识。《圣经》记载着犹太教的创始人摩西如何将迁徙到埃及的犹太人组织起来,重新带出埃及的故事。当时摩西对如何组织成千上万的人并要求其听从自己的指挥感到茫然,他的岳父杰思罗向他作了建议:你一个人指挥那么多人当然是困难的,你就从这些人当中挑选有能力的人出来,然后按千人一长、百人一长、五十人一长和十人一长分别做出编排,由他们来具体指挥,你只对重大事情做出决策就行了。摩西采纳了这一建议,果然很有用。杰思罗的建议实际上是反映了管理宽度的问题,因为一个人在一定时间只能应付一定数量的可变因素,这就限制了管理者所管辖下属的人员数,而不能任意扩大。一般来讲,在一个系统中或一个单位里,管理宽度与组织层次成反比,管理宽度小,组织层次增多,组织层次多,则易造成信息交流阻塞,指挥失灵;而管理宽度太大,又容易失控。通常认为,组织以分三级为好。

后来,戴维斯又把管理宽度分为行政管理宽度和业务管理宽度两种。根据不同的特点,他把管理宽度不同的数量规定下来。他指出,行政管理宽度包括一个组织内的中上职务者,其管理宽度应为 $3\sim9$ 人;业务管理宽度用于机构基础的管理,其管理宽度可分为 30 个下属。厄威克建议,最高管理者理想的管理宽度是 4 人,其他管理者管理宽度为 $8\sim12$ 人。显然,管理宽度是一个动态的数量,具有较大的弹性。以上是从一般管理角度来说的,也仅仅提出了一般原理,特定组织的管理有自身的实际情况。

管理宽度的定量意义较大,在一定宽度范围内的管理,一般来说是有效的,突破这个宽度,自然对下属所给予的指导和监督就变得一般化,管理的作用就会降低。管理宽度小的基本优势是,为管理者与下级迅速沟通和对下级严密监督、严格控制提供了便利,各种情况下均有利于管理者的有效领导。管理宽度小的劣势则是,随着管理层次的增加,管理费用明显加大;管理层次增多使组织信息沟通复杂化,层次是信息的"过渡器",信息在上下级逐级传递中发生扭曲,结果容易使组织失去时间与机会;管理者过度干预下级的工作,无疑将使下级工作热情和创造力的发挥受到严重阻碍。

6. 精简高效原则

组织机构是否精干直接影响到组织效能。所谓精干就是在保证完成目标、达到高效率和高质量的前提下,设置最少的机构,用最少的人完成组织管理的工作量,真正做到人人有事干,事事有人干,保质又保量,负荷都饱满。为此,就要克服"人多好办事"的偏见,树立用最少的人办最多的事的新观念。根据这一原则,就应当改变过去片面强调"上下对口"设置组织机构的现象,改变随意滥设临时机构的现象,消除机构臃肿、人浮于事等现象,使组织轻装前进,高效运转。

5.3　管理机构的结构形式

随着科学技术的发展,生产力水平的提高,管理机构的结构不断创新,管理组织的结构也有了多种多样的类型,其中最基本的形式有以下几种。

5.3.1　直线型管理结构

直线型管理结构是最古老的组织结构形式。所谓的"直线"是指在这种组织结构下,职权直接从高层开始向下"流动"(传递、分解),经过若干个管理层次达到组织最低层。

直线型管理结构的主要特点如下:

(1) 组织中每一位主管人员对其直接下属拥有直接职权。

(2) 组织中的每一个人只对他的直接上级负责或报告工作。

(3) 主管人员在其管辖范围内,拥有绝对的职权或完全职权,即主管人员对所管辖的部门的所有业务活动行使决策权、指挥权和监督权,如图 5-1 所示。这种组织结构适用于企业规模不大、职工人数不多、生产和管理工作都比较简单的情况或现场作业管理。

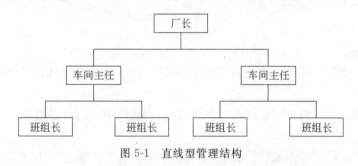

图 5-1　直线型管理结构

直线型组织形式的优点是权力集中,职权和职责分明、命令统一,信息沟通简捷方便,便于统一指挥,集中管理。不过这种组织结构存在显著缺点:各级行政首脑必须熟悉与本部门业务相关的各种活动(尤其是最高行政首脑,必须是全能管理者);缺乏横向的协调关系,没有职能机构作为行政首脑的助手,容易使行政首脑产生忙乱现象。所以,一旦企业规模扩大,管理工作复杂化,行政首脑可能由于经验、精力不及而顾此失彼,难以进行有效的管理。

5.3.2　职能型管理结构

职能制又称分职制或分部制,是指行政组织同一层级横向划分为若干个部门,每个部门业务性质和基本职能相同,但互不统属、相互分工合作的组织体制。职能制管理结构是各级行政单位除主管负责人外,还相应地设立一些职能机构。职能制结构起源于 20 世纪初法约尔在其经营的煤矿公司担任总经理时所建立的组织结构形式,故又称"法约尔模型"。它是按职能来组织部门分工,即从企业高层到基层,均把承担相同职能的管理业务及其人员组合在一起,设置相应的管理部门和管理职务。随着生产品种的增多,市场多样化的发展应根据不同的产品种类和市场形态,分别建立各种集生产、销售为一体,自负盈亏的事业部制。这是以工作方法和技能作为部门划分的依据。现代企业中许多业务活动都需要有专门的知识和能力。通过将专业技能紧密联系的业务活动归类组合到一个单位内部,可以更有效地开发和使用技能,提高工作的效率。职能型管理结构如图 5-2 所示。

职能型管理结构的优点如下:

(1) 以职能部门作为承担项目任务的主体,可以充分发挥职能部门的资源集中优势,有利于保障项目需要资源的供给和项目可交付成果的质量。

(2) 职能部门内部的技术专家可以同时被该部门承担的不同项目同时使用,节约人力,

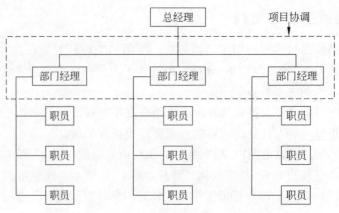

图 5-2　职能型管理结构

减少了资源的浪费。

（3）同一职能部门内部的专业人员便于相互交流、相互支援，对创造性地解决技术问题很有帮助。

（4）当有项目成员调离项目或者离开公司时，所属职能部门可以增派人员，保持项目的技术连续性。

（5）项目成员可以将完成项目和完成本部门的职能工作融为一体，可以减少因项目的临时性而给项目成员带来的不确定性。

职能型管理结构的缺点如下：

（1）客户利益和职能部门的利益常常发生冲突，职能部门会为本部门的利益而忽视客户的需求。

（2）当项目需要多个职能部门共同完成，或者一个职能部门内部有多个项目需要完成时，资源的平衡就会出现问题。

（3）当项目需要由多个部门共同完成时，权力分割不利于各职能部门之间的沟通交流、团结协作。

（4）项目成员在行政上仍隶属于各职能部门的领导，项目经理对项目成员没有完全的权力，项目经理需要不断地同职能部门经理进行有效的沟通以消除项目成员的顾虑。当小组成员对部门经理和项目经理都要负责时，项目团队的发展常常是复杂的。对这种双重报告关系的有效管理常常是项目最重要的成功因素，而且通常是项目经理的责任。

5.3.3　直线职能型管理结构

直线职能型组织结构是现代企业中最常见的一种结构形式，而且在大中型组织中尤为普遍。这种组织结构的特点是：以直线为基础，在各级行政主管之下设置相应的职能部门（如计划、销售、供应、财务等部门）从事专业管理，作为该级行政主管的参谋，实行主管统一指挥与职能部门参谋—指导相结合。在直线职能型结构下，下级机构既受上级部门的管理，又受同级职能管理部门的业务指导和监督。各级行政领导人逐级负责，高度集权。因而，这是一种按经营管理职能划分部门，并由最高经营者直接指挥各职能部门的体制。在这种结构中，除了直线人员外，还需要职能参谋人员提供服务——他们与直线人员共同工作。直线人员直接参与组织目标的实现;而职能参谋人员则是间接参与,他们为组织目标的实现提供服务。

对于生产性企业,它的主要目标有两个:生产和销售。作为组织目标实现的直接参与者,生产与市场人员构成了直线人员。区分组织中谁是直线人员和职能参谋人员的一个方法,就是根据组织的目标,看谁直接为其做出贡献,谁间接为其做出贡献。在一个组织中,人事、工程、研究与开发、法规、财务及公共关系部门往往被认为是职能参谋部门。

职能参谋部门拟订的计划、方案以及有关指令,由直线主管批准下达;职能部门参谋只起业务指导作用,无权直接下达命令。因此,职能参谋人员的服务本质上是建议性的,不能对直线人员行使职权。例如,人事部经理只能向生产部门建议聘用新员工,没有职权强迫生产经理接受他的建议。在组织最高层,职能参谋人员参与决策制定。除了这些特殊的职能参谋人员外,在组织中还有服务性质的职能参谋人员,包括办公室人员、速记员、维修人员以及其他类似人员。直线职能型管理结构如图 5-3 所示。

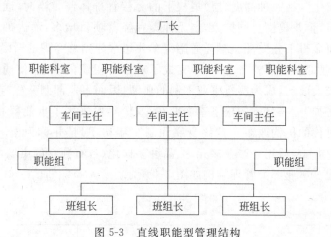

图 5-3 直线职能型管理结构

直线职能型管理结构的优点:直线职能型管理结构综合了直线型和职能型组织结构的优点,它既保证了直线型结构集中统一指挥的优点,又吸收了职能型结构分工细密、注重专业化管理的长处,发挥各种专门业务管理的作用,其职能高度集中、职责清楚、秩序井然、工作效率较高,整个组织有较高的稳定性。

直线职能型管理结构的内在缺陷具体如下:

(1) 属于典型的"集权式"结构,权力集中于最高管理层,下级缺乏必要的自主权。

(2) 各职能部门之间的横向联系较差,容易产生脱节和矛盾。

(3) 直线职能型组织结构建立在高度的"职权分裂"基础上,各职能部门与直线部门之间如果目标不统一,则容易产生矛盾。特别是对于需要多部门合作的事项,往往难以确定责任的归属。

(4) 信息传递路线较长,反馈较慢,难以适应环境的迅速变化。

直线职能型管理结构所存在的问题是经常产生权力纠纷,从而导致直线人员和职能参谋人员的摩擦。为了避免这两类人员的摩擦,管理层应明确他们各自的作用,鼓励直线人员合理运用职能参谋人员所提供的服务。

5.3.4　事业部型管理结构

事业部型管理结构也称 M 型结构(multidivisional structure),简称(M-form),或多部门结构,有时也称为产品部式结构或战略经营单位,即按产品或地区设立事业部(或大的子公司),每个事业部都有自己较完整的职能机构。

事业部在最高决策层的授权下享有一定的投资权限,是具有较大经营自主权的利润中心,其下级单位则是成本中心。事业部制具有集中决策、分散经营的特点。集团最高层(或总部)只掌握重大问题决策权,从而从日常生产经营活动中解放出来。事业部本质上是一种企业界定其二级经营单位的模式。

事业部型适用于规模庞大、品种繁多、技术复杂的大型企业,是国外较大的联合公司所采用的一种组织形式,近几年我国一些大型企业集团或公司也引进了这种组织结构形式。

事业部型最早是由美国通用汽车公司总裁斯隆于 1924 年提出的,故有"斯隆模型"之称,也叫"联邦分权化",是一种高度(层)集权下的分权管理体制。当时,通用汽车公司合并收买了许多小公司,企业规模急剧扩大,产品种类和经营项目增多,而内部管理却适应不了这种急剧的发展而显得十分混乱。时任通用汽车公司常务副总经理的斯隆参考了杜邦化学公司的经验,以事业部制的形式于 1924 年完成了对原有组织的改组,使通用汽车公司的整合与发展获得了较大成功,成为实行事业部制的典型,因而事业部制又称"斯隆模型"。几乎与此同时,"经营之神"——日本的松下幸之助在 1927 年也采用了事业部制,这种管理架构在当时被视为划时代的机构改革,与"终身雇佣制""年功序列"并称为松下制胜的"三大法宝"。事业部制结构主要适用于产业多元化、品种多样化、各有独立的市场,而且市场环境变化较快的大型企业。事业部型管理结构如图 5-4 所示。

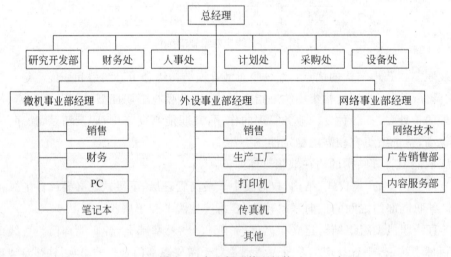

图 5-4　事业部型管理机构

事业部型管理结构的优点如下:

(1) 每个事业部都有自己的产品和市场,能够规划其未来发展,也能灵活自主地适应市场出现的新情况,并迅速做出反应,所以,这种组织结构既有高度的稳定性,又有良好的适应性。

（2）权力下放,有利于最高领导层摆脱日常行政事务和直接管理具体经营工作的繁杂事务,而成为坚强有力的决策机构,同时又能使各事业部发挥经营管理的积极性和创造性,从而提高企业的整体效益。

（3）事业部经理虽然只是负责领导一个比所属企业小得多的单位,但是,由于事业部自成系统,独立经营,相当于一个完整的企业,所以,他能经受企业高层管理者面临的各种考验,有利于培养全面管理人才,为企业的未来发展储备干部。

（4）事业部作为利润中心,既便于建立衡量事业部及其经理工作效率的标准,进行严格的考核,易于评价每种产品对公司总利润的贡献大小,用以指导企业发展的战略决策。

（5）按产品划分事业部,便于组织专业化生产,形成经济规模,采用专用设备,并能使个人的技术和专业知识在生产和销售领域得到最大限度的发挥,因而有利于提高劳动生产率和企业经济效益。

（6）各事业部门之间可以有比较、有竞争,由此增强企业活力,促进企业的全面发展。

（7）各事业部自主经营,责任明确,使得目标管理和自我控制能有效地进行,在这样的条件下,高层领导的管理幅度便可以适当扩大。

事业部型管理结构的缺点如下：

（1）由于各事业部利益的独立性,容易滋长本位主义。

（2）一定程度上增加了费用开支。

（3）对公司总部的管理工作要求较高,否则容易发生失控。

5.3.5　矩阵型管理结构

在组织结构上,把既有按职能划分的垂直领导系统,又有按产品(项目)划分的横向领导关系的结构,称为矩阵型管理结构。矩阵制组织是为了改进直线职能制横向联系差、缺乏弹性的缺点而形成的一种组织形式。它的特点表现在围绕某项专门任务成立跨职能部门的专门机构上,如组成一个专门的产品(项目)小组去从事新产品开发工作,在研究、设计、试验、制造各个不同阶段,由有关部门派人参加,力图做到条块结合,以协调有关部门的活动,保证任务的完成。矩阵结构适用于一些重大攻关项目。企业可用来完成涉及面广的、临时性的、复杂的重大工程项目或管理改革任务。特别适用于以开发与实验为主的单位,如科学研究,尤其是应用性研究单位等。矩阵型管理结构如图 5-5 所示。

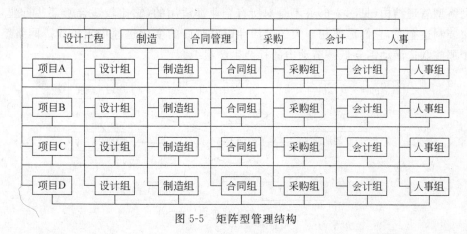

图 5-5　矩阵型管理结构

矩阵型管理结构的优点如下：

(1) 机动、灵活,可随项目的开发与结束进行组织或解散;由于这种结构是根据项目组织的,任务清楚,目的明确,各方面有专长的人都是有备而来。因此在新的工作小组里,能沟通、融合,能把自己的工作同整体工作联系在一起,为攻克难关、解决问题而献计献策,由于从各方面抽调来的人员有信任感、荣誉感,使他们增加了责任感,激发了工作热情,促进了项目的实现。

(2) 加强了不同部门之间的配合和信息交流,克服了直线职能结构中各部门互相脱节的现象。

矩阵型管理结构的缺点如下：

(1) 项目负责人的责任大于权力,因为参加项目的人员都来自不同部门,隶属关系仍在原单位,只是为"会战"而来,所以项目负责人对他们管理困难,没有足够的激励手段与惩治手段,这种人员上的双重管理是矩阵结构的先天缺陷。

(2) 由于项目组成人员来自各个职能部门,当任务完成以后,仍要回原单位,因而容易产生临时观念,对工作有一定影响。

5.3.6　网络型管理结构

网络型组织结构是利用现代信息技术手段,适应与发展起来的一种新型的组织结构。它使管理当局对于新技术、时尚,或者来自海外的低成本竞争能具有更大的适应性和应变能力。网络结构是一种很小的中心组织,依靠其他组织以合同为基础进行制造、分销、营销或其他关键业务的经营活动的结构。网络型管理结构以契约关系的建立和维持为基础,依靠外部机构进行制造、销售或其他重要业务经营活动。被联结在这一结构中的各经营单位之间并没有正式的资本所有关系和行政隶属关系,只是通过相对松散的契约(正式的协议契约书)纽带,透过一种互惠互利、相互协作、相互信任和支持的机制来进行密切的合作。

采用网络型结构的组织,他们所做的就是通过公司内联网和公司外互联网,创设一个物理和契约"关系"网络,与独立的制造商、销售代理商及其他机构达成长期协作协议,使他们按照契约要求执行相应的生产经营功能。由于网络型企业组织的大部分活动都是外包、外协的,因此,公司的管理机构就只是一个精干的经理班子,负责监管公司内部开展的活动,同时协调和控制与外部协作机构之间的关系。

网络型管理结构(见图5-6)并不是对所有企业都适用的,它比较适合于某些行业,如玩具和服装制造企业,它们需要相当大的灵活性以对时尚的变化迅速做出反应。网络组织也适合于那些制造活动需要低廉劳动力的社会生产组织。

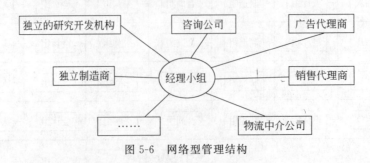

图 5-6　网络型管理结构

　　网络型公司的管理结构就只是一个精干的经理班子,负责监管公司内部开展的活动,同时协调和控制与外部协作机构之间的关系。

　　网络型管理结构的主要优点如下:

　　(1) 降低管理成本,提高管理效益。

　　(2) 实现了企业全世界范围内供应链与销售环节的整合。

　　(3) 简化了机构和管理层次,实现了企业充分授权式的管理。

　　(4) 经营灵活,能对市场变化做出快速反应。

　　网络型管理结构的主要缺点如下:

　　(1) 网络型组织结构需要科技与外部环境的支持,动态网络型结构的缺点是可控性太差。

　　(2) 这种组织的有效动作是通过与独立的供应商广泛而密切的合作来实现的,由于存在着道德风险和逆向选择性,一旦组织所依存的外部资源出现问题,如质量问题、提价问题、及时交货问题等,组织将陷入非常被动的境地。

　　(3) 外部合作组织都是临时的,如果网络中的某一合作单位因故退出且不可替代,组织将面临解体的危险。

　　(4) 网络组织还要求建立较高的组织文化以保持组织的凝聚力,然而,有些项目是临时的,员工随时都有被解雇的可能,因而员工对组织的忠诚度也比较低。

5.4　管理机构变革

　　管理机构变革(organizational change)是指运用行为科学和相关管理方法,对组织的权力结构、组织规模、沟通渠道、角色设定、组织与其他组织之间的关系,以及对组织成员的观念、态度和行为,成员之间的合作精神等进行有目的的、系统的调整和革新,以适应组织所处的内外环境、技术特征和组织任务等方面的变化,提高组织效能。企业的发展离不开组织变革,内外部环境的变化,企业资源的不断整合与变动,都给企业带来了机遇与挑战,这就要求企业关注组织变革。

　　管理机构变革管理,最重要的是在组织高管层面有完善的计划与实施步骤以及对可能出现的障碍与阻力有清醒的认识。

5.4.1　管理机构变革的原因

1. 环境变化

　　企业经营环境变化,诸如国民经济增长速度的变化、产业结构的调整、政府经济政策的调整、竞争观念的改变[1],科学技术的发展引起产品和工艺的变革等。企业组织结构是实现企业战略目标的手段,企业外部环境的变化必然要求企业组织结构做出适应性的调整。

2. 内部变化

　　企业内部条件的变化主要包括以下内容。

---

①　周三多. 管理学[M]. 3 版. 北京:高等教育出版社,2010:210-215.

（1）技术条件的变化，如企业实行技术改造，引进新的设备，要求加强技术服务部门人力，以及调整技术、生产、营销等部门。

（2）人员条件的变化，如人员结构和人员素质的提高等。

（3）管理条件的变化，如实行计算机辅助管理，实行优化组合等。

3. 成长要求

企业处于不同的生命周期时对组织结构的要求也各不相同，如小企业成长为中型或大型企业，单一品种企业成长为多品种企业，单厂企业成为企业集团等。

5.4.2　管理组织变革的模式选择

对于企业组织变革的必要性，有这样一种流行的认识：企业要么实施变革，要么就会灭亡。然而事实并非总是如此，有些企业进行了变革，反而加快了灭亡，这就涉及组织变革模式的选择问题。一般把组织变革模式分为激进式变革和渐进式变革。激进式变革力求在短时间内，对企业组织进行大幅度的全面调整，以求彻底打破初态组织模式并迅速建立目的态组织模式。渐进式变革则是通过对组织进行小幅度的局部调整，力求通过一个渐进的过程，实现初态组织模式向目的态组织模式的转变。

1. 激进式

激进式变革能够以较快的速度达到目的态，因为这种变革模式对组织进行的调整是大幅度的、全面的，可谓是超调量大，所以变革过程就会较快；与此同时，超调量大会导致组织的平稳性差，严重的时候会导致组织崩溃。这就是为什么许多企业的组织变革反而加速了企业灭亡的原因。与之相反，渐进式变革依靠持续的、小幅度变革来达到目的态，即超调量小，但波动次数多，变革持续的时间长，这样有利于维持组织的稳定性。两种模式各有利弊，也都有着丰富的实践经验可供借鉴，企业应当根据组织的承受能力来选择企业组织变革模式。激进式变革的一个典型实践是"全员下岗、竞争上岗"。改革开放以来，适应市场经济的要求，许多国内企业进行了大量的管理创新和组织创新。"全员下岗、竞争上岗"的实践即是其中之一。为了克服组织保守，一些企业在组织实践中采取全员下岗，继而再竞争上岗的变革方式。这种方式有些极端，但其中体现了深刻的系统思维。稳定性对于企业组织至关重要，但是当企业由于领导超前意识差、员工安于现状而陷于超稳定结构时，企业组织将趋于僵化、保守，会影响企业组织的发展。此时，小扰动不足以打破初态的稳定性，也就很难达到目的态。"不过正不足以矫枉"，只有通过全员下岗，粉碎长期形成的关系网和利益格局，摆脱原有的吸引子，才能彻底打破初态的稳定性。进一步再通过竞争上岗，激发企业员工的工作热情和对企业的关心，只要竞争是公平、公正、公开的，就有助于形成新的吸引子，把企业组织引向新的稳定态。此类变革如能成功，其成果具有彻底性。

在这个过程中关键是建立新的吸引子，如新的经营目标、新的市场定位、新的激励约束机制等。如果打破原有组织的稳定性之后，不能尽快建立新的吸引子，那么组织将陷于混乱甚至毁灭。而且应当意识到变革只是手段，提高组织效能才是目的。如果为了变革而变革，那么会影响组织功能的正常发挥。

2. 渐进式

渐进式变革则是通过局部的修补和调整来实现。美国一家飞机制造公司原有产品仅包括四种类型的直升机。每一种直升机都有专门的用途。从技术上来看,没有任何两架飞机是完全相同的,即产品间的差异化程度大,标准化程度低。在激烈的市场竞争条件下,这种生产方式不利于实现规模经济。为了赢得竞争优势,该公司决定变革组织模式。其具体措施是对各部门进行调整组合。首先,由原来各种机型的设计人员共同设计一种基本机型,使之能够与各种附件(如枪、炸弹发射器、电子控制装置等)灵活组合,以满足不同客户的需求。然后,将各分厂拥有批量生产经验的员工集中起来从事基本机型的生产。原来从事各类机型特殊部件生产的员工,根据新的设计仍旧进行各种附件的专业化生产。这样,通过内部调整,既有利于实现大批量生产,也能够满足市场的多样化需求。这种方式的变革对组织产生的震动较小,而且可以经常性地、局部地进行调整,直至达到目的态。这种变革方式的不利之处在于容易产生路径依赖,导致企业组织长期不能摆脱旧机制的束缚。

比较企业组织变革的两种典型模式,企业在实践中应当加以综合利用。在企业内外部环境发生重大变化时,企业有必要采取激进式组织变革以适应环境的变化,但是激进式变革不宜过于频繁,否则会影响企业组织的稳定性,甚至导致组织的毁灭;因而在两次激进式变革之间,在更长的时间里,组织应当进行渐进式变革。

5.4.3　管理机构变革的时机选择

对于管理者而言,正确把握维护组织稳定或促进组织变革的时机非常重要。组织需要变革的状况大都不是突发性的,而是有先兆可循的。一般来说,如果在管理中发生了如下几种情况,就应当认真思考组织的变革问题。

1. 频繁的决策失误

决策失误从表面上来看是由各种原因造成的,经过研究则会发现,决策失误的根源是组织问题。例如,决策失误可能是因为信息不灵而造成的,信息不灵可能是由于组织自身的原因,也可能是外部环境原因造成的。如果某一信息对管理决策有着重大意义,那么环境的障碍也不能成为信息不灵的理由,造成决策失误的归根结底还是组织自身的问题。再如,决策失误可能是由于主管人员的主观原因造成的,但组织为什么没有在结构上、体制上给予客观保证呢?从这个意义上来讲,一切决策失误都是由于组织的原因,诸如组织结构的不合理、职权委任不合适、职责含糊、命令链混乱等,都会造成企业频繁的决策失误。但是,偶然的决策失误并不是变革组织的理由。在变革之前,首先应当在变革的成本、组织目前的效率和决策失误的后果之间认真权衡,然后才能做出是否进行组织变革的决定。

2. 组织成员间沟通不畅

一个企业的运作成功与否,在很大程度上依赖于其成员间的沟通是否畅通有效,因为有效的沟通可以使成员间的分工与协作都处在高效状态。不可否认的是,组织成员间的沟通取决于组织的状况。例如,命令链或信息链混乱,或者所采用的传递信息手段不恰当,就会造成沟通不畅;由于管理幅度过宽,主管人员与下属之间就不可能存在有效的沟通,而管理层次过多就增加了命令和信息失真的可能性。这种状况会破坏成员间主动的协调和配合，从而产生一些不必要的冲突、摩擦和误会。

3. 管理业绩长期不理想

组织结构合理、职责分明、行动有序、信息沟通顺畅的组织必然意味着较好的管理效益；反之，倘若一个管理系统中长期存在着士气不高、经营不善、业绩不理想的状况，以至于管理目标总不能得到实现，那么就必须考虑对组织进行变革。一般情况下，组织业绩不理想的问题在企业管理中是最容易被发现的。例如，一家企业生产部门的进度太慢、成本过高、质量不符合要求，销售部门的顾客减少或销售增长未能如期实现，财务部门的资金周转不灵，人事部门因为在职责、职权或报酬、待遇上安排不当引起纠纷等，这些问题只要有一个存在，而且比较严重，就必须对组织进行变革前的全面审查。

即使一个管理系统处在正常的运营状况下，但如果长期没有创新，也需要进行一次变革。例如，一个企业虽然尚未遇到严重的问题，但在产品的品种、质量和数量方面却长期保持在一个水平上，那么就表明这个企业很快就会面临困境。这是因为，任何一个管理系统都处在与环境的互动关系中，而不是孤立无援的。我们都知道，环境是一个不断变化着的因素，假如我们的企业在变动的环境面前保持不动，很快就会僵化、萎缩和丧失生命力。一个企业或组织只有不断地拥有突破性的战略预见、超前性的行动措施和创造性的新成果，才能有旺盛的生命力，否则就会落后于形势。所以说，企业在缺乏创新精神的情况下也应进行组织变革。

除此之外，组织内部官僚主义盛行、组织纪律涣散、组织成员缺乏工作热情、工作效率低、人浮于事严重、奖惩不明或奖惩得不到执行、职能部门频频出现问题（如人事部门任人唯亲、财务部门违反财经纪律、生产部门总是出现产品质量问题）等现象的出现也是明显的变革先兆。

5.4.4　管理机构变革的阻力及其克服

组织变革往往会有各种阻力，尤其是既得利益者对组织变革进行各种抵制，阻碍组织变革，这就需要不断排除阻碍变革的阻力，顺利实现组织变革。

1. 管理机构变革的阻力

组织变革中的阻力是指人们反对变革、阻挠变革甚至对抗变革的制约力。变革阻力的存在，意味着组织变革不可能一帆风顺，这就给变革管理者提出了更严峻的变革管理任务。一般情况下，可以将组织变革的内部阻力按来源分为三个层面：个体层面的阻力、群体层面的阻力、组织层面的阻力，以及外部环境的阻力。

首先是个体和群体方面的阻力。个体对待组织变革的阻力，主要是因为其固有的工作和行为习惯难以改变、就业安全需要、经济收入变化、对未知状态的恐惧以及对变革的认识存有偏差等而引起。其次是群体对变革的阻力，可能来自群体规范的束缚，群体中原有的人际关系可能因变革而受到改变和破坏等。再次是来自组织层面的对组织变革的阻力。它包括现行组织结构的束缚、组织运行的惯性、变革对现有责权关系和资源分配格局所造成的破坏和威胁，以及追求稳定、安逸和确定性甚于革新和变化的保守型组织文化等，这些都是可能影响和制约组织变革的因素。最后还有外部环境的阻力。

2. 管理机构变革阻力的管理对策

组织变革过程是一个破旧立新的过程,自然会面临推动力与制约力相互交错和混合的状态。组织变革管理者的任务,就是要采取措施改变这两种力量的对比,促进变革的顺利进行。有实践表明,在不消除阻力的情况下增强驱动力,可能加剧组织中的紧张状态,从而无形中增强对变革的阻力;在增强驱动力的同时采取措施消除阻力,会更有利于加快变革的进程。

3. 管理机构变革阻力的克服方法

(1) 企业的人力资源要为组织变革服务。员工的个性与其对待变革的态度有着密切的关系,因此,企业在招聘的过程中,首先,应该引入心理测评,通过测评招聘一些有较强适应能力,敢于接受挑战的员工。其次,在组织变革的过程中,企业要加强对员工的培训,提高员工的知识水平和技能水平,使得企业的人力资源素质和企业变革同步推进。最后,在企业的日常经营过程中,企业应该树立一种团体主义的文化,培养员工对组织的归属感,形成一种愿意与企业同甘共苦的企业文化。

(2) 加强与员工的沟通,让员工明白变革的意义。在变革实施之前,企业决策者应该营造一种危机感,让员工认识到变革的紧迫,让他们了解变革对组织、对自己的好处,并适时地提供有关变革的信息,澄清变革的各种谣言,为变革营造良好的氛围。在变革的实施过程中,要让员工理解变革的实施方案,并且要尽可能地听取员工的意见和建议,让员工参与到变革中来。与此同时,企业还应该时刻关注员工的心理变化,及时与员工交流,在适当的时候可以做出某种承诺,以消除员工的心理顾虑。

(3) 适当地运用激励手段。在组织变革的过程中适当运用激励手段,将达到意想不到的效果。一方面,企业可以在变革实施的过程中提高员工的工资和福利待遇,使员工感受到变革的好处和希望。另一方面,企业可以对一些员工予以重用,以稳住关键员工,消除他们的顾虑,使他们安心地为企业工作。

(4) 引入变革代言人。变革代言人即通常所谓的咨询顾问。在变革的过程中,一些员工认为变革的动机带有主观性质,他们可能认为变革是为了当局者能更好地牟取私利。还有一些员工可能认为变革发动者的能力有限,不能有效地实施变革。而引入变革代言人就能很好地解决上述问题。一方面,咨询顾问通常都是由一些外部专家所组成,他们的知识和能力不容置疑。另一方面,由于变革代言人来自第三方,通常能较为客观地认识企业所面临的问题,较为正确地找到解决的办法。

4. 管理机构变革的过程

组织变革是一个过程。心理学家库尔特·勒温从变革的一般特征出发,总结出组织变革过程的三个基本阶段,得到广泛的承认。

第一阶段:解冻。解冻意味着人们认识到,组织的某些状态是不适合的,因而有变革的需要。一般来说,如果没有特殊的情况,组织的原有状态是很难被改变的。只有当组织面临某种危机或紧张状况时,才有可能出现变革的要求。例如,一个企业销售额急剧下降,一个政府组织的社会支持率突然下降,这时,组织成员感觉到了危机形势,有了紧张感。人们开始认识到,组织目前的状况与应达到的状况之间存在较大差距,而且这种差距已严重影响到组织利益。这时,在组织中就会形成一种要求变革的呼声,人们开始认识到,按照原样继续下去已不可能。过去的规则和模式因而不再神圣不可侵犯。组织的管理人员不仅自己而且也动员职工去寻求新的方法。原有的状态被打破,人们从既定的行为模式、思想观念和制度中解脱出来,准备进行变革。因此,解冻的过程总是伴随着对旧东西的批判,包括旧的习惯、行为、观念和制度,包括旧的人物及其评价,包括新人的出现等。"不破不立,破字当头。"这是任何变革的首要一步。

第二阶段:改变。在认识到变革需要的基础上,改变是新的方案和措施的实施。这个阶段是以行动为特征的,即将新的观念、行为和制度模式在组织内推行,这种实施很可能是强制性的。其实施过程应该包括这样几个方面:判定组织成员对新方式的赞成或反对情况,不同情况力量大小;分析哪些力量可以变化,改变到什么程度,哪些力量必须要改变;制定变革的策略,决定通过什么方式、在什么时间实施变革;评估变革的结果,总结经验教训。

第三阶段:再冻结。在实施变革之后,再冻结是指将新的观念、行为和制度模式固定下来,使它们稳定在新的水平上,成为组织系统中一个较为固定的部分。尽管不存在绝对固定的东西,但相对稳定对于组织来说是绝对必要的,否则组织的持续活动无法得到保证。再冻结的过程,除了组织在制度上采取措施外,另外一个重要的机制是内在化。所谓内在化,是指将一些行为模式转变为职工个人的观念或信念的过程。组织变革的措施一般是由领导人推行的,对于职工来说,它们是外在的规定。当职工认为这些规定会给他们带来好处,并愿意自觉遵守时,这些外在规则就内化为自觉的行动。只有这样,某种变革才不可逆转,才算告一段落。

勒温的变革过程模型是最早的关于组织变革的研究,从 20 世纪 40 年代开始,他就在美国开始了组织变革与组织发展的研究。这个模型后来成为人们讨论变革过程的基础。在此基础上,美国行为学家戴尔顿总结了变革过程中的四个阶段模型:①制定目标。包括变革的总目标和具体目标,特别是具体目标。②改变人际关系,逐渐消除适应旧状况的陈旧的人际关系,建立新的人际关系模式。不破除旧的人际关系,变革就无法进行。③树立自我尊重意识,即树立职工的自我发展意识。如果职工的自我发展意识得以确立,他们愿意参与组织变革之中,而组织中的每项变革都征求他们的意见,变革就成为全体组织成员努力的事情,变革就具有了广泛的支持基础。④变革动机内在化,即将变革的措施转化为职工自觉的行动,转为职工的思想观念和自觉信念。

不论变革过程是分为三个阶段还是四个阶段,都不是一个简单的变化过程。变革是充满矛盾、冲突的过程。这是通常意义上的办法,如果企业要真正进行组织变革,要考虑的因素很多,可以根据实际情况自己操作,或者请第三方咨询机构协助。

5.5 管 理 者

在管理活动中,具体的管理工作往往是个体的管理人员承担,也就是说管理活动的开展往往是管理者具体执行。因此,个体管理人员的管理者是管理中的一类重要主体。

5.5.1　管理者的概念

管理者是管理行为过程的主体,管理者一般由拥有相应的权力和责任,具有一定管理能力从事现实管理活动的人或人群组成。管理者及其管理技能在组织管理活动中起决定性作用,主要通过协调和监督其他人的工作来完成组织活动中的目标。

5.5.2　管理者的分类

管理人员按层次可以分为三类,即基层管理者、中层管理者、高层管理者,如图 5-7 所示。不同层次的管理人员履行的管理职能的侧重点有所不同,如图 5-8 所示。

图 5-7　管理系统的层次

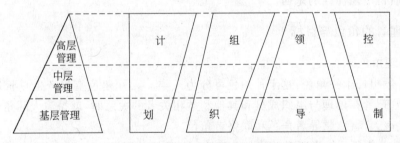

图 5-8　不同管理人员在行使管理基本职能时的侧重点

1. 高层管理者

高层管理者是指组织中居于顶层或接近于顶层的人。对组织负全责,主要侧重于沟通组织与外部的联系和决定组织的大政方针,注重良好环境的创造和重大决策的正确性。高层管理者的称谓主要有:总裁、副总裁、行政长官、总经理、首席运营官、首席执行官、董事会主席等。

2. 中层管理者

中层管理者是指位于组织中的基层管理者和高层管理者之间的人。主要职责是正确领会高层的指示精神,创造性地结合本部门的工作实际,有效指挥各基层管理者开展工作。注重的是日常管理事务。中层管理者的称谓主要有:部门主管、机构主管、项目经理、业务主管、地区经理、部门经理、门店经理等。

3. 基层管理者

基层管理者是指那些在组织中直接负责非管理类员工日常活动的人。基层管理者主要职责是直接指挥和监督现场作业人员,保证完成上级下达的各项计划和指令。基层管理者的称谓主要有:督导、团队主管、教练、轮值班长、系主任、部门协调人、部门组长等。

5.5.3 管理者角色理论

经理角色学派是代表人物是亨利·明茨伯格(Henry Mintzberg)。这一学派之所以被人们叫作经理角色学派,是由于它以对经理所担任角色的分析为中心来考虑经理的职务和工作,以求提高管理效率。该学派所指的"经理"是指一个正式组织或组织单位的主要负责人,拥有正式的权力和职位,而"角色"这一概念是从舞台的术语中借用的,是指属于一定职责或地位的一套有条理的行为。

该学派对经理工作的特点、所担任的角色、工作目标及经理职务类型的划分,影响经理工作的因素以及提高经理工作效率等重点问题进行了考察与研究。他们采用日记的方法对经理的工作活动进行系统的观察和记载,在观察的过程中及观察结束以后对经理的工作内容进行分类。明茨伯格的研究内容包括对企业里高级和中级经理工作日记的研究,对街头团伙头目、医院行政人员和生产管理人员的持续观察,对美国总统工作记录的分析,对车间主任的活动进行的典型调查,对高级经理的工作结构所进行的调查。通过对搜集的材料进行总结,然后得出规律性的东西。

1. 管理者的角色与目标

(1) 经理角色

经理一般担任十种角色,这十种角色可分为三类。人际角色直接产生自管理者的正式权力基础,管理者在处理与组织成员和其他利益相关者的关系时,就扮演人际角色。人际角色又包括代表人角色、领导者角色和联络者角色。

① 代表人角色。作为所在单位的负责人,管理者必须行使一些具有礼仪性质的职责。如管理者有时出现在社区的集会上,参加社会活动,或宴请重要客户等,在这样做的时候,管理者行使着代表人的角色。

② 领导者角色。由于管理者对所在单位的成败负重要责任,他们必须在工作小组内扮演领导者角色。对这种角色而言,管理者和员工一起工作并通过员工的努力来确保组织目标的实现。

③ 联络者角色。管理者无论是在与组织内的个人和工作小组一起工作时,还是在与外部利益相关者建立良好关系时,都起着联络者的作用。管理者必须对重要的组织问题有敏锐的洞察力,从而能够在组织内外建立关系和网络。

(2) 信息角色

在信息角色中,管理者负责确保和其一起工作的人员具有足够的信息,从而能够顺利完成工作。由管理责任的性质决定,管理者既是所在单位的信息传递中心,也是组织内其他工作小组的信息传递渠道。整个组织的人依赖于管理结构和管理者以获取或传递必要的信息,以便完成工作。管理者必须扮演的信息角色,具体又包括监督者、传播者、发言人三种角色。

① 监督者角色。管理者持续关注组织内外环境的变化以获取对组织有用的信息。管理者通过接触下属来收集信息，并且从个人关系网中获取对方主动提供的信息。根据这种信息，管理者可以识别组织的潜在机会和威胁。

② 传播者角色。管理者把他们作为信息监督者所获取的大量信息分配出去。

③ 发言人角色。管理者必须把信息传递给单位或组织以外的个人。

（3）决策角色

在决策角色中，管理者处理信息并得出结论。如果信息不用于组织的决策，这种信息就失去其应有的价值。决策角色具体又包括企业家、干扰对付者、资源分配者、谈判者四种角色。

① 企业家角色。管理者密切关注组织内外环境的变化和事态的发展，以便发现机会，并对所发现的机会进行投资以利用这种机会。

② 干扰对付者角色。是指管理者必须善于处理冲突或解决问题，如平息客户的怒气，同不合作的供应商进行谈判，或者对员工之间的争端进行调解等。

③ 资源分配者角色。管理者决定组织资源用于哪些项目。

④ 谈判者角色。管理者把大量时间花费在谈判上，管理者的谈判对象包括员工、供应商、客户和其他工作小组。

人际关系方面的角色，包括挂名首脑的角色、联络者的角色和领导者的角色；信息方面的角色，包括监听者的角色、传播者的角色和发言人的角色；决策方面的角色，包括企业家的角色、故障排除者的角色、资源分配者的角色和谈判者的角色。

这十种角色是一个相互联系、密不可分的整体。人际关系方面的角色产生于经理在组织中的正式权威和地位；这又产生出信息方面的三个角色，使他成为某种特别的组织内部信息的重要神经中枢；而获得信息的独特地位又使经理在组织做出重大决策（战略性决策）中处于中心地位，使其得以担任决策方面的四个角色。这十项角色表明，经理从组织的角度来看是一位全面负责的人，但事实上却要担任一系列的专业化工作，既是通才又是专家。

2. 管理者的工作目标

明茨伯格从以上十个角色中提炼出经理工作的六项目标。即：经理的主要目标是保证他的组织实现其基本目标：有效率地生产出某些产品或服务；经理必须设计和维持他的组织的业务稳定性；经理必须负责他的组织的战略决策系统，并使他的组织以一种可控制的方式适应其变动的环境；经理必须保证组织为控制它的那些人的目的服务；经理必须在他的组织同其环境之间建立起关键的信息联系；作为正式的权威，经理负责他的组织的等级制度的运行。

3. 管理者提高工作效率的要点

管理者提高工作效率的要点包括：与下属共享信息；自觉克服工作中的表面性；在共享信息的基础上，由两三人分担经理的职务；尽可能地利用各种职责为组织目标服务；摆脱非必要的工作，腾出时间规划未来；以适应当时具体情况的角色为重点；既要掌握具体情节，又要有全局观点；充分认识自己在组织中的影响。

5.5.4　管理者的素质

管理学家罗伯特·李·卡茨(Robert L. Katz)列举了管理者所需的三种素质或技能,海因茨·韦里克(Heinz Weihrich)对此进行了补充。综合来说,管理者需要具备的素质或管理技能主要包括以下几个方面。

1. 技术技能

技术技能是指对某一特殊活动——特别是包含方法、过程、程序或技术的活动——的理解和熟练。它包括专门知识、在专业范围内的分析能力以及灵活地运用该专业的工具和技巧的能力。技术技能主要是涉及"物"(过程或有形的物体)的工作。

2. 人事技能

人事技能是指一个人能够以小组成员的身份有效地工作的行政能力,并能够在他所领导的小组中建立起合作的努力,也即协作精神和团队精神,创造一种良好的氛围,以使员工能够自由地无所顾忌地表达个人观点的能力。管理者的人事技能是指管理者为完成组织目标应具备的领导、激励和沟通能力。

3. 思考技能

思考技能包含"把企业看成一个整体的能力,包括识别一个组织中的彼此互相依赖的各种职能,一部分的改变如何能影响所有其他各部分,并进而影响个别企业与工业、社团之间,以及与国家的政治、社会和经济力量这一总体之间的关系"。即能够总揽全局,判断出重要因素并了解这些因素之间关系的能力。

4. 设计技能

设计技能是指以有利于组织利益的种种方式解决问题的能力,特别是高层管理者不仅要发现问题,还必须像一名优秀的设计师那样具备找出某一问题切实可行的解决办法的能力。如果管理者只能看到问题的存在,并只是"看到问题的人",他们就是不合格的管理者。管理者还必须具备这样一种能力,即能够根据所面临的现状找出行得通的解决方法的能力。

5. 概念技能

概念技能也称构想技能,是指把观念设想出来并加以处理以及将关系抽象化的精神能力。通俗地说,概念技能是指管理者对复杂事物进行抽象和概念化的能力。具有概念技能的管理者能够准确把握工作单位之间、个人和工作单位之间以及个人之间的相互关系,能够深刻认识组织中任何行动的后果以及正确行使管理者的各种职能。

6. 人际技能

人际技能也叫人际关系技能,是指成功地与别人打交道并与别人沟通的能力,就是处理人与人之间关系的能力。作为一名管理者,必须具备良好的人际技能,这样才能树立组织良好的团队精神。

这些技能对于不同管理层次的管理者的相对重要性是不同的。技术技能、人事技能的重要性依据管理者所处的组织层次从低到高逐渐下降,而思想技能和设计技能则相反。对基层管理者来说,具备技术技能是最为重要的,具备人事技能在同下层的频繁交往中也非常有帮助。当管理者在组织中的组织层次从基层往中层、高层发展时,随着他同下级直接接触的次数和频率的减少,人事技能的重要性也逐渐降低。也就是说,对于中层管理者来说,对技术技能的要求下降,而对思想技能的要求上升,同时具备人事技能仍然很重要。但对于高层管理者而言,思想技能和设计技能特别重要,而对技术技能、人事技能的要求相对来说则很低。当然,这种管理技能和组织层次的联系并不是绝对的,组织规模大小等一些因素对此也会产生一定的影响。

复习思考题

1. 什么是管理机构?管理机构包含哪些要素?
2. 管理机构有哪些特点?管理机构设计应当遵循哪些原则?
3. 什么是直线型管理机构?它有哪些优缺点?
4. 什么是职能型管理机构?它有哪些优缺点?
5. 什么是直线职能型管理机构?它有哪些优缺点?
6. 什么是事业部型管理机构?它有哪些优缺点?
7. 什么是矩阵型管理机构?它有哪些优缺点?
8. 什么是网络型管理机构?它有哪些优缺点?
9. 管理机构变革的原因有哪些?管理机构变革有哪些模式?
10. 管理者角色理论有哪些观点?管理者应当养成哪些素质?

【案例分析】

案例 1　天杰公司的组织变革

从开了一整天的公司高层例会上回来,天杰国际实业有限公司总经理刘文就陷入了一种难以名状的焦虑之中。例会是由刘总主持的,各位副总经理参加,原本是想讨论一下公司今后的发展方面问题。因为,天杰公司成立六年以来,始终呈现着跳跃式的发展势头,取得的发展成就众人瞩目。例会上刘总想就公司如何进一步发展倾听几位副总的想法,没想到会议上的意见争执却大大出乎他的预料。很明显,几位公司高层领导在对天杰公司所面临的主要问题以及下一步如何发展的认识上已经有了明显的分歧。

刘总试图整理一下,他被一整天会议搅乱了思绪,他独自坐在沙发上,静静地沉思起来……

天杰公司六年来从艰难创业到成功的经历可以说历历在目。公司由初创时的几个人,发展到今天的 1 300 余人,资产也由当初的 1 500 万元,发展到今天的 5.8 亿元,经营业务从单一的房地产开发拓展到房地产为主,集娱乐、餐饮、咨询、百货零售等业务为一体的多元化实业公司。天杰公司已经成为在沈阳以至辽宁地区较有竞争力和知名度较高的企业。

　　天杰公司是中美合资建立的企业,主营高档房地产,在本地市场先入为主,很快打开局面。随后,其他业务就像变魔术似的,一个变两个,两个变八个地扩展起来。近来公司上下士气高涨,从高层到中层都在筹划着业务的进一步发展问题,房地产建筑部要求开展铝业装修;娱乐部想要租车间搞服务设计;物业管理部门甚至提出经管园林花卉的设想。有人提出公司应介入制造业,成立自己的机电制造中心。作为公司创业来一直担任主帅的刘总在成功的喜悦与憧憬中,更多着一层隐忧。在今天的高层例会上,他在首先发言中也正是这么讲的:"天杰公司成立已六周年了,在过去的几年里,公司可以说经过了努力奋斗与拼搏,取得了很大的发展。现在回过头来看,过去的路子基本上是正确的,当然也应该承认,公司现在面临着许多问题:一是企业规模较大,组织管理中遇到许多新问题、管理信息的沟通不及时,各部门的协调不力;二是市场变化快,我们过去先入为主的优势已经逐渐消失,主业副业市场竞争都渐趋激烈;三是我们原本的战略发展定位是多元化,在坚持主业的同时,积极向外扩张,寻找新的发展空间。"面对新的形势、就公司未来的走向、目前的主要问题,在会上各位领导都谈了各自的想法。

　　参加高层会议的主要副总中最有威望的一位,是前年加盟公司的,管理科班出身,对管理中业务颇有见地的袁副总经理,他在会上谈道:"公司过去的成绩只能说明过去,面对新的局面,必须有新的思路。公司成长到今天,人员在不断膨胀,组织层级过多,部门数量增加,这就在组织管理上出现了阻力,例如:总公司下设5个分公司,综合娱乐中心下有嬉水、餐饮、健身、保龄球、滑冰等项目;房屋开发公司、装饰公司、汽车维修公司、物业公司,各部门都自成一体。公司管理层级过多、总公司有三级,各公司又各有三级以上管理层,最为突出的是娱乐中心,高、中、低管理层竟多达7级,且专业管理部门存在着重复设置。总公司有人力资源开发部,而下属公司也相应设置人力资源开发部,职能重叠、管理混乱。从管理角度看,一个企业发展到1 000人左右,就应以管理制度代替人治,企业由自然生成转向制度生成,我公司可以说正是处于这一管理制度变革的关口。过去创业的几个人,十几个人,到上百个人,靠的是个人号召力,但发展到今天,更为重要的是要依靠健全的组织结构和科学的管理制度。因此未来公司发展的关键在于进行组织变革。我认为今天天杰公司的管理已具有复杂性和业务多变化的特点,现有的直线职能型组织形式早已不适应我公司的发展了。事业部制应是天杰组织变更的必然选择。事业部制组织形式适合于我们公司这种业务种类多、市场分布广、跨行业的经营管理特点。整个公司按事业部制运营,有利于把专业化和集约化结合起来。当然,搞事业部制不能只注意分权,而削弱公司的高层管理。另外,搞组织形式变革可以是实变式,一步到位;也可以是分阶段的发展式,以免给成员造成过大的心理震荡。"

　　主管财务的陈副经理思考良久,非常有把握地说道:"公司之所以有今天,靠的就是最早创业的几个人,不怕苦、不怕累、不怕丢饭碗,有的是一股闯劲、拼劲。一句话,公司的这种敬业、拼搏精神是公司的立足之本。目前,我们公司的发展出现了一点问题,遇到了一些困难,这应该说是正常的,也是难免的。如何走出困境,关键是要强化内部管理,特别是财务管理。现在公司的财务管理比较混乱,容易出问题,若真出了大问题,恐怕谁也负不了责。现在我们上新项目,或维持正常经营都很紧张,如若想再进一步发展,首先应做到的就是要在财务管理上集权,该收的权力总公司一定要收上来,这样才有利于公司通盘考虑,共同发展。"

高层会议的消息在公司的管理人员中间引起了轰动,有些人甚至在考虑自己的去留问题。①

思考问题

(1) 你认为天杰公司目前面临的是战略问题还是组织问题?

(2) 如果公司决定实行组织变革,在公司内部会有来自哪方面的阻力? 应怎样去克服它们?

(3) 天杰公司选择目前的时机进行组织变革是否成熟?

(4) 你认为天杰公司应该进行怎样的组织变革? 事业部组织形式是否合适?

案例 2 甜美的音乐

马丁吉他公司成立于 1833 年,位于宾夕法尼亚州拿撒勒市,被公认为世界上最好的乐器制造商之一,就像 Steinway 的大钢琴、RollsRoyce 的轿车,或者 Buffet 的单簧管一样,马丁吉他每把价格超过 10 000 美元,却是人们能买到的最好的东西之一。这家家族式的企业历经艰难岁月,已经延续了六代。目前的首席执行官是克里斯琴·弗雷德里克·马丁四世,他秉承了吉他的制作手艺。他甚至遍访公司在全世界的经销商,为它们举办培训讲座。很少有哪家公司像马丁吉他一样有这么持久的声誉,那么,该公司成功的关键是什么? 一个重要原因是公司的管理和杰出的领导技能,它使组织成员始终关注像质量这样的重要问题。

马丁吉他公司自创办起做任何事都非常重视质量。即使近年来在产品设计、分销系统以及制造方法方面发生了很大变化,公司始终坚持对质量的承诺。公司在坚守优质音乐标准和满足特定顾客需求方面的坚定性渗透到公司从上到下的每一个角落。不仅如此,公司在质量管理中长期坚持生态保护政策。因为制作吉他需要用到天然木材,公司非常审慎和负责地使用这些传统的天然材料,并鼓励引入可再生的替代木材品种。基于对顾客的研究,马丁公司向市场推出了采用表面有缺陷的天然木材制作的高档吉他,然而,这在其他厂家看来几乎是无法接受的。

马丁公司将新技术与老传统有机地整合在一起。虽然设备和工具逐年更新,但是雇员始终坚守着高标准的优质音乐原则。所制作的吉他要符合这些严格的标准,要求雇员极为专注和耐心。家庭成员弗兰克·亨利·马丁在 1904 年出版的公司产品目录的前言里向潜在的顾客解释道:"怎么制作具有如此绝妙声音的吉他并不是一个秘密。它需要细心和耐心。细心是指要仔细选择材料,巧妙安排各种部件。关注每一个使演奏者感到惬意的细节。耐心是指做任何一件事不要怕花时间。优质的吉他是不能用劣质产品的价格造出来的。但是谁会因为买了一把价格不菲的优质吉他而后悔呢?"虽然 100 年过去了,但这些话仍然是公司理念的表述。虽然公司深深地植根于过去的优良传统,现任首席执行官马丁却毫不迟疑地推动公司朝向新的方向。例如,在 20 世纪 90 年代末,他做出了一个大胆的决策,开始在低端市场上销售每件价格低于 800 美元的吉他。低端市场在整个吉他产业的销售额中占 65%。公司 DXM 型吉他是 1998 年引入市场的,虽然这款产品无论外观、品位和感觉都不及公司的高档产品,但顾客认为它比其他同类价格的绝大多数吉他产品的音色都要好。马

---

① 史乃信. 2004 工商管理硕士研究生(MBA)入学考试教程·MBA 联考·管理分册[M].北京:机械工业出版社,2003.

丁为他的决策解释道："如果马丁吉他公司只是崇拜它的过去而不尝试任何新事物，恐怕就不会有值得崇拜的马丁吉他公司了。"

马丁吉他公司现任首席执行官马丁的管理表现出色，销售收入持续增长，在 2000 年接近 6 亿美元。位于拿撒勒市的制造设施得到扩展，新的吉他品种不断推出。雇员们描述他的管理风格是友好的、事必躬亲的，但又是严格的和直截了当的。虽然马丁吉他公司不断将其触角伸向新的方向，但却从未放松过对尽其所能制作顶尖产品的承诺。在马丁的管理下，这种承诺决不会动摇。[①]

思考问题

（1）根据管理者素质理论，你认为哪种管理技能对马丁最重要？解释你的理由。

（2）根据明茨伯格的管理者角色理论，说明马丁在分别扮演什么管理角色？解释你的选择。

---

① 甜美的音乐[J]. http://wenku.baidu.com/view/ed6b4d28cfc789eb172dc86b.html.

第 6 章

管理职能与管理过程

6.1　管理职能概述

管理职能是指管理的职责和功能。职责就是应当做什么,功能就是起到怎样的作用。具体来说,管理职能就是管理主体在管理活动中应当做什么和起到什么作用。管理职能一般是根据管理过程的内在逻辑,划分为几个相对独立的部分。划分管理的职能,并不意味着这些管理职能是互不相关、截然不同的。划分管理职能,目的在理论研究上能更清楚地描述管理活动的整个过程,有助于做好实际的管理工作。

在管理学发展历史上,最早系统提出管理职能的管理学家是法约尔。法约尔认为,作为经营活动之一的管理活动,管理职能包括计划、组织、指挥、协调、控制五个职能,其中计划职能是最为重要的。他认为,组织一个企业就是为企业的经营提供所有必要的原料、设备、资本、人员。指挥的任务要分配给企业各种不同的领导人,每个领导人都承担各自的单位的任务和职责。协调就是指企业的一切工作都要和谐地配合,以便于企业经营的顺利进行,并且有利于企业取得成功。控制就是要证实各项工作是否与计划相符合,是否与下达的指示及已定原则相符合。

在法约尔之后,许多管理学家根据社会环境的新变化,对管理职能进行了进一步的探究,有了许多新的认识。例如,古利克和厄威克就管理职能的划分,提出了著名的管理七职能。即管理职能包括计划、组织、人事、指挥、协调、报告、预算。孔茨和奥唐奈里奇把管理的职能划分为计划、组织、人事、领导和控制。人事职能意味着管理者应当重视利用人才,注重人才的发展以及协调人们的活动。

20 世纪 60 年代以来,随着系统论、控制论和信息论的产生以及现代技术手段的发展,决策问题在管理中的作用日益突出。西蒙等在解释管理职能时,突出了决策职能。他认为组织活动的中心就是决策,制订计划、选择计划方案需要决策;设计组织结构、人事管理也需要决策;选择控制手段还需要决策。因此,决策学派认为,决策贯穿于管理过程的各个方面,管理的核心是决策。美国学者米和希克斯在总结前人对管理职能分析的基础上,认为管理职能是管理过程中各项行为的内容的概括,是人们对管理工作应有的一般过程和基本内容所做的理论概括。并提出管理者往往采用程序具有某些类似、内容具有某些共性的管理行为,管理活动具有普遍性的职能是:计划职能、组织职能、领导职能、控制职能。从不同管理理论关于管理职能的讨论中,可以得知,管理学者因所处的时代、环境等条件不同,出现了对管理职能的划分界定的不同,见表 6-1。

表 6-1　职能论主要代表的管理职能比较

管理学家	管 理 职 能						
法约尔	计划	组织	指挥	协调	控制		
厄威克	计划	组织	人事	指挥	协调	报告	预算
孔茨	计划	组织	人事	领导	控制		
西蒙	决策						
米和希克斯	计划	组织	领导	控制			

从不同管理理论关于管理职能的比较中,因为管理职能彼此之间并无严格的次序和界限,往往互相关联或交叉表达,不同的关联或交叉产生了不同的职能划分。但是任何时代的管理学家,都坚持管理需要做好:对未来活动进行的一种预先的谋划;为实现组织目标,对每个组织成员规定在工作中形成的合理的分工协作关系;保证组织各部门各环节能按预定要求运作而实现组织目标。因此,管理基本职能就是:决策、组织和控制。也就是管理工作总是要首先做决策,再制订计划,然后组织实施,最后协调控制整个进程。但实际上,管理人员常常并不是按顺序执行这些职能,而是同时执行这些职能。

6.2　决　　策

决策是执行的前提,正确的行为来源于正确的决策。组织在日常的管理工作中,执行力是体现一个组织效益的重要因素,也是衡量一个组织是否良性发展、有效管理的重要指标。正确的决策是组织在有限的条件下做正确的事、创造最大价值的前提,也是保证组织活动取得高效率的关键。

6.2.1　决策的概念

决策是指管理者为了实现一定的目标,提出解决问题和实现目标的各种可行方案,依据评定准则和标准,在多种备选方案中,选择一个方案进行分析、判断并付诸实施的管理过程。正确理解决策概念,应把握以下几层意思。

1. 决策要有明确的目标

决策是为了解决某一问题,或是为了达到一定目标。确定目标是决策过程的第一步。决策所要解决的问题必须十分明确,所要达到的目标必须十分具体。没有明确的目标,决策将是盲目的。

2. 决策必须具备两个以上的方案

决策实质上是指选择行动方案的过程。如果只有一个备选方案,就不存在决策的问题。因而,至少要有两个或两个以上方案,人们才能从中进行比较、选择,最后选择一个满意方案为行动方案。

3. 选择的方案必须付诸实施

如果选择出来的方案束之高阁,不付诸实施,决策也等于没有决策。决策不仅是一个认

识过程,也是一个行动的过程

6.2.2　决策的类型

现代企业经营管理活动的复杂性、多样性,决定了决策有多种不同的类型。

1. 按决策的影响范围和重要程度可以分为战略决策和战术决策

(1) 战略决策是指对企业发展方向和发展远景做出的决策,是关系到企业发展的全局性、长远性、方向性的重大决策。如对企业的经营方向、经营方针、新产品开发等的决策。战略决策由企业最高层领导做出,它具有影响时间长、涉及范围广、作用程度深刻的特点,是战术决策的依据和中心目标。战略决策正确与否,直接决定企业的兴衰成败,决定企业发展前景。

(2) 战术决策是指企业为保证战略决策的实现,对局部的经营管理业务工作做出的决策。如企业原材料和机器设备的采购,生产、销售的计划,商品的进货来源选择,人员的调配等属此类决策。战术决策一般由企业中层管理人员做出,这种决策要为战略决策服务。

2. 按决策的主体不同分为个人决策和集体决策

(1) 个人决策是指由企业领导者凭借个人的智慧、经验及所掌握的信息进行的决策。决策速度快、效率高是个人决策的特点,适用于常规事务及紧迫性问题的决策。个人决策的最大缺点是带有主观和片面性,因此,对全局性重大问题则不宜采用。

(2) 集体决策是指由会议机构和上下相结合的决策。会议机构决策是通过董事会、经理扩大会、职工代表大会等权力机构集体成员共同做出的决策。上下相结合决策则是领导机构与下属相关机构结合、领导与群众相结合形成的决策。集体决策的优点是能充分发挥集团智慧,集思广益,决策慎重,从而保证决策的正确性、有效性。缺点是决策过程较复杂,耗费时间较多。它适宜于制定长远规划、全局性的决策。

3. 按决策总是重复性分为程序化决策和非程序化决策

(1) 程序化决策是指决策的问题是经常出现的问题,已经有了处理的经验、程序、规则,可以按常规办法来解决。故程序化决策也称为"常规决策"。例如,企业生产的产品质量不合格如果处理? 商店销售过期的食品如何解决? 这些就属于程序化决策。

(2) 非程序化决策是指决策的问题是不常出现的,没有固定的模式、经验去解决,要靠决策者做出新的判断来解决。非程序化决策也称非常规决策。如企业开辟新的销售市场、商品流通渠道调整,选择新的促销方式等,属于非常规决策。

4. 按决策问题所处条件不同分为确定型决策、风险型决策和不确定型决策

(1) 确定型是指在确知的客观条件下,每个方案只有一种结果,比较其结果优劣做出最优选择的决策。确定型决策是一种肯定状态下的决策。决策者对被决策问题的条件、性质、后果都有充分了解,各个备选的方案只能有一种结果。这类决策的关键在于选择肯定状态下的最佳方案。

(2) 风险型决策是指在决策过程中提出各个备选方案,每个方案都有几种不同结果,每

种结果发生的概率也可测算的决策。例如,某企业为了增加利润,提出两个备选方案:一个方案是扩大原有产品的销售;另一个方案是开发新产品。无论哪一种方案都会遇到市场需求高、市场需求一般和市场需求低几种不同可能性,它们发生的概率都可测算,若遇到市场需求低,企业就要亏损;若遇到市场需求一般,企业可以维持;若遇到市场需求高,企业则可以盈利。而且,三种可能发生的概率分别为 20%、35%、45%。因而在上述条件下决策,带有一定的风险性,故称为风险型决策。风险型决策之所以存在,是因为影响预测目标的各种市场因素是复杂多变的,因而每个方案的执行结果都带有很大的随机性。不论选择哪种方案,都存在一定的风险性。

(3) 不确定型决策是指各个备选方案可以有几种不同的结果,但每一结果发生的概率无法知道的决策。它与风险型决策的区别在于:风险型决策每一方案产生的几种可能结果及其发生概率都知道,不确定型决策只知道每一方案产生的可能结果,但发生的概率并不知道。由于人们对市场需求的几种可能客观状态出现的随机性规律认识不足,就增大了决策的不确定性程度。

6.2.3　决策基本原则

原则的原意是人们开展某种社会活动或实施某种行为所要遵循的指导思想和基本要求。因此,决策原则是指开展决策活动的准则,这种原则和要求既是长期实践经验的积累,又是理性规范。从决策的实际来看,决策基本原则主要有以下 6 条原则。

1. 经济性原则

经济性原则就是研究经济决策所花的代价和取得收益的关系,研究投入与产出的关系。决策者必须以经济效益为中心,并且要把经济效益同社会效益结合起来,以较小的劳动消耗和物资消耗取得最大的成果。如果一项决策所花的代价大于所得,那么这项决策是不科学的。[①]

2. 可行性原则

可行性原则的基本要求是以辩证唯物主义为指导思想,运用自然科学和社会科学的手段,寻找能达到决策目标的一切方案,并分析这些方案的利弊,以便最后抉择。可行性分析是可行性原则的外在表现,是决策活动的重要环节。只有经过可行性分析论证后选定的决策方案,才是实现程度和概率最大的方案。掌握可行性原则必须认真研究分析制约因素,包括自然条件的制约和决策本身目标系统的制约。可行性原则的具体要求,就是在充分考虑制约因素的基础上,进行全面性、选优性、合法性的研究分析。全面性指从全局和整体出发,全面系统地研究、分析决策目标和决策方案,力求完整无缺,不放过任何一种可能方案。全面性分析要求决策时,必须有多方位思考和比较的余地,全面地考虑和权衡各种得失利弊,全面地把握各种备选方案,既要考虑需要,又要考虑可能;既要考虑到有利因素和成功的机会,又要考虑到不利因素和失败的风险。选优性指决策必须从两个或两个以上可供选择的不同方案中,通过广泛调查,反复对比和全面分析,科学论证后选出最优方案作为对策。这

---

① 柯平. 信息咨询概论[M]. 北京:科学出版社,2008.

里的"优"主要表现为效益大和效率高。合法性指任何决策总是在一定复杂的社会关系中进行的,必须具有法律上的可行性。决策的内容要符合现行的法律法规,并且决策要经过一定的合法的组织程序和审批手续。

3. 科学性原则

科学性原则是一系列决策原则的综合体现。现代化大生产和现代化科学技术,特别是信息论、系统论、控制论的兴起,为决策从经验到科学创造了条件,领导者的决策活动产生了质的飞跃。决策科学性的基本要求是:决策者需要具有科学的决策思维,只有建立在科学思想和科学思维决策基础上的决策,才能少犯错误或不犯错误;建立科学的决策体制,决策体制决定着决策行为,不良决策体制不仅影响决策效率,而且影响决策的质量;保证决策程序科学化,决策程序影响公正性和公平性,只有公平的决策方案才能使相关主体尽最大努力地实现方案;采用科学的决策方法,科学的决策方法不仅可以保证决策方案的正确性,而且可以提高方案实施的效率。科学性原则的这几个方面是互相联系、不可分割、缺一不可的。

4. 民主性原则

民主性原则是指决策者要充分发扬民主作风,调动决策参与者、甚至包括决策执行者的积极性和创造性,共同参与决策活动,并善于集中和依靠集体的智慧与力量进行决策。现代决策的各个阶段中,民主性原则渗透在方方面面,影响着整个决策过程的制定与实施。对于重大的社会管理问题决策,没有充分的民情调查、民意咨询就可能失之偏颇;大型工程项目没有工程技术专家的论证就可能盲目。尤其是如今的决策环境错综复杂,参数众多,而一个决策者的能力、阅历、学识又是非常有限的,单凭个人的能力或经验进行决策,带有极大的风险性,成功的可能性非常小,因此,在客观上也就要求进行民主决策和集体决策,充分发挥"外脑"和"内脑"的作用,使决策正确率不断上升。

5. 整体性原则

整体性原则也称系统性原则,它要求把决策对象视为一个整体或系统,以整体或系统目标的优化为准绳,协调整体或系统中各部分或分系统的相互关系,使整体或系统完整和平衡。因此,在决策时,应该将各个部分或小系统的特性放到整体或大系统中去权衡,以整体或系统的总目标来协调各个部分或小系统的目标。在现代社会条件下,决策对象通常是一个多因素组成的有机系统,每个系统都有它特定的目的和功能,各系统之间都有相关性,因此,系统性是现代决策的重要特点之一,系统思考是进行决策必须遵守的一条基本原则。

6. 预测性原则

预测是决策的前提和依据。预测是由过去和现在的已知,运用各种知识和科学手段来推知未来的未知。科学决策,必须用科学的预见来克服没有科学根据的主观臆测,防止盲目决策。决策的正确与否,取决于对未来后果判断的正确程度,不知道行动后果如何,常常造成决策失误。正因为决策涉及的环境和因素的多样性、复杂性和可变性,所以决策必须遵循预测性原则。

6.2.4 决策程序

决策是由分析解决问题的思维和行动组成的过程性活动,这种过程性活动由一系列的步骤所组成,这些步骤可以严格地、有意识地加以运用,也可以被简化,以至于它们可能几乎是无意识的活动。但是无论在哪种情形下,合理决策必然是合理过程的结果。

1. 发现问题

一切决策都是从问题开始的。所谓问题,就是应有状况与实际状况之间的差距。决策者要在全面调查研究的基础上发现差距,确认问题,并抓住问题的关键。这里的问题,可以是消极的,如解决一个麻烦或故障;也可以是积极的,如把握一次发展的机会。对决策问题的准确把握,有助于提高决策工作的效率,并确保决策方案的质量。

2. 确定目标

目标是决策所要达到的预期结果和要求。决策目标要根据所要解决问题的性质来确定,并力求做到:目标具体化、数量化;各目标之间保持一致性;分清主次,抓好主要目标;明确决策目标的约束条件。

3. 拟订方案

拟订方案即提出两个或两个以上的可行方案供比较和选择。决策过程中要尽量将各种可能实现预期目标的方案都设计出来,避免遗漏那些可能成为最好决策的方案。当然,备选方案的提出既要确保足够的数量,更要注意方案的质量。应当集思广益,拟定出尽可能多的富有创造性的解决问题方案,这样最终决策的质量才会有切实的保证。

4. 选择方案

选择方案即对拟定的多个备选方案进行分析评价,从中选出一个最满意的方案。这个最满意的方案并不一定是最优方案,只要能依据决策准则的要求实现预期目标,这样的决策就是合理的、理性的。具体来说,合理的决策必须具备三个条件:第一,决策结果符合预定目标的要求;第二,决策方案实施所带来的效果大于所需付出的代价,即有合理的费用效果比或成本收益比;第三,妥善处理决策方案的正面效果与负面效果、收益性与风险性的关系。

决策方案选择的具体方法有经验判断法、数学分析法和试验法三类。经验判断法是依靠决策者的经验进行判断和选择。数学分析法是运用决策论的定量化方法进行方案选择,如期望值(或决策树)法。试验法则是对一些特别的决策问题,如新方法的采用、新产品的试销、新工艺的试用,所采取的一种方案选择方法,可视之为正式决策前的验证。

5. 执行方案

方案的执行是决策过程中至关重要的一步。在方案选定以后,就可制定实施方案的具体措施和步骤。通常而言,执行过程应做好以下工作:制定相应的具体措施,保证方案的正确执行;确保有关决策方案的各项内容都为所有的人充分接受和彻底了解;运用目标管理方法把决策目标层层分解,落实到每一个执行单位和个人;建立重要工作的报告制度,以便随时了解方案进展情况,及时调整行动;检查处理,决策方案的执行通常需要一定的时间,情况可能会发生变化,必须通过定期的检查评价,及时掌握决策执行的进度,将有关信息反馈到决策机构。决策者依据反馈来的信息,及时跟踪决策实施情况,对局部与既定目标相偏离的应采取纠正措施,以保证既定目标实现;对客观条件发生重大变化,原决策目标确实无法实现的,则要重新寻求问题,确定新的目标,重新制定可行的决策方案并进行评估和选择。

6.2.5　决策方法

所谓决策方法,是指在决策过程中为了做出最优选择而运用的各种方法与技术的总称。决策方法是为了实现决策方案的优化而必须借助的手段,也是决策任务得以完成的桥梁。决策方法包括定性方法和定量方法。定性决策方法又称主观决策法,指的是用心理学、社会心理学的成就,采取有效的组织形式,在决策过程中,直接利用专家们的知识和经验,根据已掌握的情况和资料,提出决策目标及实现目标的方法,并做出评价和选择。定量决策方法常用于数量化决策,应用数学模型和公式来解决一些决策问题,即是运用数学工具、建立反映各种因素及其关系的数学模型,并通过对这种数学模型的计算和求解,选择出最佳的决策方案。对决策问题进行定量分析,可以提高常规决策的时效性和决策的准确性。运用定量决策方法进行决策也是决策方法科学化的重要标志。

1. 定性决策方法

1) 德尔菲法

(1) 德尔菲法的概念。德尔菲法是在 20 世纪 40 年代由 O. 赫尔姆和 N. 达尔克首创,经过 T. J. 戈尔登和兰德公司的进一步发展而成的。1946 年,兰德公司首次用这种方法来进行预测,后来这种方法被迅速广泛采用。德尔菲法依据系统的程序,采用匿名发表意见的方式,即专家之间不得相互讨论,不发生横向联系,只能与调查人员发生关系,通过多轮调查专家对问卷所提出问题的看法,经过反复征询、归纳、修改,最后汇总成专家基本一致的看法,作为预测的结果。这种方法具有广泛的代表性,较为可靠。

(2) 德尔菲法的具体实施步骤。

① 组成专家小组。按照课题所需要的知识范围确定专家。专家人数的多少,可根据预测课题的大小和设计面的宽窄而定,一般不超过 20 人。

② 向所有专家提出所要预测的问题及有关要求,并附上有关这个问题的所有背景材料,同时请专家提出还需要什么材料。然后,要求专家做出书面答复。

③ 各个专家根据他们所收到的材料,提出自己的预测意见,并说明自己是怎样利用这些材料并提出预测值的。

④ 将各个专家第一次意见汇总,列成图表,进行对比,再分发给各位专家,让专家比较自己同他人的不同意见,修改自己的意见和判断。也可以把各位专家的意见加以整理,或请更权威的其他专家加上评论,然后把这些意见再分送给各位专家,以便他们参考后修改自己的意见。

⑤ 所有专家的修改意见收集起来,汇总,再分发给各位专家,以便做第二次修改。逐轮收集意见并为专家反馈信息是德尔菲法的主要环节。收集意见和信息反馈一般要经过三四

轮,在向专家进行反馈的时候,只给出各种意见,但并不说明发表各种意见的专家的具体姓名。这一过程重复进行,直到每一个专家不再改变自己的意见为止。

⑥ 对专家的意见进行综合处理。这种方法的优点主要是简便易行,具有一定科学性和实用性,可以避免会议讨论时产生的因害怕权威而随声附和,或固执己见,或因顾虑情面不愿与他人意见冲突等弊端;同时也可以是大家发表意见的综合,参加者也易接受结论,具有一定程度综合意见的客观性。但缺点是由于专家一般时间紧,回答往往比较草率,同时由于预测主要依靠专家,因此,归根结底仍属专家的集体主观判断。此外,在选择合适的专家方面也较困难,征询意见的时间较长,对于需要快速判断的预测难于使用等。尽管如此,德尔菲法因简便可靠,仍不失为一种人们常用的定性预测方法。

2) 头脑风暴法

(1) 头脑风暴法的概念。头脑风暴法又称智力激励法,是现代创造学奠基人奥斯本提出的,是一种通过小型会议的组织形式,诱发集体智慧,相互启发灵感,最终产生创造性思维的程序化方法。它把一个组的全体成员都组织在一起,使每个成员都毫无顾忌地发表自己的观念,既不怕别人的讽刺,也不怕别人的批评和指责,是一个使每个人都能提出大量新观念、创造性地解决问题的最有效的方法。

(2) 头脑风暴的实施步骤。

① 准备阶段。事先对所议问题进行一定的研究,弄清问题的实质,找到问题的关键,设定解决问题所要达到的目标。同时选定参加会议人员,一般以 5~10 人为宜,人数不宜太多。然后将会议事宜提前通知与会人员,让大家事先做好准备。

② 热身阶段。这个阶段的目的是创造一种自由、宽松、祥和的氛围,使大家得以放松,进入一种无拘无束的状态。先由有趣的话题或问题开始,让大家的思维处于轻松和活跃的境界,随后轻松导入会议议题。

③ 明确问题。主持人扼要地介绍有待解决的问题。介绍时须简洁、明确,不可过分周全,否则,过多的信息会限制人的思维,干扰思维创新的想象力。

④ 重新表述问题。经过一段讨论后,大家对问题已经有了一定的理解。这时,为了使大家对问题的表述能够具有新角度、新思维,重新表述一下问题。

⑤ 畅谈阶段。畅谈是头脑风暴法的创意阶段。引导大家自由发言,自由想象,自由发挥,使彼此相互启发,相互补充,真正做到知无不言,言无不尽,然后将会议发言记录进行整理。为了使大家能够畅所欲言,需要制订规则:不要私下交谈,以免分散注意力;不妨碍他人发言,不去评论他人发言,每人只谈自己的想法;发表见解时要简单明了,一次发言只谈一种见解。

⑥ 筛选阶段。会议结束后的一两天内,向与会者了解大家会后的新想法和新思路,以此补充会议记录。然后将大家的想法整理成若干方案进行筛选。经过多次反复比较和优中择优,最后确定1~3个最佳方案。这些最佳方案往往是多种创意的优势组合,是大家的集体智慧综合作用的结果。

头脑风暴法实施过程中有四条基本原则:排除评论性批判,对提出观念的评论要在以后进行;鼓励"自由想象"。提出的观念越荒唐,可能越有价值;要求提出一定数量的观念。提出的观念越多,就越有可能获得更多的有价值的观念;探索研究组合与改进观念。除了与会者本人提出的设想以外,要求与会者指出,按照他们的想法怎样做才能将几个观念综合起来,推出另一个新观念;或者要求与会者借题发挥,改进他人提出的观念。

3) 名义小组法

(1) 名义小组法的概念。名义小组法是指管理者选择一些对要解决的问题有研究或者有经验的人作为小组成员,并向他们提供与决策问题相关的信息,要求每个人尽可能把自己的备选方案和意见写下来,然后再按次序一个接一个地陈述自己的方案和意见。在此基础上,由小组成员对提出的全部备选方案进行投票,根据投票结果,赞成人数最多的备选方案即为所要的方案,当然,管理者最后仍有权决定是接受还是拒绝这一方案。在集体决策中,如对问题的性质不完全了解且意见分歧严重,则可采用名义小组法或称名义群体法。

(2) 运用名义小组法的步骤。

① 组织者先召集有关人员,把要解决的问题的关键内容告诉他们,并请他们独立思考,要求每个人尽可能地把自己的备选方案和意见写下来。

② 再按次序让他们一个接一个地陈述自己的方案和意见,以便把每个想法都弄清楚。

③ 在此基础上,由小组成员对提出的全部备选方案进行投票和排序,赞成人数最多的方案即为所选方案。当然,管理者最后仍有权决定是接受还是拒绝这一方案。

这种方法的主要优点在于,是群体成员正式开会但不限制每个人独立思考,而传统的会议方式往往做不到这一点。

4) 电子会议法

最新的定性决策方法是将专家会议法与电子计算机相结合的电子会议。多达 50 人围坐在一张马蹄形的桌子旁。这张桌子上除了一系列的计算机终端外别无他物。将问题显示给决策参与者,将他们自己的回答打在计算机屏幕上。个人评论和票数统计都投影在会议室内的屏幕上。

电子会议的主要优点是匿名、诚实和快速。决策参与者不能透露姓名地打出自己所要表达的任何信息,一敲键盘即显示在屏幕上,使所有人都能看到。它使人们充分地表达他们的想法而不会受到惩罚,它消除了闲聊和讨论偏题,且不必担心打断别人的"讲话"。专家们声称电子会议比传统的面对面会议快一半以上。例如,菲尔普斯·道奇矿业公司采用此方法将原来需要几天的年度计划会议缩短到 12 小时。

但是电子会议也有缺点:那些打字快的人使那些口才好但打字慢的人相形见绌;再者,这一过程缺乏面对面的口头交流所传递的丰富信息。

2. 定量决策方法

(1) 确定型决策方法

决策的理想状态是具有确定性,即由于每一个方案的结果都是已知的,管理者能做出理想而精确的决策。确定型决策的方法一般有线性规划法、盈亏平衡法、边际利润法等。

① 线性规划法。线性规划是最基本也是最常用的一种数学规划,苏联学者康托洛维奇于 1939 年奠定求解线性规划的单纯形方法的基本原理,1947 年丹捷格提出了解线性规划问题的单纯形方法。求解线性规划的单纯形方法主要是经过分析与建模,运用计算机技术模型求解。从实际问题中建立数学模型一般有以下三个步骤。

- 根据影响所要达到目的的因素找到决策变量。
- 由决策变量和所要达到目的之间的函数关系确定目标函数。
- 由决策变量所受的限制条件确定决策变量所要满足的约束条件。

所建立的数学模型具有以下特点。

第一,每个模型都有若干个决策变量$(x_1,x_2,x_3,\cdots,x_n)$,其中 n 为决策变量个数。决策变量的一组值表示一种方案,同时决策变量一般是非负的。

第二,目标函数是决策变量的线性函数,根据具体问题可以是最大化(max)或最小化(min),二者统称为最优化(opt)。

第三,约束条件也是决策变量的线性函数。

当得到的数学模型的目标函数为线性函数,约束条件为线性等式或不等式时,称此数学模型为线性规划模型。

② 盈亏平衡法。盈亏平衡法又称量本利法。它是研究生产、经营一种产品达到不盈不亏时的产量或收入的决策问题。这个不盈不亏的平衡点称为盈亏平衡点。显然,生产量(或销售量)低于这个产量时,则发生亏损;超过这个产量(销量)时,则获得盈利。如图 6-1 所示,随着产量的增加,总成本与销售额随着增加,当到达平衡点 A 时,总成本等于销售额即成本等于收入,此时不盈利也不亏损,此点对应的产量 Q 即为平衡点产量;销售额 R 即为平衡点销售额。同时,以 A 点为界线点,形成亏损和盈利两个区域。

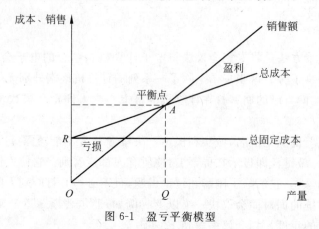

图 6-1　盈亏平衡模型

此模型中的总成本是由固定成本和可变成本构成的。按照是以平衡产量 Q 还是以平衡点销售额 R 作为分析依据,可将盈亏平衡分析法划分为盈亏平衡点产量(销量)法和盈亏平衡点销售额法。

盈亏平衡点的计算公式:即以盈亏平衡点产量或销量作为依据进行分析的方法,其基本公式为

$$Q = \frac{C}{P-V}$$

式中:Q——盈亏平衡点产量(销量);

　　　C——总固定成本;

　　　P——产品价格;

　　　V——单位变动成本。要获得一定的目标利润 B 时,其公式为

$$Q = \frac{C + B}{P - V}$$

如某企业生产一种产品,产品的销售价格 50 元,单位变动成本 35 元,每个月固定成本总额 30 万元,则该产品的盈亏临界点销售量为

$$盈亏临界点销售量 = \frac{300\,000}{50 - 35} = 20\,000(件)$$

也就是说,该企业每个月销售 20 000 件该产品,才能保证盈亏平衡,既不亏损,也不盈利。该计算公式适用于产销单一产品的企业。

$$盈亏临界点销售额 = \frac{固定成本总额}{1 - 变动成本率} = \frac{固定成本总额}{边际贡献率}$$

如某企业计划年度的固定成本总额为 30 万元,变动成本率为 70%,则该公司计划年度有盈亏临界点销售额为

$$盈亏临界点销售额 = \frac{3\,000\,000}{1 - 70\%} = 10\,000\,000 = 1\,000(万元)$$

也就是说,该企业计划年度销售收入为 1 000 万元,才能保证盈亏平衡,销售额为 1 000 万元时企业既不亏损,也不盈利。该方法适用于产销多种产品的企业。

③ 边际利润法。边际利润是指产品的销售收入与相应的变动成本之间的差额。边际利润是反映增加产品的销售量能为企业增加的收益,销售单价扣除边际成本即为边际利润,边际利润是指增加单位产量所增加的利润。企业的经营收益减去会计成本,所得到的就是会计利润。按照中国的财会制度,有销售利润、利润总额及税后利润等概念:销售利润是销售收入扣除成本、费用和各种流转税及附加费后的余额;利润总额是企业在一定时期内实现盈亏的总额;税后利润是企业利润总额扣除应交所得税后的利润。边际利润的计算公式为

$$边际利润(M) = 销售收入(S) - 变动成本(V)$$

综上所述,边际利润首先用来补偿固定费用,补偿固定费用后若有余额,才能为企业提供利润。否则,企业就无收益或亏损。

(2) 不确定型决策方法

不确定型决策是指在不稳定条件下进行的决策,即是决策者不知道有多少种自然状态,也知道每种自然状态发生的概率。常用的不确定型决策方法有小中取大法、大中取大法和懊悔值法等。

例 6-1　某企业打算生产某产品。根据市场预测,产品销路有三种情况:畅销、平销和滞销。生产该产品有三种方案:①改进生产线;②新建生产线;③与其他企业联合。据估计,在各方案的不同状态下的收益见表 6-2。问:企业应选择哪一个方案?

表 6-2　各方案在不同状态下的收益值　　　　　　单位:万元

方案＼（自然状态＼收益）	畅销	平销	滞销
A. 改进生产线	180	120	−40
B. 新建生产线	240	100	−80
C. 与其他企业联合	100	70	16

① 小中取大法。采用这种方法的管理者对未来持悲观的看法,认为未来会出现最差的

自然状态,因此不论采用哪种方案,都只能获取该方案的最小收益。故在进行决策时,首先计算各方案在不同自然状态下的收益,并找出各方案所带来的最小收益,即在最差自然状态下的收益,然后进行比较,选择在最差自然状态下收益最大或损失最小的方案作为选择方案。

小中取大法的决策程序:首先,从每个方案在不同自然状态下的收益值中,选出一个最小收益值。本例中,A 方案的最小收益为 −40 万元,B 方案的最小收益为 −80 万元,C 方案的最小收益为 16 万元。其次,比较各个方案选出的最小收益值,从中选出一个最大收益值的方案作为决策方案。本例中最大收益值为 16 万元,对应的方案是 C。

这种方法的特点是非常保守,决策者的指导思想是唯恐决策失误而造成较大的经济损失,因此在进行决策分析时,比较小心谨慎,从最不利的客观条件出发来考虑问题,力求损失最小。

② 大中取大法。大中取大法又称乐观决策法,采用这种方法的决策者对未来持有乐观看法,认为未来会出现最好的自然状态,因此不论采用哪种方案,都能获取该方案的最大收益。

大中取大法的决策程序:首先,计算各方案在不同状态下的收益,并找出各方案所带来的最大收益。本例中,各方案中的最佳状态下的最大收益值分别为 180 万元、240 万元、100 万元。其次,比较各方案,选出最大收益值的方案作为决策方案。本例中最大收益值为 240 万元,对应的方案是 B 方案。

这种方法的特点是决策者对未来比较乐观,可采用最大收益值标准,选择支出较少、利润最大的方案。

③ 懊悔值法。懊悔值法又称为大中取小法。由于决策者不了解未来的变化情况,常常会因选错了方案而后悔,为了避免决策失误而造成较大的后悔,遭受较大的损失,应选择后悔值最小的方案作为决策方案。所谓后悔,是指管理者在选择了某方案后,如果将来发生的自然状态表明其他方案的收益更大,那么,决策者会为自己的选择而后悔。后悔值是指在某一自然状态下的最大收益值与各方案收益值之差。按照后悔值进行决策的方法,先要找出各个方案的最大后悔值,然后从最大后悔值中选取最小后悔值的方案为最优方案。

懊悔值法决策的程序:首先,计算各方案在某一种自然状态下的后悔值。后悔值等于该自然状态下的最大收益值减去该方案在该自然状态下的收益值。上述例子,从表 6-2 看,在畅销状态下,最大收益值为 240 万元,然后用最大收益值与各方案的收益值进行比较,求出每个方案的后悔值分别为 60 万元、0 万元、140 万元;同样在平销状态下,最大收益值为 120 万元,可求出三个方案的后悔值分别为 0、20、50;在滞销状态下,最大收益值为 16,可求出三个方案的后悔值分别为 56、96、0,见表 6-3。

表 6-3　各方案在各自然状态下的后悔值　　　　　　　　　　　　　单位:万元

自然状态 方案　　　　后悔值	畅　销	平　销	滞　销
A 方案	240−180=60	120−120=0	16−(−40)=56
B 方案	240−240=0	120−100=20	16−(−80)=96
C 方案	240−100=140	120−70=50	16−16=0

其次,找出每一种方案的最大后悔值,方案 A 最大后悔值为 60,方案 B 最大后悔值为 96,方案 C 最大后悔值为 140。

最后,从最大后悔值中,选择后悔值最小的方案作为所要的方案。从表中看出,60 是最小后悔值,因此,A 方案为最佳方案。

6.3　组　　织

决策目标和决策方案只有落实到行动中才有意义,要把决策方案落实到行动中,就必须要有组织工作。通过有效的组织工作,管理人员可以更好地协调组织的人力、物力和财力资源,更顺利地实现组织目标。

6.3.1　组织职能概述

管理学认为,组织职能一方面是指为了实施计划而建立起来的一种结构,该结构在很大程度上决定着计划能否得以实现。另一方面是指为了实现计划目标所进行的组织过程。

1. 组织职能的概念

组织是指为了有效地实现目标,通过建立组织机构和调配各种资源,从而将组织内部各要素联结成一个系统,使人力、财力、物力等得到合理的使用。这个概念包含这样几个要点。

(1) 组织总是具有目标的,目标决定着组织的活动范围和性质。因此,组织机构的设置,人员的调配,职位、职责和职权的确定,都必须服从于组织的目标。

(2) 为了履行职责和行使责权,实现组织目标,需要进行组织设计,按一定标准建立组织机构,并明确各组织机构的责权范围和它们之间的关系。

(3) 为了完成组织任务,实现组织目标,管理者的重要任务之一是行使组织职能,把人、财、物、信息等进行合理有效的组合,以充分发挥其各自的效能。

显而易见,这里的组织是个动词性的概念。组织还有一个名词性的概念,即是按一定规定和要求建立起来的机构与权力系统,它是行使职能的实体。在表述管理活动时,这两个概念紧密相连,把动作发出者和动作本身统一在一起。总之,组织职能的实质是设计、形成和保持一种良好的、和谐的集体环境,使人们能互相密切配合、协同活动,使资源能够充分利用,以获取最优的群体效益。

2. 组织职能的作用

组织职能是指按计划对社会生产组织的活动及其生产要素进行的分派和组合。组织职能对于发挥集体力量、合理配置资源、提高劳动生产率具有重要的作用。管理理论认为,组织职能一方面是指为了实施计划而建立起来的一种结构,该种结构在很大程度上决定着计划能否得以实现;另一方面是指为了实现计划目标所进行的组织过程。

组织能把各种资源组合成有机的整体,使各种分散的力量形成合力,从而产生大于这些资源和力量机械总和的效能。对于这个原理,生活于 2000 多年前的古希腊哲学家亚里士多德就已清楚地认识到了,他用一种突破数学公理的语言作了表述:整体大于部分之和。千百年来的人类管理实践更无数次地对它做了证实。因而,马克思深刻地指出:"单个劳动者的力量的机械总和,与许多人手同时共同完成同一不可分割的操作(如举重、转绞车、清除道路上的障碍物等)所发挥的社会力量有本质的差别。"组织能使资源增效,这是以组织职能发挥正常为前提的,否则就不能增效,甚至会降低效能。

6.3.2　组织职能设计

职能设计就是对企业的总体任务进行总体设计,确定企业的各项职能及其结构,并层层分解为各个管理层次、部门、岗位的职责。职能设计是否正确合理,将对整个企业组织能否顺利有效地运转产生重大影响。

1. 新组织职能设计

新组织的职能设计,主要内容包括如下:

(1)基本职能设计。以国内外先进的同类企业作为参考,根据组织设计的有关权变因素,如环境、战略、规模等特点加以调整,确定本企业应具备的基本职能。

(2)关键职能设计。根据企业的目标和战略,在众多的基本职能中找出一两个对实现企业战略起关键作用的职能,以便在职能设计中突出关键职能的作用,把它置于企业组织框架的中心地位,以保证关键职能对企业战略的促进作用。

(3)职能分解。将确定的基本职能和关键职能逐步细化为二级职能、三级职能等。为各个管理层次、部门、管理职务及岗位规定相应的职能。在职能分解过程中,要注意确定各职能之间的分工及其联系和制约的关系,避免职能重叠和脱节。

2. 组织职能的调整与企业再造

对于众多的老企业而言,职能设计表现为职能调整,即对企业实际执行的管理职能进行调查、描述和分析(企业现有文件中规定的职能同企业实际执行的职能往往有相当大的差距),然后根据有关权变因素做出职能的调整。职能调整主要是有的职能需要新增或强化,有的职能需要取消或弱化,原确定的关键职能需要改变,对重叠或脱节的职能进行调整。

(1)基本职能的设计和调整

① 根据行业特点确定是否需要增加新的基本职能,细化某些基本职能,简化某些职能,或强化某些基本职能。如进行农产品加工的轻工企业是否有必要扶持建立原料生产基地,电力企业是否有必要设立销售职能,专业医疗设备企业是否要强化销售职能等。

② 根据企业的技术实力的强弱调整职能。一般情况下,技术实力弱的企业应强化经营决策职能,特别是有关产品和技术选择方面的决策职能,健全并强化人力资源开发职能,加强技术引进和技术协作职能,消化吸收先进技术。技术实力强的企业应健全并不断强化营销与销售职能,健全战略联盟、协作经营职能,加强研发队伍建设,加强研发项目管理,搞好自主开发等。

③ 按外部环境特点设计和调整职能。如随着企业竞争的深化,大众消费品企业可能应加强公关职能,树立企业的良好形象,提高企业知名度和信誉;随着社会环境保护意识的加强,化工企业的环保职能则需加强;随着客户分化的加强,企业的销售部门可能需要不断细化针对客户的销售职能。

（2）关键职能设计

经营管理的各项基本职能虽然都是实现企业目标不可缺少的，但由于重要性不同，有必要区分为关键职能和非关键职能。德鲁克曾把组织结构比喻为建筑物，各项基本职能如同建筑物中的各种构件，而关键职能就好比是建筑物中承担负荷最大的那部分构件。因此任何公司都应将关键职能放在企业组织结构的中心地位。哪项基本职能应成为组织的关键职能由企业的经营战略决定。战略不同，关键职能不同，关键职能确定后，应成立由企业最高层为首的相应职能领导委员会，关键职能的部门在公司人员配备和奖金分配上应处于优先地位，并有权协调相关部门配合工作。

（3）职能分解

职能分解是将已确定的基本职能和关键职能逐步分解，细化为独立的、可操作的具体业务活动。职能分解有利于各项职能得到执行和落实，并为其他组织设计工作提供前提条件，如横向部门划分和组合，纵向集权和分权，规章制度中部门和岗位责任制的制定，各项职务的设计等。职能分解的最终结果应使业务活动具有一定的独立性，而不能将性质不同的业务活动混合在一起，并保持业务活动的可操作性，避免重复和脱节。组织设计中职能分解常与岗位职责设置相统一。

流程再造是一种改进思想，它的目标是通过重新设计组织内的业务流程，取消原有流程中不必要的、非增值的环节，使流程增值最大化，以取得显著的成本节约，为客户提供更好的服务。

6.3.3　组织的领导

许多管理学家认为，领导是管理的一项独立的职能。事实上，领导活动是领导者运用权力或权威对组织成员进行引导或施加影响，以使组织成员自觉地与领导者一道去实现组织目标的过程。因此，领导应当可以视为组织职能的一项活动。

1. 领导的概念

领导是在一定的社会组织和群体内，为实现组织预定目标，领导者运用其法定权力和自身影响力影响被领导者的行为，并将其导向组织目标的过程。领导具有以下 3 个要素：①领导者必须有下属或者追随者；②领导者必须拥有影响追随者的能力；③领导行为具有明确的目的，并可以通过影响下属来实现组织目标。

2. 领导的原则

（1）分层原则

分层原则主要是指在领导过程中建立合理的层次系列，并正确处理各层次之间的关系。领导层次问题，是由"管理跨度原则"引申出来的。在领导系统中，究竟一个领导者能有效地直接指挥多少下属部门为宜，即领导跨度问题。如果下属部门数量过多，领导者精力和时间有限，那么不易统筹、协调，影响工作效率。因此，在领导过程中，建立合理的层次系列，并正确地处理各层次之间的关系，最终取得最佳的领导效果，这就是分层领导原则的含义。根据分层原则，一般地说，上一层领导主体应当尊重所在层次系列，只对下一层部门行使一定的权力，尽量不要越级处理问题或包办代替。下层部门也不要轻易地把自己职权范围内的问题无原则地上交,而是要发挥自身的主动性和创造性。当然,分层领导原则也不是绝对的。在特殊情况下,高层领导者可直接深入基层,对某些至关重要的问题可直接干涉和直接解决。否则,一味机械教条地套用这一原则,凡事采取逐级上传下达的方式,势必影响领导效率。

（2）宽严相宜原则

在领导活动中,领导者需要根据不同的情况,区别不同的对象,说服教育和强制并重,宽严并举,赏罚得当,才能对越轨行为进行约束,为自觉的人指示方向,对不自觉的人给以告诫,从而督促整个组织或团体按同一标准,向同一目标前进,这就是宽严相宜原则。在现实领导活动中,坚持宽严相宜原则必须和其他原则相匹配,必须辩证、科学地加以运用。

• 宽和严是不同的领导方法,领导者必须审时度势,有时以宽为主,有时以严为主,或者宽严相济,交替使用。领导者首先要通过思想教育政策引导,使人们统一思想,提高认识,自觉自愿地工作。但是在某种情况下,当说服教育对一些人不起作用或作用不大时,领导者必须制定必要的纪律,辅以强制的办法影响和控制这些人,否则会危及事业的发展。

• 领导者要宽严公道、赏罚分明。只有这样,才能调动和提高人们工作的自觉性、积极性和创造性。领导者必须尊重客观实际,用科学的态度分析和评价人们的功过是非,赏罚公平,受奖者确实有值得奖赏的功绩,受罚者确实存在值得处罚的过错,使赏罚产生极大的效力。比如单位里发奖金,如果"干与不干一个样,干好干坏一个样"而都予以平均发奖,则将失去奖金的意义和作用。的确,滥奖滥罚实际上是领导无方的表现。因此,无论是赏是罚均不可失之于泛滥、随意,领导者必须能够正确地运用赏罚手段来提高人们的积极性,达到预期的领导目的。

• 领导运用赏罚要及时、慎重,掌握适当的时机。过期的奖赏,会削弱对人们的激励作用,甚至使人们对奖赏采取漠然视之的态度。那种活着时不奖励,死后"追认"的做法,实乃奖赏中的下策。当然,也不要以"奖赏及时"为借口,搞频繁奖赏,使奖赏成为"家常便饭",减低奖赏的作用。惩罚要考虑其后果,合理的惩罚能使人心服口服,达到化消极因素为积极因素的目的。对一般性错误从宽惩罚,会使被惩罚者避免产生抵触情绪或者逃避心理;对错误较大、影响也较大的人,应给以当众公开的惩罚,以严明风纪,教育他人。

（3）目标导向原则

目标是指在一定环境条件下,处理和解决问题要达到的结果和目的。目标具有定向、定时、定量的特点,其本身是一种激励。但是并非所有目标都会产生良好的导向激励作用,只有那些内容科学,具有一定挑战性,形式简明、内容集中、能成为下属自己目标的总目标,才能真正具有导向、激励作用。正确确立目标,科学地选择达到目标的途径和步骤,合理地控制实现目标的进程,这就是目标导向原则。这一原则的主要内容包括实事求是地确立目标和科学合理地调整目标两个方面:一是实事求是地确立目标,就是根据实际情况,从本单位自身条件和状况出发,同时也要考虑社会需要,考虑与更大系统的目标是否对应。目标不能制定得高不可攀或者唾手而得,而必须是需要鼓鼓劲、踮踮脚、费费力才能够做到的。二是科学合理地调整目标。目标的确立是一个动态过程,目标确立之后,既要持之以恒,不懈追求,又要因势利导,定期地对目标进行检查和修正。任何目标都不是一成不变的。即使再科学的目标也有它的时间界限。一项正确的目标,在实施过程中,也会出这样或那样的问题。因此,控制实施过程,检查执行情况,及时反馈新情况、新变化,适时调整、修正原定目标,才能避免带来更大的失误。

(4) 反馈原则

在控制论中,反馈的含义是指系统的输出信息返送到输入端,与输入信息进行比较,并用两者的偏差进行控制的过程和方法。反馈是系统控制的基本形式。当一个决策执行之后,根据客观情况的变化,迅速准确地、经常不断地将变化了的情况反映给决策中心,并提出相应的对策建议,以修正或更新决策,实现领导的有效控制,就是反馈原则。

3. 领导的类型

(1) 按领导权力的控制和运用方式可以分为集权式、分权式和均权式的领导方式。集权式领导方式是一切权力集中于领导集团或个人,偏重于运用集权形式推行工作,而不注意授权。集权式只在特定环境下使用才有效。分权式领导方式是指领导者决定目标、政策、任务的方向,对下属完成任务的行为活动不加干预,下属有一定的自主决定权。均权式领导方式则是领导者掌握一些重大权力,同时适当分权给下属,使下属在其职能范围内有一定的自主权。其特点是保持权力平衡,不偏于集权,也不偏于分权。

(2) 按领导指挥模式可以分为强制命令式、自由放任式与教育激励式的领导方式。强制命令式的领导方式注重正式组织结构、组织规章及纪律的作用,通过组织系统,采取命令方式实施领导。用这种方式,领导效率较高,但下属的主动性和积极性不易发挥。自由放任式的领导方式不注意权力和规章制度、纪律的作用,对下属采取自由放任的态度,这种方式容易出现混乱和失控的状况。教育激励式的领导方式注重思想教育和激励工作,运用灌输、对话、启发、商讨等说服教育的方法和各种激励手段,激发人的内在动力,使下属心悦诚服地领会和接受领导的意图,自觉地为实现特定领导目标而努力。它是一种行之有效的领导方式。

(3) 按领导活动的侧重点可以分为重人式、重事式与人事并重式的领导方式。重人式领导方式致力于建立和谐的人际关系和宽松的工作环境,以人为中心进行领导活动。重事式领导方式注重组织的目标、任务的完成和领导效率的提高,以事为中心进行领导活动。人事并重式领导方式则既关心人,也注重工作,做到关心人与关心事两方面的辩证统一。只有关心人,才可能调动人的积极性,也只有同时关心工作,才可能使每一个人都有明确的责任和奋斗目标。

4. 领导的基本方式

(1) 命令。命令是指领导者发出指令来约束或引导被领导者的言行。命令具有明显的强制色彩,直接以惩罚为外在特征。一个领导者,要善于运用命令来规制和指挥人员和活动的参与者,保证被领导者不违反命令,服从领导权威,并借此保证最低限度的管理效率。但命令总是有限度的,而且容易引起下属的逆反心理,领导者务必慎用。

(2) 说服。说服是领导经常使用的领导方式,包括劝告、诱导、启发、劝谕、商量、建议等易于领导者和群众双向沟通的方式。其意义是明显的:有利于贯彻领导者的领导方略;有利于上下级达成共识和建立共同的情感以及加强上下级协同工作的愿望,优化人力资源,以较少数量而较高质量的人力投入,赢得更高的行政绩效。

(3) 激励。这是一种最能提高领导效能的领导方式。它是领导者使用物质或精神的手段激发下属的工作积极性,达到决策目标的推进型领导方式。根据组织行为学的启示,对组织中成员进行不同方式的激励,有利于提高他们的工作积极性,从而提高工作效率。激励的方式,大致可以区分为普遍激励和特殊激励两种。普遍激励,在对象上是针对组织中所有成员的,在方式上包括改善工作条件和提高工作报酬。由于普遍激励属于行政领导者通常使用的经常性工作方式,因此还必须要有特殊激励,才能收到激发积极性和提高工作效率的作用。特殊激励的对象是那些工作积极、态度端正、成效显著、贡献较大的人员,给予特殊的精神与物质奖励,既可以促使他们产生更大热情,还可以产生榜样效应,从而激发其他工作人员的积极性。

(4) 示范。领导者是一个组织的象征,其精神面貌、行为方式、工作动机、价值观念乃至个人趣味,对组织人员都会产生明显的或潜移默化的影响。因此,良好的领导方式,当然包括领导者本人对自己领导形象的塑造。而最有益于塑造良好的领导形象的方式,莫过于身体力行,身先士卒。一个行政领导人能够吃苦在前,享受在后,本身就是对组织成员以高昂热情投入工作的无声号召。同时,一个领导者足智多谋、果断坚韧,也可以给组织成员提供解决工作难题的多种思路和工作方法,从而使投入工作的物流加快,人力资本无形中增长,效率自然也就提高了。

6.3.4　组织作业指挥

实现决策方案目标,需要各项组织活动有序开展,同时需要组织成员积极努力工作,这就需要管理人员正确指挥。

1. 指挥的概述

(1) 指挥的概念

指挥是指管理组织和管理人员通过发布命令,支配下级机关和执行单位采取行动,调度相关人员、物资、资金、技术和信息,为实现决策目标任务所开展的一系列活动。

(2) 指挥的作用

① 实现决策的必要途径。决策以意向和决定形式出现。只有通过指挥行为,传达给下级机关和执行单位,决策方案才能贯彻落实,目标任务才能得以实现。

② 执行过程的关键环节。只有通过发布命令和指挥调度,才能把分散无序的工作要素组织发动起来,形成具体执行活动和实践过程。在组织、领导、指挥、执行、协调、监控各个环节中,指挥环节具有关键作用。

③ 提高效率的决定因素。指挥活动通过发布命令、调度资源和支配行为,直接控制下级机关和执行单位行为方式。指挥方案、体制、方法合理性,直接影响管理工作和业务工作质量和效率。

2. 指挥的原则

(1) 方案合理原则。指挥方案应当根据决策、目标、任务制订,符合组织能力、工作结构、环境条件实际情况,反映管理活动基本规律。对于人员调动、技术配备和资源投入,都要掌握适当结构、规模和速度,体现业务工作基本规律。

(2) 结构严密原则。业务工作要素和管理工作要素组合形式和运行节奏,都要体现全局统一性和运行协调性。机构、人员、物资、技术、信息等空间分布要合理;目标、任务、步骤等时间穿插要合理;结构、规模、速度等总量控制要合理;手段、措施、方法等选择运用要合理。全局与局部、当前与长远、内容与形式、工作与管理、目标与措施都要统筹兼顾。保证指挥行为和执行活动在空间上的协调性和时间上的连续性。

(3) 逐级指挥原则。在不同层级和不同单位联合办理同一事项时,必然发生层级指挥。指挥系统必须按照职权范围和隶属关系逐级发布指挥命令。上级机关只能对所属部门和下一级机关直接发布指挥命令。下级机关直接执行上一级机关和主管部门指挥命令。只有经过特别授权特殊组织在紧急情况下,才可以临时越级指挥。

(4) 信息畅通原则。指挥命令发布、传递和接受,必须渠道畅通、运行无阻和准确及时,适应指挥机关和执行单位的通信技术条件。

(5) 机智灵活原则。指挥机关和指挥人员应当根据指挥意图,考虑指挥系统组织形式、人员素质和技术设备,结合指挥对象工作结构、人际关系和环境条件,随着形势任务发展变化,因地制宜变通指挥方案,机智灵活应用指挥手段。

3. 指挥的过程

指挥的过程是指挥行为运作及指挥命令的传递过程。一般包括以下内容。

(1) 指挥设计。指挥机构负责人会同参谋人员、文秘人员和技术人员,根据决策、目标和任务,通过调查、预测和论证,明确指挥意图和规划指挥方案的活动。

(2) 指挥发布。指挥机关和指挥人员根据指挥意图和指挥方案,通过一定手段、途径和方式,向下级机关和执行单位发布指挥命令的活动。

(3) 指挥接受。下级机关和执行单位按照一定程序、方式和途径,接受指挥命令的活动。接受单位应当按照规定程序对指挥命令进行签收、立卷、归档、报批和转发。

(4) 指挥执行。下级机关和执行单位按照一定原则、程序和方法,组织人力、物力和财力,贯彻落实指挥命令的活动。严格地说,执行行为属于下一环节的管理活动。

(5) 指挥监控。指挥机关负责人和有关部门,按照一定原则、程序和方法,对指挥活动合理性、合法性、合适性进行监察、督导和控制的活动。在监控过程中,应当按照决策、指挥、执行、反馈等程序,完善指挥方案和调整指挥行为。

4. 指挥的内容

指挥的内容主要包括以下方面。

(1) 组织系统指挥。上级机关或职能部门通过发令调度,组织动员下级机关或执行单位,根据各自行政地位、隶属关系和工作性质,凭借机构、队伍、职能、设备和信息,利用物质、资金、技术、设备和劳力,贯彻相关决议、决定、规章、指示或命令,从而开展工作、完成任务、实现目标等活动。例如,上级指挥下级开展某项活动。

(2) 管理人员指挥。本级机关或部门通过发令调度,组织动员管理人员,根据各自职务、权力和责任,按照管理体制、机制和原则,利用机构、队伍、职能、设备和信息,从而开展管理工作、实现管理目标等活动。例如,机关首长指挥下属处理公务。

（3）工作现场指挥。管理人员通过发令调度，组织动员被管理者，根据各自岗位、任务和责任，考虑自然社会环境需要，按照分工协作原则，遵循工作结构和工艺流程，从而使用物质手段、变革工作对象、完成工作任务等活动。例如，工段长指挥工人作业。

6.3.5 组织活动协调

在管理过程中，组织活动协调是必不可少的。这是因为，由于管理体制不顺，权责划分不清，政出多门，互相扯皮；领导班子不团结，各吹各的号，各唱各的调；干部素质上的差异，导致对问题的认识和看法的不一致；决策失误、计划不周，导致执行的困难；客观情况的重大变化，导致原来的工作计划无法继续实施；单位、部门之间的本位主义和个人感情上的隔阂，导致相互之间的矛盾和冲突等，使组织管理过程中充满各种矛盾和冲突。如果不能及时排除这些矛盾和冲突，理顺各个方面的关系，组织机构的协调运转和计划目标的顺利实现就不可能。因此，协调工作十分重要。管理者必须高度重视协调工作，认真履行好协调职能。

1. 协调职能的概念

协调是指组织领导者从实现组织的总体目标出发，依据正确的政策、原则和工作计划，运用恰当的方式方法，及时排除各种障碍，理顺各方面关系，促进组织机构正常运转和工作平衡发展的一种管理职能。

2. 协调原则

（1）全员参与的原则。必须了解目标、计划及与其他人员的工作关系，树立与他人配合工作是自己的职责而不是额外负担的观念，从而自觉、主动地搞好协调。

（2）有效沟通的原则。沟通是进行协调的基本手段。所谓有效沟通，一是指要有效能，即能够达到所要达到的目标；二是指有效率，即能够迅速实现协调的目的：沟通目的要清晰，对通过沟通希望解决什么问题必须心中有数；信息表达应当清晰无误；注意沟通的技巧，比如语言的恰当运用、说话分寸的掌握和时机的选择，善于倾听沟通对象的发言等；对信息沟通的效果进行追踪检查，及时反馈。

（3）及时协调的原则。在制订工作计划时就应该考虑各项工作会有什么协调关系，并提前拟订方案和措施。在执行计划过程中管理者应对可能发生的问题保持警觉，一旦发现就以适当的方式迅速处理，不要等积累成山再采取行动。

（4）连续性原则。组织的活动是随着环境的变化发展而不断变化发展的，对组织的有效协调，要追随工作的开展不断协调。

（5）直接接触的原则。一是管理者在协调各个部门或各个人员的工作关系时，一般情况下应与被协调者直接见面，这样不仅可以保证信息准确，而且可以在深入解决思想和现实问题的基础上妥善协调，特别是在关键问题上，直接接触使协调更加确定，避免节外生枝而延误时机；二是尽可能使几方被协调者直接见面，这样既可以使意见摆到桌面上来，又可以使当事者进行情感上的交流，而情感沟通往往比认识协调更具有意义。

3. 协调的内容

（1）协调奋斗目标。不同部门、单位、人员的工作目标出现矛盾冲突，必然导致行动的差异和组织活动的不协调。因此,协调好不同部门、单位和人员之间的工作目标,成了协调工作的重要内容。

(2)协调工作计划。计划不周或主客观情况的重大变化,是导致计划执行受阻和工作出现脱节的重要原因。因此,根据实际情况特别是重大情况变化,调整工作计划和资源分配,是协调工作的重要内容。

(3)协调职权关系。各部门、单位、职位之间职权划分不清,任务分配不明,是造成工作中推诿扯皮、矛盾冲突的重要原因。因此,协调各层级、各部门、各职位之间的职权关系,消除相互之间的矛盾冲突,也是协调工作的重要内容。

(4)协调政策措施。政策措施不统一,互相打架,是造成组织活动不协调的重要原因,消除政策措施方面的矛盾和冲突,也是协调工作的重要内容。

(5)协调思想认识。在组织管理过程中,不同部门、单位、人员对同一问题认识不一致,观点、意见不相同,往往导致行动上的差异和整个组织活动的不协调。因此,协调不同部门、单位、人员的思想认识,统一大家对某个问题的基本看法,成了协调组织活动的前提条件和协调工作的重要内容。

6.3.6　组织制度建设

制度建设的重要性已经被越来越多的企业所认识,一个完善的、合时宜的企业制度,能规范员工行为,使各项工作有章可循,提高管理效率与质量,形成一个良好的企业文化。

1. 组织制度建设的概念

组织制度建设是指社会生产组织围绕管理工作的科学化、规范化、程序化、标准化和系统化等所进行的一系列活动的总称,包括制度的建立、执行、修改、完善、责任追究等。

2. 组织制度建设的步骤

组织制度建设一般分为八个步骤:一是疏理。企业要对现有的制度进行全面的疏理,通过疏理确定本企业制度是否缺失、是否与上级规定相冲突、是否适应实际工作和管理的需要、是否可行等,从而确定需要制定和修改完善的制度。二是调研。对需要制定和修改的制度进行广泛的调研,从而使拟要制定和修改的制度更加适用。三是策划。召开不同人员参加的会议听取意见,汇总大家意见后由主办部门拿出制定或修改制度的具体意见和方案。四是建立。根据策划后的方案职能部门要根据上级的规定、企业的实际及领导的要求,安排专人负责起草或修改制度,及时制定出规范合理具有可操作性的制度。五是审查。对制定或修改完成的各类制度要召开相关会议(如职代会、领导班子会等)对制度的合法性、规范性、有效性和可操作性等方面进行审查。六是发布。对审查通过的制度以文件形式进行发布。七是执行。确保发布的各项制度及时、准确、全面地执行到位。八是修改完善。针对制度执行过程中出现的新情况、新问题以及上级的新要求及时地进行修改完善,使制度始终保持在适用状态。

3. 组织制度建设的方法

在知识经济竞争日益激烈的情况下,效率是每一个企业所追求的目标。要使得企业经营有效率,建立完整而又可行的管理规章制度是绝对必要的。建设企业规章制度并不是把别人现成的东西拿来抄袭,而是必须遵循一定的原则和方法。

(1)制度要兼顾公平与效率

公平与效率是一对矛盾,要公平就往往影响效率,要效率又往往损害公平。但是,二者是有机联系的,没有公平,就不会有理想的效率,甚至效率为零;没有效率,公平也就失去了意义,甚至难以维持。因此,在制度建设的问题上要正确处理好公平与效率的辩证关系,做到二者兼顾,互相协调。实际工作中,公平与效率绝对协调是不可能的,通常情况下,是效率优先,兼顾公平。

(2)制度不要生搬硬套

企业管理规章制度要根据需要来制定,不要制定一些空洞没有内容的规章制度,也不要制定一些根本就用不着或不可行的规章制度,更不能生搬硬套,别人的东西再好,只能适应人家的企业,对自己就不一定适用。同时,制定规章制度不能违背国家的法律、法令、法规,也不能违背上级主管部门发布的有关制度和规定,违反了就是无效的制度。

(3)制度要威信并重

威与信的关系实质上是质与量的关系。"信"是积累,是"威"的基础和准备;"威"是结果,是"信"的升华与飞跃,二者可以互相转换,"信"可以成为"威","威"可以成为"信"。制度建设必须以信誉为基础,有制度就要执行,不能当作"橡皮图章";执行就要全面、严格,既不能打"擦边球",也不能打折扣。要维护制度的信誉,就要遵循制度的相对稳定性,维护制度的严肃性,制度不是儿戏,不能朝令夕改,反复无常。这样,制度就会威力无比,神圣不可侵犯,真正成为人们行为的准则。

(4)制度要纲举目张

一个企业需要建立的管理规章制度很多,如果没有清晰的思路和严密的逻辑,必然造成制度杂乱无序,以致失败。各项规章制度要有完整的体系,减少各项规章制度之间发生重复或矛盾,规章制度应该先有一套母法,然后再根据母法制定各种办法、规则、准则、办事细则等。

(5)制度要刚柔相济

组织管理制度本身就是一个组织的法度。制者,制约也;度者,规范也;法者,不可违也。因此,任何一项管理制度都具有而且必须强调其鲜明的强制性。但是,如果由此而只强调制度的刚性,未免失之偏颇。作为社会主义企业,一个很重要的目的就是提高广大职工的物质和精神生活水平。其制度建设的出发点也应落实到为民谋福利上,其本意就是柔性的。就制度的配套构成而言,既要体现其强制性的一面,又要具备褒扬、激励、教育的一面。就其约束力和操作而言,既要考虑有力,又要考虑有度,既不宽容,也不苛求,二者适度。形象一点说,制度可以是紧箍咒,不犯不痛,但不能削足适履,强人所难。制定规章制度要以发挥激励效果为目的,以事前的防范取代事后的责备,以积极的奖赏取代消极的处罚,达到提高效率的目的。

(6)制度要推陈出新

任何一项制度都是一定历史时期的产物。制度的生命力在于适应特定的时代、特定环境的要求。法无常法,制度也没有一成不变的。历史证明,统治者审时度势,顺应潮流,革故鼎新,则事业昌盛,民心归顺;因循守旧,故步自封,瞻前顾后,则事衰民穷,民怨沸腾。创新是企业生命力的源泉,是企业发展永恒的主题。企业制度就是企业法度,制度创新乃是企业创新的一个最基本的课题。制度创新需要勇气和智慧,既要敢于创新,又要善于创新。

4. 组织制度执行

（1）制度执行的原则

制度执行需要贯彻以下几条原则：①经常性原则。由于制度具有重复性的特性,因此制度执行也要贯彻经常性原则。制度执行并非一劳永逸,只要规则中所描述的情况发生,就必须要按规则办事。②一视同仁原则。规则的精神就是它对所有人都一样,正如"法律面前人人平等",不能有任何特权、规则排斥特权,特权也是规则无效的源泉。如果"一视同仁"原则不能得到贯彻,将影响规则的权威性。③强制性原则。一项规则之所有能够限制人们的自私自利行为,从某种程度上说是因为当有人犯规时,将受到应有的惩罚。其他人则通过别人的结果来约束自己的行为。因此规则执行中必须坚持按规则办事,从严执行原则。④时限性原则。只要有违犯规则的现象出现,就要立即给予处罚,否则达不到实际效果。

（2）制度执行的程序

管理者如何利用执行力这把双刃剑击败对手？如何摆脱执行怪圈,不做执行的奴隶？关键在于完善科学的决策和执行程序。

① 目标本身一定要清晰、可量化,就是可度量、可考核、可检查,即是目标不能模棱两可。同时,为了保证目标得到实现,管理者应在企业内建立一种"执行文化",在建立企业执行文化的过程中,管理者的示范作用非常大。从某种意义上说,管理者的行为将决定其他人的行为,从而最终其将演变成为该企业文化中的一个重要组成部分。要让员工心悦诚服地做好各项工作,将工作任务完成得更好,最重要的就是要将企业的奖励制度和执行力联结起来。

② 要有明确的时间表。讨论决定了的事情,一定要知道什么时候开始做。更重要的是,管理者一定要知道什么时候结束。一些管理者对工作只知道什么时候开始,但不知道什么时候结束,没有结束的时间,永远有完不成的任务。

③ 顺序的概念,有很多事情要分轻重缓急。用 80% 的时间解决重要的事情,20% 的时间处理琐事。解决事情分为：很重要、很紧急;很重要、不紧急;不重要、很紧急;不重要、不紧急。

④ 跟进制度落实。制定制度不是万事大吉,然后就靠员工、靠下属自我约束,自我管理。管理的问题不能形而上学,不能唯制度论,过程还是要关注,必要的时候要去督促,去指导,对可能发生的事情进行预测和判断。跟进与过程控制对管理者来说也是重要的一项工作。

⑤ 执行要有反馈机制,这样形成管理工作闭环。强调正强化和负强化,整个企业各部门和层级执行会形成一个高效运转着的机械功能系统,它们之间是环环相扣的链条关系,而从链子断的地方就会很快得到反馈点的信息,在这其中哪个环节出现了问题,哪个环节执行力不到位,是管理者还是员工的执行力出现了问题就会一目了然。

6.3.7　组织文化建设

所谓组织文化建设,是指组织有意识地发扬其积极的、优良的文化,克服其消极的、劣性的文化过程,即使组织文化不断优化的过程。组织文化既是组织发展的动力,更是管理的工具。

1. 组织文化的概述

(1) 组织文化的概念

组织文化又称企业文化,它是一个组织由其价值观、信念、仪式、符号、处事方式等组成的特有的文化形象。

(2) 组织文化的要素

特伦斯·E.迪尔、艾伦·A.肯尼迪把组织文化整个理论系统概述为 5 个要素,即组织环境、价值观、英雄人物、文化仪式和文化网络。①组织环境是指组织的性质、组织的经营方向、外部环境、组织的社会形象、与外界的联系等方面。它往往决定组织的行为。②价值观是指组织内成员对某个事件或某种行为好与坏、善与恶、正确与错误、是否值得仿效的一致认识。价值观是组织文化的核心,统一的价值观使组织成员在判断自己行为时具有统一的标准,并以此来选择自己的行为。③英雄人物是指组织文化的核心人物或组织文化的人格化,其作用在于作为一种活的样板,给组织中其他员工提供可供仿效的榜样,对组织文化的形成和强化起着极为重要的作用。④文化仪式是指组织内的各种表彰、奖励活动、聚会以及文娱活动等,它可以把组织中发生的某些事情戏剧化和形象化,来生动地宣传和体现本组织的价值观,使人们通过这些生动活泼的活动来领会组织文化的内涵,使企业文化"寓教于乐"之中。⑤文化网络是指非正式的信息传递渠道,主要是传播文化信息,它是由某种非正式的组织和人群所组成,它所传递出的信息往往能反映出职工的愿望和心态。

(3) 组织文化的特征

① 独特性。组织文化具有鲜明的个性和特色,具有相对独立性,每个组织都有其独特的文化积淀,这是由组织的生产经营管理特色、组织传统、组织目标、组织员工素质以及内外环境不同所决定的。

② 继承性。组织在一定的时空条件下产生、生存和发展,组织文化是历史的产物。组织文化的继承性体现在三个方面:一是继承优秀的民族文化精华;二是继承企业的文化传统;三是继承外来的组织文化实践和研究成果。

③ 相融性。组织文化的相融性体现在它与企业环境的协调和适应性方面。组织文化反映了时代精神,它必然要与组织的经济环境、政治环境、文化环境以及社区环境相融合。

④ 人本性。组织文化是一种以人为本的文化,最本质的内容,就是强调人的理想、道德、价值观、行为规范在企业管理中的核心作用,强调在企业管理中要理解人,尊重人,关心人。注重的全面发展,用愿景鼓舞人,用精神凝聚人,用机制激励人,用环境培育人。

⑤ 整体性。组织文化是一个有机的统一整体,人的发展和企业的发展密不可分,引导组织职工把个人奋斗目标融于企业整体目标之中,追求组织的整体优势和整体意志的实现。

⑥ 创新性。创新既是时代的呼唤,又是组织文化自身的内在要求。优秀的组织文化往往在继承中创新,随着组织环境和国内外环境变化而改革发展,引导大家追求卓越,追求成

效,追求创新。

（4）组织文化的功能

① 导向功能。所谓导向功能,就是通过它对组织的领导者和职工起引导作用。组织文化的导向功能主要体现在以下两个方面:一是对经营哲学和价值观念的指导。经营哲学决定了企业经营的思维方式和处理问题的法则,这些方式和法则指导经营者进行正确的决策,指导员工采用科学的方法从事生产经营活动。组织共同的价值观念规定了组织的价值取向,使员工对事物的评判形成共识,有着共同的价值目标,企业的领导和员工朝着认定的价值目标去行动。美国学者托马斯·彼得斯和小罗伯特·沃特曼在《追求卓越》一书中指出:"所有优秀公司都很清楚他们的主张是什么,并认真建立和形成了公司的价值准则。事实上,一个公司缺乏明确的价值准则或价值观念不正确,则会怀疑它是否有可能获得经营上的成功。"二是对组织目标的指引。组织目标代表着企业发展的方向,没有正确的目标就等于迷失了方向。完美的企业文化能够从实际出发,以科学的态度去制定企业的发展目标,这种目标一定具有可行性和科学性。组织员工就是在这一目标的指导下从事生产经营活动。

② 约束功能。组织文化的约束功能主要是通过完善管理制度和道德规范来实现。一是有效规章制度的约束。组织制度是企业内部的法规,企业的领导者和企业职工必须遵守和执行,从而形成约束力。二是道德规范的约束。道德规范是从伦理关系的角度来约束组织领导者和职工的行为,如果人们违背了道德规范的要求,就会受到舆论的谴责,心理上会感到内疚。

③ 凝聚功能。组织文化以人为本,尊重人的感情,从而在组织中造成了一种团结友爱、相互信任的和睦气氛,强化了团体意识,使职工之间形成强大的凝聚力和向心力。共同的价值观念形成了共同的目标和理想,职工把组织看成是一个命运共同体,把本职工作看成是实现共同目标的重要组成部分,整个企业步调一致,形成统一的整体。

④ 激励功能。共同的价值观念使每个职工都感到自己存在和行为的价值,自我价值的实现是人的最高精神需求的一种满足,这种满足必将形成强大的激励。在以人为本的企业文化氛围中,领导与职工、职工与职工之间互相关心,互相支持。特别是领导对职工的关心,职工就会感到受人尊重,自然会振奋精神,努力工作。从而形成幸福企业。另外,企业精神和企业形象对组织职工有着极大的鼓舞作用,特别是组织文化建设取得成功,在社会上产生影响时,职工会产生强烈的荣誉感和自豪感,他们会加倍努力,用自己的实际行动去维护企业的荣誉和形象。

⑤ 调适功能。调适就是调整和适应。企业各部门之间、职工之间,由于各种原因难免会产生一些矛盾,解决这些矛盾需要各自进行自我调节。企业与环境、与顾客、与企业、与国家、与社会之间都会存在不协调、不适应之处,这也需要进行调整和适应。企业哲学和企业道德规范使经营者和普通员工能科学地处理这些矛盾,自觉地约束自己。完美的企业形象就是进行这些调节的结果,调适功能实际也是企业能动作用的一种表现。

⑥ 辐射功能。组织文化关系到组织的公众形象、公众态度、公众舆论和品牌美誉度。组织文化不仅在企业内部发挥作用、对员工产生影响,它也能通过传播媒体,公共关系活动等各种渠道对社会产生影响,向社会辐射。组织文化的传播对树立企业在公众中的形象有很大帮助,优秀的组织文化对社会文化的发展有很大的影响。

2. 组织文化的内容

根据组织文化的内涵,其内容是十分广泛的,但其中最主要的应包括以下几个方面。

(1) 经营哲学。经营哲学也称企业哲学,源于社会人文经济心理学的创新运用,是一个企业特有的从事生产经营和管理活动的方法论原则,它是指导企业行为的基础。一个企业在激烈的市场竞争环境中,面临着各种矛盾和多种选择,要求企业有一个科学的方法论来指导,有一套逻辑思维的程序来决定自己的行为,这就是经营哲学。例如,日本松下公司"讲求经济效益,重视生存的意志,事事谋求生存和发展",这就是它的战略决策哲学。

(2) 价值观念。所谓价值观念,是指人们基于某种功利性或道义性的追求而对人们(个人、组织)本身的存在、行为和行为结果进行评价的基本观点。可以说,人生就是为了价值的追求,价值观念决定着人生追求行为。价值观不是人们在一时一事上的体现,而是在长期实践活动中形成的关于价值的观念体系。企业的价值观是指企业职工对企业存在的意义、经营目的、经营宗旨的价值评价和为之追求的整体化、个异化的群体意识,是企业全体职工共同的价值准则。只有在共同的价值准则基础上才能产生企业正确的价值目标。有了正确的价值目标才会有奋力追求价值目标的行为,企业才有希望。因此,企业价值观决定着职工行为的取向,关系着企业的生死存亡。只顾企业自身经济效益的价值观,可能会偏离社会主义方向,不仅会损害国家和人民的利益,还会影响企业形象;只顾眼前利益的价值观,就会急功近利,搞短期行为,使企业失去后劲,导致灭亡。

(3) 企业精神。企业精神是指企业基于自身特定的性质、任务、宗旨、时代要求和发展方向,并经过精心培养而形成的企业成员群体的精神风貌。企业精神不是自发生成的,它是通过企业全体职工有意识的实践活动体现出来。因此,企业精神又是企业职工观念意识和进取心理的外化。企业精神是企业文化的核心,在整个企业文化中起着支配的地位。企业精神以价值观念为基础,以价值目标为动力,对企业经营哲学、管理制度、道德风尚、团体意识和企业形象起着决定性的作用。可以说,企业精神是企业的灵魂。

企业精神通常用一些既富于哲理,又简洁明快的语言予以表达,便于职工铭记在心,时刻用于激励自己;也便于对外宣传,容易在人们脑海里形成印象,从而在社会上形成个性鲜明的企业形象。如某商场的"一团火"精神,就是用大楼人的光和热去照亮、温暖每一颗心,其实质就是奉献服务;又如某商场的"求实、奋进"精神,体现了以求实为核心的价值观念和真诚守信、开拓奋进的经营作风。

(4) 企业道德。企业道德是指调整该企业与其他企业之间、企业与顾客之间、企业内部职工之间关系的行为规范的总和。它是从伦理关系的角度,以善与恶、公与私、荣与辱、诚实与虚伪等道德范畴为标准来评价和规范企业。企业道德与法律规范和制度规范不同,不具有那样的强制性和约束力,但具有积极的示范效应和强烈的感染力,当被人们认可和接受后具有自我约束的力量。因此,它具有更广泛的适应性,是约束企业和职工行为的重要手段。

(5) 团体意识。团体即组织,团体意识是指组织成员的集体观念。团体意识是企业内部凝聚力形成的重要心理因素,它的形成使企业的每个职工都把自己的工作和行为看成实现企业目标的一个组成部分,使自己作为企业的成员而感到自豪,对企业的成就产生荣誉感,从而把企业看成是自己利益的共同体和归属。因此,职工就会为实现企业的目标而努力奋斗,自觉地克服与实现企业目标不一致的行为。

（6）企业形象。企业形象是企业通过外部特征和经营实力表现出来的，被消费者和公众所认同的企业总体印象。由外部特征表现出来的企业的形象称表层形象，如招牌、门面、徽标、广告、商标、服饰、营业环境等，这些都给人以直观的感觉，容易形成印象；通过经营实力表现出来的形象称深层形象，它是企业内部要素的集中体现，如人员素质、生产经营能力、管理水平、资本实力、产品质量等。表层形象是以深层形象为基础，没有深层形象作为基础，表层形象就是虚假的，也不能长久地保持。流通企业由于主要是经营商品和提供服务，与顾客接触较多，所以表层形象显得格外重要，但这绝不是说深层形象可以放在次要的位置。如某商场以"诚实待人、诚心感人、诚信送人、诚恳让人"来树立全心全意为顾客服务的企业形象，而这种服务是建立在优美的购物环境、可靠的商品质量、实实在在的价格基础上的，即以强大的物质基础和经营实力作为优质服务的保证，达到表层形象和深层形象的结合，赢得了广大顾客的信任。企业形象还包括企业形象的视觉识别系统，如 VIS 系统，是企业对外宣传的视觉标识，是社会对这个企业的视觉认知的导入渠道之一，也是标志着该企业是否进入现代化管理的标志内容。

（7）企业制度。企业制度是在生产经营实践活动中所形成的，对人的行为带有强制性，并能保障一定权利的各种规定。从企业文化的层次结构看，企业制度属中间层次，它是精神文化的表现形式，是物质文化实现的保证。企业制度作为职工行为规范的模式，使个人的活动得以合理进行，内外人际关系得以协调，员工的共同利益受到保护，从而使企业有序地组织起来为实现企业目标而努力。

（8）文化结构。文化结构是指企业文化系统内各要素之间的时空顺序，主次地位与结合方式，企业文化结构就是企业文化的构成、形式、层次、内容、类型等的比例关系和位置关系。它表明各个要素如何链接，形成企业文化的整体模式。即企业物质文化、企业行为文化、企业制度文化、企业精神文化形态。

（9）企业使命。所谓企业使命，是指企业在社会经济发展中所应担当的角色和责任，是指企业的根本性质和存在的理由，说明企业的经营领域、经营思想，为企业目标的确立与战略的制定提供依据。企业使命要说明企业在全社会经济领域中所经营的活动范围和层次，具体的表述企业在社会经济活动中的身份或角色。它包括的内容为企业的经营哲学，企业的宗旨和企业的形象。

3. 组织文化塑造的主要途径

一个成功企业的背后一定有优秀文化作支撑，一个优秀的组织文化也常常引领企业走向成功。众多的案例已证明，追求企业成功应先塑造适合组织发展的文化。然而，塑造组织文化并非一朝一夕的事情，需要长期积累，更需时时维护。一般而言，要经历积累、维系、变革和整合的过程。

（1）组织文化积累

组织文化积累分为无意识的积累和有意识的积累。在组织创建初期，没有固有的模式，组织完全根据生存需要自然地形成了一些特有的文化，这些文化有正面的也有负面的。随着组织的发展，各种文化会自然生长、消退、变异，这种变化是事先不被感知的。无意识积累的文化是组织文化的雏形，这类文化可能有利也可能有害，但是不加以引导，最终会成为限制组织发展的障碍。而有意识积累的文化是正面的文化，经过筛选、整理、倡导得以固化，因此,有意识的文化占据主导地位。

在积累阶段,要经历从无到有、从无意识到有意识渐渐发展的过程。最初,组织只是考虑如何生存,在这个特殊的环境中,自然而然地形成了相应的文化。随着组织的发展,渐渐意识到文化的作用,少数人提出文化主张,倡导全体认同和实践,并以身示范,这些人就是组织文化的先驱者。当倡导的文化显示促进组织发展时,文化会得到进一步强化,加强宣传、制度支持、不断实践,从而使文化得到固化。

（2）组织文化维系

通过积累形成组织文化后,需要维系将文化变成文化现实,这是最为漫长的过程。维系不是简单地维持,而是根据实际情况不断完善,因而具有一定的创造性。这个过程复杂多变,可能会偏离最初目标,需要不断调整,因而维系还具有动态性。

维系文化首先要收集信息,经过整理、分析现在的文化情况,做出调整后再进行传播。这个从收集信息到再传播信息的过程是周而复始的,起到不断调整的作用。为了方便信息沟通,要在内部建立多种渠道,引导员工认同文化,监督员工实践文化,方便员工反馈信息。在外部利用各种传播媒介,宣传组织文化,争取得到公众的认同。组织文化维系分为对内和对外两个方面,它们采用的途径也各不相同。对组织内部,可以利用企业神话、企业英雄传奇、奇闻逸事等故事宣传文化,可以用标语、标记、口号等方式传达文化,可以借助领导者的行为、作风示范文化,可以通过制度强化文化,可以透过风俗、仪式展示文化。在组织外部,可以通过产品、服务、员工、传播媒介和各种活动展现组织文化,其目的是让公众了解企业、认同企业。

（3）组织文化变革

当组织发展到一定时期时,或当外界发生巨大变化时,组织发展可能就此停滞。这类事例不胜枚举,众多中小企业无法继续壮大就是例证。最主要的原因,是过去的经营理念、管理风格、决策思路、行为准则等曾经令组织获得成功的要素,不再适合组织新的发展,而这些要素又是组织文化的重要组成。换言之,旧的组织文化不再适合企业发展的需要。

"旧的组织文化不再适合",不是要完全抛弃原有文化,而是在其基础上发生飞跃。比如,"打仗还需父子兵"的理念可能会让几个人的家庭作坊成功,但肯定不适合上百人的企业经营,团结是企业成功的经验,此时可将此理念转变为"团队合作",延续团结文化。组织文化变革是指由组织文化特质改变所引起的组织文化的重大变化。一方面受到发展需要而产生强烈的推动力;另一方面固有模式的影响又会产生巨大的阻力,变革就在两股力量中进行,此过程比其他阶段都要困难。因而,坚定且有策略地计划和实施变革非常必要。首先,建立变革的指导机构,作为推进主体来实施具体任务。其次,对内外环境进行调查,诊断现有文化,评估文化需求,再制定变革方案。最后,发挥领导和模范的作用引导变革,并通过培训改变员工观念。一场彻底的变革,会引起物质层、行为层、制度层和精神层的变化,因而变革需要足够的勇气和卓越的眼光。

（4）组织文化整合

文化整合是一种文化变为整体的或完全的过程,或是一种文化变为整体的或完全的一种情态。这种情态被理解为:在各种文化的意义中的一种逻辑的、情绪的或美感的协调;文化规范与行为的适合;不同成分的风俗和制度之间在功能上的相互依赖。组织文化是一个有机整体,具有一体化倾向,然而在现实中总是存在着各种各样的冲突,如不同利益群体间的冲突、新旧文化之间的冲突、不同民族文化间的冲突。随着全球化的发展,跨国公司日益增多,同一组织受到不同国家文化影响的情况非常普遍,如何正视和解决这一问题成为组织文化研究的新热点。

4. 组织文化建设的步骤

组织文化建设主要有以下三个步骤。

(1) 制定组织文化系统的核心内容。企业价值观和企业精神是组织文化的核心内容。第一,企业价值观体系的确立应结合本企业自身的性质、规模、技术特点、人员构成等因素。第二,良好的价值观应从企业整体利益的角度来考虑问题,更好地融合全体员工的行为。第三,一个企业的价值观应该凝聚全体员工的理想和信念,体现企业发展的方向和目标,成为鼓励员工努力工作的精神力量。第四,企业的价值观中应包含强烈的社会责任感,使社会公众对企业产生良好的印象。

(2) 进行组织文化表层的建设。主要指组织文化的物质层和制度层的建设。组织文化的表层建设主要是从企业的硬件设施和环境因素方面入手,包括制定相应的规章制度、行为准则,设计公司旗帜、徽章、歌曲,建造一定的硬件设施等,为组织文化精神层的建设提供物质上的保证。

(3) 组织文化核心观念的贯彻和渗透。组织文化的渗透要做好以下几方面的工作。

① 员工的选聘和教育。企业文化本身包括了理念文化、制度文化、行为文化和物质文化等四个方面的内容,可以使新进员工对公司的各个方面都有一个比较全面的了解。另外,企业文化是组织员工长期积累并得到认可的价值观和行为体系,将公司的文化传授给新进入者,可以使他们快速融入组织。

② 英雄人物的榜样作用。企业所倡导的价值观不能仅仅是文字口号,需要验证,需要有人去实践,需要由员工中的英雄来体现。英雄的观念、品格、气质与行为特征集中体现企业主流文化,他们是被组织推崇、被广大员工一致仿效的特殊员工,这些人在企业正常的生产经营活动中起着带头作用,是企业先进文化的体现者,是企业价值观的化身。企业英雄是在企业实践中逐步成长起来的,但最后真正成为人们所敬仰的英雄又需要企业的外在培育,是典型人物良好的素质所形成的内在条件与企业"天时、地利、人和"的客观环境形成的催化力共同造就的。企业在造就英雄时主要应做的工作是:发现英雄"原型"、注意培养英雄和塑造英雄。

③ 礼节和仪式的安排和设计。礼仪文化作为企业文化建设的重要组成部分,可以从侧面反映出一个企业的形象和素质。通过礼仪建设可以提升企业核心竞争力,同时礼仪也是企业形象资产最好的容器。员工通过公司立身处世,公司通过员工服务社会,每一个企业的员工在职场上的各种表现与行为都是该企业形象的缩影,社会往往透过员工行为对企业进行评价。因此,建设并不断完善礼仪文化,使公司员工懂得在现代商务活动中的基本礼仪,不仅能反映该员工自身的素质,而且折射出该员工所在公司的企业文化水平和经营管理境界。加强礼仪文化建设力度,可以内修企业素质,外树企业形象,是企业长远发展的战略,是企业兴衰荣辱的大计。

④ 组织的宣传口号的设计传播。新闻是宣传的一种重要形式。宣传者运用新近发生的事实的报道,阐述一定的观点和主张,以达到吸引受众和争取受众的目的。新闻和宣传都

是信息的传递,两者既有明显的区别,又在很大程度上交叉。新闻和宣传的结合必须尊重新闻规律和宣传规律,通过受众所关注的事实的传播,表达思想观点,使受众乐于接受,而达到预期的效果。

6.4 控　　制

控制是管理工作的重要职能之一,是保证组织计划与实际运作动态相适应的管理职能,是保证一个组织的目标实现而采取的各种必要的活动所不可缺少的措施。如果没有有效的控制系统,一个社会、一个组织就会杂乱无章,就会离开正确的轨道。通过控制,既可检验各项工作是否按预定计划进行,并检验计划的正确性和合理性,又可调整行动或计划,使两者协调一致。

6.4.1　控制概述

1. 控制的概念

控制是按照既定的目标、计划和标准,对组织活动各方面的实际情况进行检查和考察、发现差距、分析原因,采取措施予以纠正,使工作能按原计划进行。

控制是一种经常性的管理活动,正确认识和理解控制职能,应注意把握控制系统的基本要素。

(1)控制的主体。控制工作是要靠人来实施的,组织中承担控制工作的管理者及其相应的职能部门就构成控制的主体。一般中低层管理者从事的主要是程序性的控制,高层管理者从事的主要是非程序的控制。

(2)控制的对象。控制的对象应是整个组织的活动,确定控制对象应有整体的观点,要把组织的各种资源、组织结构的各层次、各部门、组织工作的各阶段、各环节都纳入控制的对象。

(3)控制的目标体系。任何控制活动都是有目的的活动,控制的目的就是要保证组织目标的实现。因此,控制目标的确定应以组织目标为依据,要与组织目标体系相协调,建立控制的目标体系。

(4)控制的技术系统。控制的技术系统包括控制机构、控制方法和手段,组织的控制机构从纵向看可分为各个不同管理层次的控制,从横向看可分为各种不同性质的专业控制。控制工作应注重采用先进的控制方法和手段,以不断提高控制工作的效率和效果。

(5)控制的信息反馈系统。控制过程是通过信息的传输和反馈得以实现的,就是说控制部分有控制信息输入受控部分,受控部分也有反馈信息返送到控制部分,形成闭合回路。控制根据反馈信息才能比较、纠正和调整控制信息,从而实现有效控制。

2. 控制职能的作用

企业组织的各项活动都离不开控制,控制职能是企业组织顺利开展活动,实现企业组织目标的基本保证。因此,控制的作用表现在以下几个方面。

(1)通过控制可以使复杂的组织活动能够协调一致地运作。由于现代组织的规模有日益扩大的趋势,组织的各种活动日趋复杂化,要使组织的众多部门和人员能够协调一致地工作,完善的计划是必备的基础,但计划的实施还要以控制为保证手段。

(2)通过控制可以避免和减少管理失误造成的损失。由于组织所处环境的不确定性,以及组织活动的复杂性,管理工作不可避免地会出现失误。控制工作通过对管理全过程的检查和监督,可以及时发现组织各种各样的问题,并采取纠偏措施,避免或减少工作中的损失,为执行和完成计划起着必要的保障作用。

(3)通过控制可以有效减轻环境的不确定性对组织活动的影响。现代组织所面对的环境具有复杂多变的特点,再完善的计划也难以对未来出现的变化进行全面预测。因此,为了保证组织目标和计划的顺利实施,就必须有控制工作,以有效的控制降低环境的各种变化对组织活动的影响。

3. 控制的必要性

控制职能是管理过程不可分割的一部分,是企业各级管理人员的一项重要工作。管理控制的必要性主要来自下列几个因素。

(1)管理权利的分散。企业经营达到一定规模,管理者就不可能直接地、面对面地组织和指挥全体员工的活动。时间与精力的限制要求管理者需要将权力和责任分派给下级,让下级代理部分管理事务。因此,任何企业的管理权限都制度化或非制度化地分散在各个管理部门和层次。企业分权程度越高,控制就越有必要。控制系统可以提供被授权的下级的工作绩效的信息和反馈,以保证授予权力得到正确行使,促使开展的业务活动符合计划与企业目的的要求。如果没有控制,没有为此而建立相应的控制系统,管理人员就不能检查下级的工作情况,即使出现权力滥用或活动不符合计划要求等其他情况,管理人员也无法发现,更无法采取及时的纠正行动。

(2)工作能力的差异。实效组织目标和创造组织活动的高效率,要求每个部门的工作严格按计划的要求协调各项工作。然而,由于组织成员的认识能力不同,对计划要求的理解可能发生差异,而且组织成员的工作能力存在差异,导致实际工作结果与计划要求不符。而某个环节可能产生的这种偏离计划的现象,会对整个组织活动造成冲击。因此,加强对组织成员的工作控制是非常必要的。

(3)环境的变化。事物是发展变化的,组织发展的外部静态环境是不存在的,企业外部的一切每时每刻都在发生变化。组织活动需要不断适应变化发展的环境,必然要求对原先制订的计划进行修正和完善,从而对组织活动的内容作相应的调整。

4. 控制系统运转的基本要求

(1)确立符合组织目标且切实可行的控制标准。控制标准是控制过程中对实际工作进行检查的衡量尺度,是实施控制的必要条件。因此实施控制工作一定要把确定控制标准作为控制过程的首要环节。同时要以明确的切实可行的组织目标和计划作为开展控制工作的基础,控制工作的任务是保证组织目标和计划的实现,控制标准的确定也是以计划指标为依据的,控制工作的开展也是针对计划实施的全过程。因此,实现有效控制的基本前提是要有一套切实可行的控制标准。

(2)设置控制职能部门和人员,为控制工作提供组织保证。控制的对象涉及整个组织的活动和管理的各个方面,为保证控制工作对组织活动的有效监督,组织应设有专职的控制机构和人员,赋予其相应的责任和权限,建立和健全规章制度,以保证控制工作在组织活动中的权威性。

(3)健全的信息反馈渠道。控制是对计划实施过程的检查与调整,要随时掌握工作实际并与标准进行比较,以便从差异中寻找问题,纠正偏差。这一过程的顺利进行是以信息的及时获取和反馈为前提的,具备畅通的信息渠道,才能有利于问题的及时发现和解决。

(4)准确地发现、分析和解决组织活动中的问题。控制工作的有效性在于能够及时地发现并解决组织活动中的各种问题,因此,一定要重视控制的及时性和准确性。这种及时性一方面反映在控制系统所需信息的灵敏度;另一方面反映在控制系统解决问题的及时性和准确性。控制工作的对象是整个组织的活动,但这并不意味着组织内的事无巨细的各种活动都是控制的直接对象,控制工作应善于抓住组织活动中的关键点,以重点控制达到控制全局的目的。

(5)控制工作具有经济合理性。控制工作的开展需要大量的人力、物力和财力的投入,有效的控制要以是否具有经济合理性作为开展工作的标准。要将控制过程中的投入与产出效果相比较,从中选择经济合理的控制点。控制过程采用各种技术措施,应该以降低控制成本作为一项重要要求。组织活动的复杂性及组织环境的不确定性,给控制工作带来了极大的难度。因此,为了应付复杂多变的环境,控制工作应注意把握灵活性和适应性,要有各种应变方案,要尽可能采用多种控制手段,以便灵活地适应各种变化。

(6)要注重采用先进适用的控制方法和手段。实施控制要有必要的控制方法和手段。控制工作应注重采用先进的控制方法和手段,以不断提高控制工作的效率和效果。

5. 控制的基本类型

组织活动实际控制工作,由于工作性质、工作场合、工作要求的不同,所采用的控制也是不同的,应根据不同的适用条件选用不同的控制方法。

(1)前馈控制

前馈控制是指对未来可能出现的结果进行的预防性控制,即主管人员运用所能得到的最新信息,包括前一次控制活动的经验教训,对可能出现的结果进行预测,调整计划或控制影响因素,以确保目标的实现(见图 6-2)。前馈控制属于一种预防性控制,它的工作重点并不是控制工作的结果,而是提前采取各种预防性措施,包括对投入资源的控制,以防止工作过程出现偏差。如企业为了开发一种能够有效满足消费者需求的产品,预先对消费者的实际需求进行市场调查;对加入组织的新成员进行岗前培训等。

前馈控制较之反馈控制而言,其主要优越性在于:克服了反馈控制中时间滞后带来的缺陷,使主管人员能够及时预见到工作过程出现偏差,并预先采取预防措施,防止组织活动出现偏差。

(2)现场控制

现场控制也称为实时控制或即时控制,是指在某项活动或工作过程中进行的控制,即主管人员对正在进行的活动给予指导与监督,以保证组织的各项活动按既定的计划进行。现场控制是组织控制工作的基础,是组织的基层管理人员主要采用的控制方法。如企业中生产制造过程的进度控制、对生产工人正在加工的产品进行的抽检等。

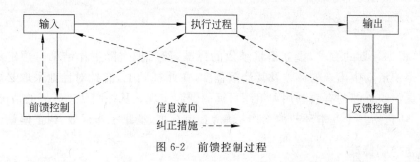

图 6-2　前馈控制过程

现场控制的主要工作内容包括：对下级人员进行必要的工作指导；监督下级人员的工作；对工作中出现的偏差及时采取纠正措施。要保证现场控制的有效性，应注意以下几个问题。

- 要授予主观人员相应的权利，使他们能够用经济或非经济的手段对下属施加影响。
- 要切实把组织的计划、目标、战略、政策、规范和制度等落实到基层，以便使基层工作的控制标准更为明确和具体。
- 要重视主管人员的个人素质、工作作风、指导的表达方式等对下属的影响。

（3）反馈控制

反馈控制也称成果控制或事后控制，是指在一个时期的生产经营活动已经结束以后，对本期的资源利用状况及其结果进行总结（见图 6-3）。由于这种控制是在经营过程结束以后进行的，因此，成果控制的主要作用是通过总结过去的经验和教训，为未来计划的制订和活动的安排提供借鉴。

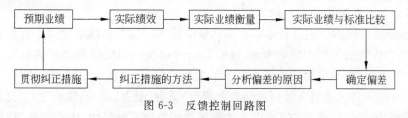

图 6-3　反馈控制回路图

反馈控制主要包括财务分析、成本分析、质量分析以及职工成绩评定等内容。财务分析的目的是通过分析反映资金运动过程的各种财务资料，了解本期资金利用的结果，弄清企业的盈利能力、偿债能力、维持营运的能力以及投资能力，以知道企业在下期活动中调整产品结构和生产方向，决定缩小或扩大某种产品的生产。成本分析是通过比较标准成本（预定成本）和实际成本，了解成本计划的完成情况，通过分析成本结构和各成本要素的情况，了解成本计划的完成情况，通过分析成本结构和各成本要素的情况，了解材料、设备、人力等资源的消耗与利用对成本计划执行结果的影响程度，以找出降低成本、提高经济效益的潜力。质量分析是通过研究质量控制系统收集的统计数据，判断企业产品的平均等级系数，了解产品质量水平与其费用要求的关系，找出企业质量工作的薄弱环节，为组织下期生产过程中的质量管理和确定关键的质量控制点提供依据。职工成绩评定是通过检查企业员工在本期的工作表现，分析他们的行动是否符合预定要求，判断每个职工对企业提供的劳动数量和质量贡献。成绩评定不仅为企业确定付给职工的报酬（物质或精神上的奖惩）提供了客观的依据，而且会通过职工对报酬公平与否的判断，影响他们以后工作的积极性。

6.4.2　控制过程

控制是根据计划的要求，设立衡量绩效的标准，然后把实际工作结果与预定标准相比较，以确定组织活动中出现的偏差及其严重程度，在此基础上，有针对性地采取必要的纠正措施，以确保组织资源的有效利用和组织目标的圆满实现。从控制活动开展的情况来看，控制的过程一般包括三个基本环节的工作：确立控制标准、衡量工作成效、纠正偏差。

1. 确立控制标准

控制标准是控制过程中对实际工作进行检查的衡量尺度，是实施控制的必要条件。因此，确定控制标准是控制过程的首要环节。

（1）控制标准的种类

控制主要是对组织活动加以监督和约束，保证实际活动按计划进行。因此，控制过程开始时，必须确定某些标准，作为评估和衡量实际活动是否符合目标要求的尺度。组织的计划和目标，无疑是制定这些标准的依据，但是，由于计划的详细程度和复杂程度不一样，管理者也不可能观察每一件事的进展情况，因此，不可能也没有必要对计划和实际活动的所有细节都定出控制标准。一般来说，可操作的控制标准，是从整个计划工作的方案中选择出的对工作成效进行评判的关键控制点的标准。

选择关键控制点是一项管理艺术，因为健全的控制取决于关键点。如影响企业成本的因素很多，但如果能在人工费用、原材料费用和库存、运输和销售费用上有效地进行节约，就可能控制住产品的成本消耗。同时，关键点必须要有相应的控制标准。从管理的实践来看，控制标准可分为定性标准和定量标准两大类。

① 定性标准。指难以用计量单位直接计量的标准。这类标准主要用于有关服务质量、组织形象、组织成员的工作表现等方面，这些方面的标准一般能够做出定性的描述，但都难以定量化。尽管如此，为了使定性标准便于掌握和控制，有时也应尽可能地采用一些可度量的方法。如美国著名的麦当劳公司在经营上奉行"质量、服务、清洁、价值"的宗旨，为体现其宗旨，公司制定的工作标准是：95%以上的顾客进餐馆后3分钟内，服务员必须迎上前去接待顾客；事先准备好的汉堡包必须在5分钟内热好供应顾客；服务员必须在就餐人员离开后五分钟内把餐桌打扫干净等。如此一来，对服务质量的控制也就有了明确的标准。

② 定量标准。指能够以一定形式的计量单位直接计量的标准。定量标准便于度量和比较，是控制标准的主要表现形式。定量标准主要分为以下3种。

• 实物标准，是指以实物量为计量单位的标准。主要用于在投入和产出方面可用实物计量的场合，反映定量的工作成果。如企业中原材料、能源、劳动力的消耗标准，产品的产量、销售量等；也可用于产品质量的衡量场合，如精确度、强度、可靠度等。实物标准是计划工作的常用指标，也是控制的基本标准。

• 财务标准，也称为价值标准，是指以货币量为计量单位的标准。主要反映组织在各项活动中的资金效益方面的成果。如企业的产品直接费用、间接费用，投资回收率、流动资产与短期负债的比率、债务与净资产的比率、销售利润等。

• 时间标准，是指以时间为计量单位的标准。反映组织在各项活动中的时间利用方面的成果。如工期、生产周期、生产投入期和出产期、工时定额等。

（2）确立控制标准应注意的问题

① 选择控制重点。对任何社会组织的活动进行控制，由于受到人力、物力、财力的限制，不可能对所有成员的所有活动进行控制，只能在影响组织目标的众多因素中选择若干关键环节作为重点控制对象。

② 确定控制对象。控制标准的具体内容涉及需要控制的对象，这就需要在建立标准之前对控制对象加以分析。对于企业而言，经营活动的最终目的是取得预期的活动结果。因此，分析企业需要的结果可以从盈利性、市场占有率等多个角度来进行。要保证企业取得预期的结果，必须在成果最终形成以前进行控制，纠正与预期成果的要求不相符的活动。所以，需要分析影响企业经营结果的各种因素，并把它们列为需要控制的对象。

（3）制定标准的方法

控制的对象不同，建立控制标准的方法也不一样。一般来说，企业可以使用的建立标准的方法有下列三种：利用统计方法来确定预期结果；根据经验和判断来估计预期结果；以定量分析为基础建立工程（工作）标准。

① 统计性标准。统计性标准也称历史性标准，是以分析反映企业经营历史的各个时期状况的数据为基础，为未来活动建立的标准。这些数据可能来自本企业的历史统计，也可能来自其他企业的经验。据此建立的标准，可能是历史数据的平均数，也可能是高于或低于中位数的某个数。利用本企业的历史性统计资料为某项工作确定标准，具有简便易行的好处。但是，据此制定的工作标准可能低于同行业的卓越水平，甚至低于平均水平。这种条件下，即使企业的各项工作都达到了标准的要求，也可能造成劳动生产率的相对低下，制造成本的相对高昂，从而造成成果和竞争能力劣于竞争对手。为了克服这种局限性，在根据历史性统计数据制定未来工作标准时，充分考虑行业的平均水平，并研究竞争企业的经验是非常必要的。

② 根据评估建立标准。从实际情况来看，并不是所有工作的质量和成果都能用统计数据来表示，也不是所有的企业活动都保存着历史统计数据。对于新从事的工作，或对于统计资料缺乏的工作，可以根据管理人员的经验、判断和评估建立标准。利用这种方法来建立工作标准时，要注意利用各方面的管理人员的知识和经验，综合大家的意见，给出一个相对先进合理的标准。

③ 工程标准。工程标准也是一种用统计方法制定的控制标准，不过它不是对历史性统计资料的分析，而是通过对工作情况进行客观的定量分析来进行的。例如，机器的产出标准是其设计者计算的正常情况下被使用的最大产出量；工人操作标准是劳动研究人员在对构成作业的各项动作和要素的客观描述与分析的基础上，经过消除、改进和合并而确定的标准作业方法；劳动时间定额是利用秒表测定的受过训练的普通工人以正常速度按照标准操作方法对产品或零部件进行某个（些）工序的加工所需的平均必要时间。

2. 衡量工作成效

衡量工作成效是指控制过程中将实际工作情况与预先确定的控制标准进行比较，找出实际业绩与控制标准之间的差异，以便找出组织目标和计划在实施中的问题，对实际工作做出正确的评估。

企业经营活动中的偏差如能在产生之前就被发现，则可指导管理者预先采取必要的措施以求避免,这种理想的控制和纠偏方式虽然有效,但在现实中可能性不是很高。并非所有的管理人员都有远见卓识,同时也并非所有的偏差都能在产生之前被发现。在这种情况下,理想的控制方式应是在偏差产生以后迅速采取必要的纠偏行动,为此,要求管理者及时掌握反映偏差是否产生、并能判定其严重程度的信息。用预定标准对实际工作成效和进度进行检查、衡量和比较,就是为了提供这类信息。

(1) 衡量工作成效的目的。通过衡量成效,应达到以下几个方面的目的:通过调查、汇报、统计、分析等,比较全面确切地了解实际的工作进展情况,掌握计划的执行进度;找出实际成效与控制标准之间的差异,以便找出组织目标和计划在实施中的问题,为纠正偏差和改进工作提供依据;为主管人员评价和奖励下级提供依据。

(2) 衡量工作成效应注意的问题。为了能够及时、正确地提供能够反映偏差的信息,同时又符合控制工作在其他方面的要求,管理者在衡量工作成绩的过程中应注意以下几个问题。

① 确定适宜的衡量频度。控制过多或不足都会影响控制的有效性。这种“过多”或“不足”,不仅体现在控制对象和标准数目的选择上,而且表现在对同一标准的衡量次数或频率上。对影响某种结果的要素或活动过于频繁的衡量,不仅会增加控制的费用,而且可能引起有关人员的不满,从而影响他们的工作态度;而检查和衡量的次数过少,则可能使许多重大的偏差不能及时发现,从而不能及时采取措施。

以什么样的频度,在什么时候对某种活动的绩效进行衡量,取决于被控制活动的性质。例如,对产品的质量控制常常需要以小时或以日为单位进行,而对新产品开发的控制则可能只需以月为单位进行就可以了。需要控制的对象可能发生重大变化的时间间隔是确定适宜的衡量频度所需考虑的主要因素。

② 通过衡量成效检验衡量标准。衡量工作成效是以预定的标准为依据的,但利用预先制定的标准去检查各部门的各个阶段工作,这本身也是对标准的客观性和有效性进行检验的过程。

检验标准的客观性和有效性,是要分析标准执行情况能否取得符合控制需要的信息。在为控制对象确定标准的时候,人们可能只考虑了一些次要的因素,或只重视一些表面的因素,因此,利用既定的标准去检查人们的工作,有时并不能达到有效控制的目的。比如,衡量职工出勤率是否达到了正常水平,不足以评价劳动者的工作热情、劳动效率或劳动贡献。在衡量过程中对标准本身进行检验,就是指出能够反映被控制对象的本质特征,确定最适宜的标准。

③ 建立信息管理系统。负有控制责任的管理人员只有及时掌握反映实际工作与预期工作绩效之间偏差的信息,才能迅速采取有效的纠正措施,不精确、不完整、过多或延误的信息将会严重阻碍他们的行动。因此,应该建立有效的信息管理网络,通过分类、比较、判断、加工提高信息的真实性和清晰度,同时将杂乱的信息变成有序的、系统的、彼此紧密联系的信息,并使反映实际工作情况的信息适时地传递给适当的管理人员,使之能与预定标准相比较,及时发现问题。建立这样的信息管理系统,不仅更有利于保证预订计划的实施,而且能防止基层工作人员把衡量和控制视作上级检查工作、进行惩罚的手段,从而避免产生抵触情绪。在掌握必要信息的基础上,就可以根据标准对实际活动进行衡量和比较,确定实际工作业绩与标准之间的偏差。

3. 纠正偏差

利用科学的方法,依据客观的标准,通过对工作绩效的衡量,可以发现计划执行中出现的偏差。纠正偏差就是在此基础上,分析偏差产生的原因,制定并实施必要的纠正措施。这项工作使控制过程得以完整,并将控制与管理的其他职能相互联结。通过纠偏,使组织计划得到遵循,使组织机构和人事安排得到调整,使领导活动更加完善。为了保证纠偏措施的针对性和有效性,必须在制定和实施纠偏措施的过程中注意下列问题。

(1) 进行偏差分析

通过实际业绩同控制标准之间的比较,就可以确定这两者之间有无差异。如果无差异,工作按原计划继续进行;如果有差异,则首先要了解偏差是否在标准允许的范围之内。如果在允许的范围之内,工作可以继续进行,但要对产生偏差的原因进行分析,以便改进工作,尽可能缩小偏差;如果偏差在允许的范围之外,则应当深入分析产生偏差的原因。偏差可分为正偏差和负偏差:正偏差是指实际业绩超过了计划要求,而负偏差则是指实际业绩未达到计划的要求。偏差分析首先要确定偏差的性质和类型。偏差的产生,可能是在执行任务过程中由于工作失误而造成的,也可能是由于缘由计划不周所导致的,必须要对这两类不同性质的偏差做出准确的判断,以便采取相应的纠偏措施。

(2) 确定纠偏措施的实施对象

如果偏差是由于绩效的不足而产生的,管理人员就应该采取纠偏行动。他们可以调整企业的管理战略,也可改变组织结构,或通过更完善的选拔和培训计划,或更改领导方式。但是,在有些情况下,需要纠正的可能不是企业的实际活动,而是组织这些活动的计划或衡量这些活动的标准。大部分员工没有完成劳动定额,可能不是由于全体员工的抵制,而是定额水平太高;承包后企业经理的兑现收入可高达数万元,甚至数十万元,可能不是由于经营者的努力数倍或数十倍于工人,而是由于承包基数不恰当或确定经营者收入的挂钩方法不合理;企业产品销售量下降;可能并不是由于质量劣化或价格不合理,而是由于市场需求的饱和或周期性的经济萧条。在这些情况下,首先要改变的不是或不仅是实际工作,而是衡量这些工作的标准或指导工作的计划。

预定计划或标准的调整是由两种原因决定的:一是原先的计划或标准制定得不科学,在执行中发现了问题;二是原来正确的标准和计划,由于客观环境发生了预料不到的变化,不再适应新形势的需要。负有控制责任的管理者应该认识到,外界环境发生变化以后,如果不对预先制订的计划和行动准则进行及时的调整,那么,即使内部活动组织得非常完善,企业也不可能实现预定目标;消费者的需求偏好转移,这时,企业的产品质量再高,功能再完善,生产成本以及价格再低,依然不可能找到销路,不会给企业带来期望的利润。

(3) 选择恰当的纠偏措施

针对产生偏差的主要原因,就可能制订改进工作或调整计划与标准的纠正方案。纠偏措施的选择和实施过程中要注意以下几点。

① 使纠偏方案双重优化。纠正偏差不仅在实施对象上可以进行选择,而且对同一对象的纠偏也可采取多种不同的措施。是否采取措施,要视采取措施纠偏带来的效果是否大于不纠偏的损失而定,有时最好的方案也许是不采取任何行动,如果行动的费用超过偏差带来

的损失,则不采取任何纠偏措施,这是纠偏方案选择过程中的第一重优化。第二重优化是在此基础上,通过对各种经济可行方案的比较,找出其中追加投入最少,解决偏差效果最好的方案来组织实施。

② 充分考虑原先计划实施的影响。由于对客观环境的认识能力提高,或者由于客观环境本身发生了重大变化而引起的纠偏需要,可能会导致对原先计划与决策的局部甚至全局的否定,从而要求企业活动的方向和内容进行重大的调整。这种调整有时候被称为"追踪决策",即当原有决策的实施表明将危及决策目标的实现时,对目标或决策方案所进行的一种根本性修正。

追踪决策是相对于初始决策而言的。初始决策是所选定的方案尚未付诸实施,没有投入任何资源,客观对象与环境尚未受到人的决策的影响和干扰,因此是以零为起点的决策。进行重大战略调整的追踪决策则不然,企业外部的经营环境或内部的经营条件已经由于初始决策的执行而有所改变,是"非零起点"。因此,在制定和选择追踪决策的方案时,要充分考虑到伴随着初始决策的实施已经消耗的资源,以及这些消耗对客观环境造成的种种影响。

③ 消除人们对纠偏措施的疑虑。任何纠偏措施都会在不同程度上引起组织的结构、关系和活动的调整,从而涉及某些组织成员的利益,使不同的组织成员会因此而对纠偏措施持不同态度,特别是纠偏措施属于对原先决策和活动进行重大调整的追踪决策时,一些原先反对初始决策的人会幸灾乐祸,甚至夸大原先决策的失误,反对保留其中任何合理的成分,但更多的人对纠偏措施持怀疑和反对的态度。原先决策的制定者和支持者因害怕改变决策标志着自己的失败,从而会公开或暗地里反对纠偏措施的实施。执行原决策、从事具体活动的基层工作人员则会对自己参与的已经形成的或开始形成的活动结果怀有感情,或者担心调整会使自己失去某种工作机会,影响自己的既得利益,极力抵制任何重要的纠偏措施的制定和执行。因此,控制人员要充分考虑到组织成员对纠偏措施的不同态度,特别是要注意消除执行者的疑虑,争取更多人理解、赞同和支持纠偏措施,以避免在纠偏方案的实施过程中可能出现的认识障碍。

综上所述,控制过程基本是一个在标准形成、衡量、比较和管理行动之间的连续流动过程(见图 6-4)。

6.4.3　控制方法

企业管理实践中运用着多种控制方法,管理人员除了利用现场巡视、监督或分析下属依循组织路线传送的工作报告等手段进行控制外,还经常借助预算控制、比率分析、审计控制、盈亏控制以及网络控制等方法。

1. 预算控制

企业未来的几乎所有活动都可以利用预算进行控制。所谓预算,就是用数字特别是用财务数字的形式来描述企业未来的活动计划,它预估企业在未来时期的经营收入和现金流量,同时也为各部门或各项活动规定了在资金、劳动、材料、能源等方面的支出的额度。预算控制就是根据预算规定的收入与支出标准来检查和监督各个部门的生产经营活动,以保证各种活动或各个部门在完成既定目标、实现利润的过程中对经营资源的利用,从而使费用支

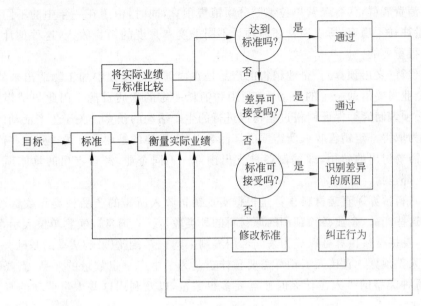

图 6-4 控制过程

出受到严格有效的约束。预算控制是管理控制中运用最广泛的控制方法。

(1) 预算的概念及其种类

① 预算的概念。预算是一种以货币和数量表示的计划,是一项关于完成组织目标和计划所需资金的来源和用途的书面说明。预算将计划规定的活动用货币量表现出来,通过预算就可以使计划具体化,从而更便于控制。国外与我国使用的预算概念在含义上有所不同。在我国,预算一般指经法定程序批准的政府部门、事业单位和企业在一定时期的收支预计;而在国外,则是指计划的数量说明,而不仅是金额方面的反映。

预算主要是一种控制手段。编制预算实际上是控制过程的第一步,即拟定标准。预算以数量化的方式表明了管理工作的标准,为控制过程的第二步,即考核时间业绩提供了具体的、明确的指标,从而更便于发现偏差,制定和实施纠正措施。

② 预算的种类。对于不同的组织和活动,预算的内容也各有特点。按照不同的内容,可以将预算分为经营预算、投资预算和财务预算三大类。

经营预算(收入预算)。经营预算是指企业日常发生的各项基本活动的预算,主要包括销售预算、生产预算、材料采购预算、直接人工预算、制造预算、单位生产成本预算、推销及管理费用预算等。其中最基本的是销售预算,它是销售预测正式的、详细的说明。由于销售预测是计划的基础,加之企业主要是靠销售产品和劳务所提供的收入来维持经营费用的支持和获利,因而销售预算也就成为预算控制的基础。生产预算是根据销售预算中的预计销售量,经过对生产能力的平衡,排除分季度的生产进度日程表,在此基础上可以编制直接材料采购预算、直接人工预算和制造费用预算。这三项预算构成了对企业生产成本的统计。推销及管理费用预算包括制造业务范围以外预计发生的各种明细项目,如销售费用、广告费、运输费等。

由于企业通常不止生产经营一种产品,这些产品也不仅在某一个区域市场上销售,因此,为了能为控制未来的活动提供详细的依据,便于检查计划的执行情况,往往需要按产品、区域市场消费者群,为各经营单位编制分项销售预算,同时,由于在一年中的不同季节和月度,销售量往往不稳定,所以通常还需预计不同季度和月度的销售收入,这种预计对编制现金预算是很重要的。

投资预算(支出预算)。企业销售的产品是在内部生产过程中加工制造出来的,在这个过程中,企业需要借助一定的劳动力,利用和消耗一定的物质资源。因此与销售预算相对应,企业必须编制能够保证销售过程得以进行的生产活动的预算。关于生产活动的预算,不仅要确定为取得一定销售收入所需要的产品数量,更重要的是要预计为得到这些产品、实现销售收入需要付出的费用,即编制各种支出预算。不同企业,经营支出的具体项目可能不同,但一般都包括:

直接材料预算。直接材料预算是根据实现销售收入所需的产品种类和数量,详细分析为了生产这些产品,企业必须利用的原材料的种类数量。它通常以实物单位表示,考虑到库存因素后,直接材料预算可以成为采购部门编制采购预算、组织采购活动的基础。

直接人工预算。直接人工预算需要预计企业为了生产一定数量的产品,需要哪些种类的工人,每种类型的工人在什么时候需要多少数量,以及利用这些人员劳动的直接成本是多少。

附加费用预算。直接材料和直接人工只是企业经营全部费用的一部分,企业的行政管理、营销宣传、人员推销、销售服务、设备维修、固定资产折扣、资金筹措以及税金等,也要耗费企业的资金。对这些费用也需要进行预算。这就是附加费用预算。

财务预算。财务预算是指企业在计划期内反映有关预计现金收支、经营成果和财务状况的预算。它主要包括现金预算、资金支出预算和资产负债预算。由于营业预算和投资预算中的资料,都可以折算成金额反映在财务预算中,这样,财务预算就成为各项经营业务和投资的整体计划,所以财务预算也称为总预算。

现金预算。现金预算是对企业未来生产与销售活动中现金的流入与流出进行预测,通常由财务部门编制。现金预算只能包括那些实际包含在现金流程中的项目:赊销所得的应收款在用户实际支付以前不能列作现金收入,赊购所得的原材料在未向供应商付款以前也不能列入现金支出,而需要今后逐年分摊的投资费用却需要当年实际支出现金。因此,现金预算并不需要反映企业的资产负债情况,而是要反映企业在未来活动中的实际现金流量和流程。企业的销售收入很大,利润即使相当可观,但大部分尚未收回,或收回后被大量的库存材料或在制品所占用,那么它也不可能在目前给企业带来现金上的方便。通过现金预算,可以帮助企业发现资金的闲置或不足,从而指导企业及时利用暂时过剩的现金,或及早筹齐维持营运所短缺的资金。

资金支出预算。上述各种预算通常只涉及某个经营阶段,是短期预算,而资金支出预算则涉及好几个阶段,是长期预算。如果企业的收支预算被很好地执行,企业有效地组织了资源的利用,那么利用这些资源得到的产品销售以后的收入就会超出资源消耗的支出,从而给企业带来盈余。企业可以利用盈利的一个很重要部分来进行生产能力的恢复和扩大。这些支出由于具有投资的性质,因此对其计划安排通常被称为投资预算或资金支出预算。资金支出预算的项目包括:用于更新改造或扩充包括厂房、设备在内的生产设施的支出,用于增加品种、完善产品性能或改进工艺的研究与开发支出,用于提高职工和管理队伍素质的人事培训与发展支出,用于广告宣传、寻找顾客的市场发展支出等。

资产负债预算。资产负债预算是对企业会计年度末的财务状况进行预测。它通过将各部门和各项目的分预算汇总在一起,表明如果企业的各种业务活动达到预先规定的标准,在财务期末企业资产与负债会呈现何种状况。作为各分预算的汇总,管理人员在编制资产负债预算时虽然不需做出新的计划或决策,但通过对预算表的分析,可以发现某些分预算的问题,从而有助于采取及时的调整措施。例如,通过分析流动资产与流动债务的比率,可能发现企业未来的财务安全性不高,偿债能力不强,可能要求企业在资金的筹措方式、来源及其使用计划上作相应的调整。另外,通过将本期预算与上期实际发生的资产负债情况进行对比,还可发现企业财务状况可能会发生哪些不利变化,从而指导事前控制。

上述的三种主要预算,实际上构成了企业预算的体系。

（2）预算编制的步骤

预算编制涉及组织中的各个层次和部门,应有一个自上而下和自下而上的循环过程,其一般编制步骤应有以下几个环节。

① 由组织的高层管理人员向主管预算编制的部门提出组织在一定时期内的发展战略、计划与目标。

② 主管预算编制的部门在对组织发展战略、计划与目标进行研究的基础上,向组织各部门的主管人员提出有关编制预算的建议和要求,并提供必要的资料。

③ 各部门的主管人员依据组织计划与目标的要求,结合本部门的实际情况,编制本部门的预算,并与其他部门相互协调。在此基础上,将本部门预算上报主管部门。

④ 主管编制预算的部门将各部门上报的预算进行汇总,在认真协调的基础上,编制出组织的各类预算和总预算。最后,上报组织的高层管理层进行审核批准。

为了有效地从预期收入和费用两个方面对企业经营全面控制,不仅需要对各个部门、各项活动制定分预算,而且要对企业整体编制全面预算。分预算是按照部门和项目编制的,它详细说明了相应部门的收入目标或费用支出的水平,规定了它们在生产活动、销售活动、采购活动、研究开发活动或财务活动中筹措和利用劳力、资金等生产要素的标准。全面预算则是在对所有部门或项目分预算进行综合平衡的基础上编制而成的,它概括了企业相互联系的各个方面在未来时期的总体目标。只有编制了总体预算才能进一步明确组织各部门的任务、目标、制约条件以及各部门在活动中的相互关系,从而为正确评价和控制各部门的工作提供客观的依据。

任何预算都需用数字形式来表述。全面预算必须用统一的货币单位来衡量,而分预算则不一定用货币单位计量。例如,原材料预算可能用千克或吨等单位来表述。这是因为对一些具体的项目来说,用时间、长度或重量等单位来表述能提供更多、更准确的信息,比如,用货币金额来表达原材料预算,我们就只知道原材料消耗的总费用标准,而不能知道原材料使用的确切种类和数量,也难以判断价格变动会产生何种影响。当然,不论以何种方式表述的各部门或项目的分预算,在将它们综合平衡以编制企业的全面预算之前,必须转换成用统一的货币单位来表达。

（3）现代预算方法

现代预算方法有很多,常用的主要有零基预算和项目预算。

① 零基预算。传统的预算均是以前期费用水平为基础,通过适度增减的方式制定的。而零基预算的最大特点是以零为基础,即一切预算项目都按重新开始的项目进行审查,不以

现有的费用状况为基础。它的最大优点是不受过去预算框框的影响,完全按新的目标的要求来制定预算,从而更有效地保证目标实现。

零基预算的基本程序是:建立组织的目标体系,明确组织的总目标;对所有申报预算项目进行重新审查,重点是该项开支要达到的目标或效益;依组织的目标体系,排除与开支相关的各子目标的重要与优先顺序;资金安排出的优先顺序分配。从而使预算最有效地保证组织目标的实现。

② 项目预算。项目预算是针对许多组织制定规划和预算分别进行的传统方式的弊端,将两者有机结合的一种方法。项目预算就是在对各项目的多种可能方案进行费用效果分析的基础上,选取实现目标最佳途径的现代预算方法。它要求规划与预算部门相互配合,对各种规划项目的可能方案,运用数字模型对效果、费用进行量化比较与分析,以此为依据优选项目与安排预算。其选择的标准是:以最少的费用实现一个既定的目标,或以现有的资源追求最大的效果。

2. 非预算控制

(1) 资料分析法

主要的资料分析法有统计分析法和比率分析法等。

① 统计分析法。指运用各种数量分析方法,对有关的历史数据进行统计分析,从而了解有关因素的发展情况,并据此进行趋势预测的方法。对组织运作和管理的各个方面进行数量化统计分析并进行趋势预测,对管理者进行控制来说是十分重要的。根据分析的结果,管理者就可以采取相应的措施,纠正已经发生的错误,预防可能发生的偏差。

② 比率分析法。比率分析就是将企业资产负债表和收益表上的相关项目进行对比,形成一个比率,从中分析和评价企业的经营成果和财务状况。

(2) 行政控制方法

主要的行政控制方法有报告、视察与指导、考核与评估等。

① 报告。即由下级搜集计划执行情况的信息,并综合成报告,上报给管理者的一种方法。控制报告应该突出重点,提出例外情况,应简明扼要,并应适时。这可以节省管理者的时间,但不便于管理者掌握第一手资料。

② 视察与指导。即管理者到工作现场进行巡视、观察,直接搜集信息,并进行指导与纠正偏差等过程。这是一种最古老、最直接的控制方法,但仍是管理者最经常使用的控制方法。

③ 考核与评估。指对管理对象所进行的各种考核与评估的方法或技术。它既包括对实现组织职能的各种活动的进度、状况、效果的考核与评估,也包括对各级、各类人员的素质及工作绩效的考核与评价。

(3) 审计法

审计是常用的一种控制方法,它包括财务审计与管理审计两大类。

① 财务审计。是以财务活动为中心内容,以检查并核实账目、凭证、财务、债务以及结算关系等客观事物为手段,以判断财务报表中所列出的综合的会计事项是否正确无误,报表本身是否可以信赖为目的的控制方法。通过这种审计还可以判明财务活动是否合法,即是否符合财经政策和法令。

② 管理审计。指以管理学基本原理为评价准则,系统地考查、分析和评价一个组织的管理水平和管理成效,进而采取措施使之克服存在的缺点或问题的工作过程。管理审计的对象是管理系统的管理质量,所关注的不是一个组织最终所取得的工作成效如何,而是一个组织是如何进行工作的,即关注的是其内在的素质和能力。通过管理审计,找出提高组织及其成员的素质与能力的关键所在,从而确保组织及其主管人员能够有效地从事管理工作。

审计还有外部审计和内部审计之分,外部审计是指由组织外部的人员对组织的活动进行审计;内部审计是组织自身专门设有审计部门,以便审计本组织的各项活动。

6.5　管 理 过 程

管理作为一种特殊的社会活动,随着时间的推移,管理的工作任务和工作重点会有不同,这也使管理活动呈现不同的环节,这些环节形成一项管理活动的过程。

6.5.1　管理过程概述

1. 管理过程的概念

管理过程是指管理者开展活动的按时间顺序展现的程序和阶段。管理活动是由管理主体、管理中介、管理客体构成的一项社会活动。管理的主体是管理机构和管理者,管理主体承担的管理职责决定其采用的管理方法,任何一项管理活动从起始到终结呈现出不同阶段。

一般认为,管理过程理论的创始人是法国管理学家法约尔。而 PDCA 被认为是管理学中的一个通用模型,它最早由休哈特于 1930 年构想,后来被美国质量管理专家戴明博士在 1950 年再度挖掘出来,并加以广泛宣传和运用于持续改善产品质量的过程。戴明认为全面质量管理活动的全部过程,就是质量计划的制订和组织实现的过程,这个过程就是按照 PDCA 循环,不停顿地周而复始地运转的。PDCA 是英语单词 Plan、Do、Check 和 Action 的第一个字母,PDCA 循环就是按照这样的顺序进行质量管理,并且循环不止地进行下去的科学程序。全面质量管理活动的运转,离不开管理循环的转动,这就是说,改进与解决质量问题,赶超先进水平的各项工作,都要运用 PDCA 循环的科学程序(见图 6-5)。

2. 管理过程的特点

(1) 循环性

PDCA 循环作为质量管理的基本方法,不仅适用于整个工程项目,也适应于整个企业和企业内的科室、工段、班组以至于个人。各级部门根据企业的方针目标,都有自己的 PDCA 循环,层层循环,形成大环套小环,小环里面又套着更小的环。大环是小环的母体和依据,小环是大环的分解和保证。各级部门的小环都围绕着企业的总目标朝着同一方向转动。通过循环把企业上下或工程项目的各项工作有机地联系起来,彼此协同,互相促进。

(2) 周期性

PDCA 循环就像爬楼梯一样,一个循环运转结束,生产的质量就会提高一步,然后再制定下一个循环,再运转、再提高,不断前进,不断提高(见图 6-6)。

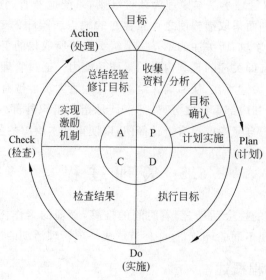

图 6-5　PDCA 循环

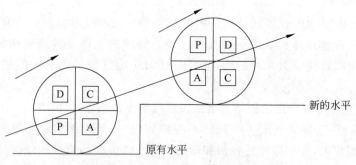

图 6-6　PDCA 循环的周期性

（3）形象化

PDCA 循环是一个科学管理方法的形象化。PDCA 循环实际上是有效进行任何一项工作的合乎逻辑的工作程序。在质量管理中，PDCA 循环得到了广泛的应用，并取得了很好的效果，因此有人称 PDCA 循环是质量管理的基本方法。

6.5.2　管理过程的环节和要求

PDCA 循环又叫戴明环，它是全面质量管理所应遵循的科学程序。这个循环主要包括四个阶段：计划（Plan）、实施（Do）、检查（Check）和处理（Action）及八个步骤。八个步骤是四个阶段的具体化。

1. 计划（P）阶段

计划是质量管理的第一阶段。通过计划，确定质量管理的方针、目标，以及实现该方针和目标的行动计划和措施。计划阶段包括以下四个步骤。

第一步，分析现状，找出存在的质量问题。

第二步，分析原因和影响因素。针对找出的质量问题，分析产生的原因和影响因素。

第三步,找出主要的影响因素。

第四步,制定改善质量的措施,提出行动计划,并预计效果。在进行这一步时,要反复考虑并明确回答以下问题。

- 为什么要制定这些措施(Why)?
- 制定这些措施要达到什么目的(What)?
- 这些措施在何处即哪个工序、哪个环节或在哪个部门执行(Where)?
- 什么时候执行(When)?
- 由谁负责执行(Who)?
- 用什么方法完成(How)? 以上六个问题,归纳起来就是原因、目的、地点、时间、执行人和方法,亦称 5W1H 问题。

2. 实施(D)阶段

实施阶段只有一个步骤,即第五步,执行计划或措施。

3. 检查(C)阶段

检查阶段也只包括一个步骤,即第六步,检查计划的执行效果。通过做好自检、互检、工序交接检、专职检查等方式,将执行结果与预定目标对比,认真检查计划的执行结果。

4. 处理(A)阶段

处理阶段包括两个具体步骤。

第一步,总结经验。对检查出来的各种问题进行处理,正确的加以肯定,总结成文,制定标准。

第二步,提出尚未解决的问题。通过检查,对效果还不显著,或者效果还不符合要求的一些措施,以及没有得到解决的质量问题,不要回避,应本着实事求是的精神,将其列为遗留问题,反映到下一个循环中去。

处理阶段是 PDCA 循环的关键。因为处理阶段就是解决存在问题,总结经验和吸取教训的阶段。该阶段的重点又在于修订标准,包括技术标准和管理制度。没有标准化和制度化,就不可能使 PDCA 循环转动向前。

复习思考题

1. 什么是管理职能? 最早提出管理职能的是哪位管理学家? 管理的基本职能有哪些?
2. 什么是决策? 决策按影响范围和重要程度可以分为哪些决策?
3. 什么是战略决策和战术决策?
4. 什么是确定性决策、风险性决策和不确定型决策?
5. 决策的基本原则有哪些?
6. 决策的程序包括哪些阶段?
7. 什么是德尔菲法? 运用德尔菲法有哪些要求?
8. 什么是头脑风暴法? 运用头脑风暴法有什么要求?

9. 什么是名义小组法？运用名义小组法有什么要求？

10. 确定性决策主要运用什么定量决策方法？不确定决策主要运用什么定量决策方法？

11. 什么是组织职能？组织职能有什么作用？

12. 新组织设计有哪些内容？旧组织职能调整如何设计？

13. 什么是领导？领导有哪些基本原则？

14. 什么是集权式领导、分权式领导和均权式领导？

15. 领导有哪些基本方式？

16. 什么是指挥？指挥应当遵循哪些原则？

17. 指挥的内容包括哪些方面？

18. 什么是协调？协调应当遵循哪些原则？

19. 什么是组织制度建设？组织制度建设包含哪些步骤？

20. 组织制度执行应当贯彻哪些原则？组织制度执行的程序是怎样的？

21. 什么是组织文化？组织文化有哪些特征？

22. 组织文化具有哪些方面的功能？

23. 组织文化包含哪些内容？组织文化塑造的途径有哪些方面？

24. 组织文化建设包括哪些步骤？

25. 什么是控制？控制有什么作用？

26. 什么是前馈控制、现场控制和反馈控制？

27. 什么是 PDCA 学说？按照 PDCA 学说如何才能做好管理工作？

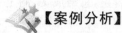【案例分析】

案例 1 "中国农药王"的理性决策

有了钱怎么花？某股份有限公司 2003 年追求"多元化经营"的时髦，在宜昌投资房地产，在深圳投资房地产，在汕头投资八宝粥……在这些陌生的领域，公司的许多资金打了水漂。冷静下来，该公司明白了一个道理：企业越是有钱，越应该增强"危机"意识。钱只能用到公司最有优势的地方，该公司的优势是做农药。2005 年，公司果断清理每一个项目，立下今后投资的"规矩"，即"三个突出"：突出主业——农药化工，突出主体——股份公司核心企业，突出重点——有效益的主导产品。确定投资项目，做到技术不成熟不上；技术成熟但不先进不上，既成熟又先进但成本不经济不上，市场调查不充分不上。此后，该公司在资本市场上募资 7 亿多元，全部用于发展主业优势。该公司选定 20 个制药生产的"瓶颈"项目攻关，目前已有 16 项取得成果。该公司是国内唯一能够同时大批量生产甲胺磷、敌百虫等市场需求量最大农药产品的企业，农药年产销量增长了 10 倍，达 2.4 万吨，成为中国最大的农药生产基地。

要做"中国农药王"，免不了对外扩张。股票上市后，该公司接连兼并了与自己当时"块头"差不多的江陵农药厂、蕲春农药厂等同行企业，还跨行业兼并了沙市化肥厂和市煤气公司。不久，该公司出现"消化"不良的症状："吞"进来的大批人员、设备不能迅速转换成生产力，并且"吃"掉母体企业的资金，使其资产负债率高达 95%。资产重组的理性化被提上议事日程。蕲春农药厂进入该公司时资产负率高达 90% 以上,该公司将其改组为有限责任公司,有计划地剥离一部分不良资产、债务和人员,坚持以地方政府财政周转金入账;把债务转移一部分给地方政府;然后该公司再注入 4 000 万元资金,进行技术改造,提高产品档次。最后蕲春农药厂的资产负债率降到 50%。[①]

思考问题

(1) 请分析"中国农药王"的决策前提条件是什么? 决策的目标是什么?

(2) 请分析"中国农药王"成功的秘诀。

案例 2　波音公司的组织管理

总部设在美国西雅图的波音飞机公司创建于 1916 年,是世界航空航天业中一颗灿烂的明珠。它于 20 世纪 20 年代开创了世界上最早的航空邮政业务;30 年代建立了自己的全金属运输机系列,第二次世界大战期间为战胜德、意、日法西斯立下了汗马功劳,战后率先把喷气式飞机送上了蓝天。波音公司取得了一个接一个的惊人成绩。到 1991 年,波音公司的销售额达到 29 314 亿元,利润额为 1 567 亿美元,雇员 16 余万人,在世界 500 家最大的工业公司中排名第 32 位。

然而,在令世人瞩目的业绩背后却是披荆斩棘的历程,波音公司的事业关非总是一帆风顺。最让波音人刻骨铭心的是 20 世纪 60 年代末期,蒸蒸日上的波音事业开始由于日趋庞大的机构运转不灵了。当时仅总部机构就达 2 000 多人,官僚习气滋生,遇事互相扯皮,更糟糕的是公司领导人陶醉于已取得的赫赫成就,无视瞬息万变的市场和日益强劲的同行,躺在一两项大宗的官方合同上过舒服日子。很快惩罚来了,公司装配厂里摆满了卖不出去的喷气客机,曾有 18 个月公司竟无一张订货单,此时公司的老板们才惊恐地发现曾一度拥有的高效率已不存在。

与此同时,世界飞机制造业强手迅速崛起,特别是欧洲"空中客车"工业公司和老对手麦克唐纳·道格拉斯飞机公司实力雄厚,相继推出先进的新型飞机,其势直逼波音,波音公司面临强劲的挑战。

威尔森受命于危难之际,出任波音公司的董事长。30 多年的实际工作经验使他深谙企业面临危机的症结和回天之术。他一到任便使出被人称为"威尔森 5 招"的措施,使波音公司迅速摆脱了困境,再次走向辉煌。

(1) 精兵简政。"新官上任三把火",威尔森到任后的第一把火就是力排众议,精兵简政。他从庞大的公司办事机构中调出 1 800 名技术、管理人员充实生产第一线,并把决策权逐级下放,将责权与各级主管负责人的经济利益挂钩。紧接着公司又大量裁减雇员,仅西雅图地区,就从 10.5 万雇员中裁掉 3.8 万人,这是一段至今仍使波音人回想起来心有余悸的历史。但这一做法立竿见影,公司的办事效率和劳动生产率迅速提高。

(2) 研究与开发。为了振兴波音,公司在 20 世纪 60 年代末共投入了 69 亿美元的研究和开发经费,70 年代后期面临石油危机,威尔森不惜投入 30 亿美元研制出被认为是现代民航史上最经济、最省油、最安全的"波音 757""波音 767"两种新型客机。波音公司的研发经费逐年提高,1988 年为 7.51 亿美元,1989 年为 7.54 亿美元,1990 年为了开发产品和新技

---

① 管理学案例 4. http://wenku.baidu.com/view/f5ee400f52ea551810a687f4.html.

术投入了 16 亿美元的新仪器和设备费用以及 8.27 亿美元的科研开发费。1991 年研发经费增到 14.17 亿美元。在越来越激烈的竞争面前,波音公司把加强研究和开发放在了首位,力争走在同行的前面。

(3) 质量就是生命。对于飞机制造业来说,产品质量不仅关系到企业的"生命"和前途,而且涉及亿万乘客的生命和安全。因此波音公司对产品质量格外重视。他们认为从长远看,无论在哪个市场上,唯一经久不衰的价值标准就是质量本身。公司要求每一个职员都要牢固树立质量第一的观点,每一个工厂、每一部门都要建立严格的质量管理制度,切实保证每一个部件、零件甚至每一颗螺丝钉都以第一流的质量出厂。威尔森逢会必讲:质量是飞机的生命,质量不合格就意味着杀死人的生命。

此外,飞机飞行是否安全还取决于航空公司是否对飞机进行严格的定期检测和维修,机组人员是否严格按规定操作以及天气恶劣的处理程序等。波音公司对可能的飞机事故高度重视,他们重新设计了生产程序,以杜绝隐患。在车间里,工程师们对每个工人的每项工作进行严格检查,公司对生产过程中的各阶段进行监控,联邦航空局任命的检查员对每架飞机的检查多达 800 多次。波音 747-400S 型大型客机研制后接受了 1 500 小时的飞行检验、1 900 小时的地面检验。这些检验涉及 17 000 项不同功能,700 多万个数据,如此严格的检测真是近乎"天衣无缝"。公司副总裁菲力普·康迪特说:"完全杜绝人为的错误事实上是难以办到的,但我们需要制定清楚的操作管理程序,发现错误马上改正,这是波音的传统。"

(4) 重视推销。美国航空公司高级副总经理唐纳德·劳埃德曾说过:"从技术上说,波音公司是非常能干的,但洛克希德公司、麦克唐纳·道格拉斯也非常能干,主要的区别是波音公司有独特的推销方法。杰出的推销艺术使买主感到波音公司能充分理解自己的需要。从而形成了强烈的信心,相信波音公司说话一定能够兑现并对顾客一视同仁。"

多年来,为了保持世界上最大民航飞机制造商的地位,为了同日益强劲的对手争夺有限的新订单,波音公司在推销上竭尽全力,采取了灵活应变的制胜谋略。例如,为了将波音 757S 飞机推销给伊比利亚航空公司,波音公司签订了允许西班牙 CASA 公司为波音飞机生产零件的合同,作为对英航订购 21 波音 747-400S 客机的回报,波音公司将一个零件仓库设在伦敦附近……波音公司就是这样竭尽全力地向全世界推销自己的产品,绝对不放弃任何一个市场机会。如今波音公司已成为美国最大的单独出口者,在美国的对外贸易中起着至关重要的作用。

(5) 售后服务。为全世界 7 000 多架波音飞机提供维修服务,是波音公司的另一项重要业务。公司拥有一支效率高、技术硬的维修队伍,只要顾客需要,波音的维修人员就会以最快的速度从西雅图赶到全世界任何地方。不少买主赞叹:我们在星期一下午向波音公司说需要一个零件,星期二上午我们就能收到这个零件。在波音没有"一锤子买卖",公司在买主之中赢得了比合同和买卖更重要的东西,那就是信誉和信任。

由于成功地运用了上述策略,波音公司在激烈的竞争中取得了累累硕果,波音的事业持续繁荣。波音公司的历史启示我们:一个企业的成功不仅取决于它娴于策略的制定、执行和管理过程,而且也取决于它永不松懈的进取精神。[①]

---

① 管理学组织职能章节习题——案例分析 4. http://www.doc88.com/p-990294499539.html.

思考问题

(1) 波音公司在 20 世纪 60 年代的营销观念是（　　）观念。

    A. 产品　　　　　　B. 推销　　　　　　C. 市场营销　　　　D. 社会营销

(2) 可以肯定的,波音公司在威尔森上任后:（　　）。

    A. 管理层次减少　　B. 管理层次增加　　C. 管理幅度加大　　D. 难以确定

(3) 威尔森上任后,波音公司的营销观念变为:（　　）观念。

    A. 产品　　　　　　B. 推销　　　　　　C. 市场营销　　　　D. 社会营销

(4) 售后服务属于整体概念中的（　　）产品。

    A. 投入　　　　　　B. 形式　　　　　　C. 延伸　　　　　　D. 其他

(5) 下列职权中,不属于董事会的有（　　）。

    A. 聘任或解聘公司总经理　　　　　　B. 决定公司内部管理机构的设置

    C. 制定公司的基本管理制度　　　　　　D. 组织实施公司年度经营计划

案例 3　客户服务质量控制[①]

美国某信用卡公司的卡片分部认识到高质量客户服务是多么重要。客户服务不仅影响公司信誉,也和公司利润息息相关。比如,一张信用卡每早到客户手中一天,公司可获得 33 美分的额外销售收入,这样一年下来,公司将有 140 万美元的净利润,及时地将新办理的和更换的信用卡送到客户手中是客户服务质量的一个重要方面,但这远远不够。

决定对客户服务质量进行控制来反映其重要性的想法,最初是由卡片分部的一个地区副总裁凯西·帕克提出来的。她说,"一段时间以来,我们对传统的评价客户服务的方法不大满意。向管理部门提交的报告有偏差,因为它们很少包括有问题但没有抱怨的客户,或那些只是勉强满意公司服务的客户。"她相信,真正衡量客户服务的标准必须基于和反映持卡人的见解。这就意味着要对公司控制程序进行彻底检查。第一项工作就是确定用户对公司的期望。对抱怨信件的分析指出了客户服务的三个重要特点:及时性、准确性和反应灵敏性。持卡者希望准时收到账单、快速处理地址变动、采取行动解决抱怨。

了解了客户期望,公司质量保证人员开始建立控制客户服务质量的标准。所建立的 180 多个标准反映了诸如申请处理、信用卡发行、账单查询反应及账户服务费代理等服务项目的可接受的服务质量。这些标准都基于用户所期望的服务的及时性、准确性和反应灵敏性上。同时也考虑了其他一些因素。

除了客户见解,服务质量标准还反映了公司竞争性、能力和一些经济因素。比如:一些标准因竞争引入,一些标准受组织现行处理能力影响,另一些标准反映了经济上的能力。考虑了每一个因素后,适当的标准就成型了,所以开始实施控制服务质量的计划。

计划实施效果很好,比如处理信用卡申请的时间由 35 天降到 15 天,更换信用卡从 15 天降到 2 天,回答用户查询时间从 16 天降到 10 天。这些改进给公司带来的潜在利润是巨大的。例如,办理新卡和更换旧卡节省的时间会给公司带来 1 750 万美元的额外收入。另外,如果用户能及时收到信用卡,他们就不会使用竞争者的卡片了。

该质量控制计划潜在的收入和利润对公司还有其他的益处,该计划使整个公司都注重

---

① 管理学案例库——控制职能. http://wenku.baidu.com/view/617942ea102de2bd96058857.html.

客户期望。各部门都以自己的客户服务记录为骄傲。而且每个雇员都对改进客户服务做出了贡献,使员工士气大增。每个雇员在为客户服务时,都认为自己是公司的一部分,是公司的代表。

信用卡部客户服务质量控制计划的成功,使公司其他部门纷纷效仿。无疑,它对该公司的贡献将是非常巨大的。

思考问题

(1) 该公司控制客户服务质量的计划是前馈控制、反馈控制还是现场控制?

(2) 找出该公司对计划进行有效控制的三个因素。

(3) 为什么该公司将标准设立在经济可行的水平上,而不是最高可能的水平上?

第 7 章

管理客体与系统管理

7.1 管理客体与系统管理原理

任何管理活动都有实施管理的主动方和接受管理的被动方,前者称为管理者或主体,后者称为被管理者或客体。二者互相依存,缺一不可。管理客体总是以系统的方式存在的,管理客体的性质就是这个系统整体的性质,管理客体的规律就是这个系统整体的规律,任何管理客体都是作为系统而存在和运动的,管理就是对管理客体系统整体上的管理。

7.1.1 管理客体

管理客体也称为管理对象,是指管理者实施管理活动的对象。在一个组织中,管理对象主要是指人力、财力、物力、信息、技术、时间等一切资源,其中最重要的是对人的管理。

7.1.2 系统管理原理

系统是普遍存在的,它既可以应用于自然和社会事件,又可应用于大小单位组织的人际关系之中。因此,可以把任何一个管理对象都看成特定的系统。组织管理者要实现管理的有效性,就必须对管理进行充分的系统分析,把握住管理的每一个要素及要素间的联系,实现系统化的管理。

管理的系统原理源于系统理论,它认为应将组织作为人造开放性系统来进行管理。它要求管理应从组织整体的系统性出发,按照系统特征的要求从整体上把握系统运行的规律,对管理各方面的前提做系统的分析,进行系统的优化,并按照组织活动的效果和社会环境的变化,及时调整和控制组织系统的运行,最终实现组织目标,这就是管理系统原理的基本含义。

在实际工作中运用系统原理研究、管理问题,应做到以下四点。

(1) 对管理的对象进行系统的分析,包括对系统要素、结构、功能、集合、联系、历史等方面的分析。管理的决策和措施就是建立在系统分析基础之上。

(2) 根据系统的目的性特征,要坚持一个系统只有一个目的,其子系统要围绕这个目的形成合力,统筹运动。

(3) 根据系统的整体性特征,必须树立全局观点,不要孤立地看问题,局部利益服从整体利益,处理好国家、单位和个人的关系,克服本位主义及自给自足的小生产思想。

(4) 根据系统的层次性特征,各个系统都应建立合理的层次结构,上一层次只管下一层次,下一层次只对上一层次负责。要求领导只做本级领导岗位职责的事,各层做好各层的事,职责分明,各司其职,各负其责。

7.2 人力资源管理

在人类所拥有的一切资源中,人力资源是最为宝贵的,自然成了现代管理的核心。不断提高人力资源开发与管理的水平,不仅是当前发展经济、提高市场竞争力的需要,也是一个国家、一个民族、一个地区、一个单位长期兴旺发达的重要保证,更是一个现代人充分开发自身潜能、适应社会、改造社会的重要措施。

人力资源管理是指组织的一系列人力资源政策以及相应的管理活动。这些活动主要包括企业人力资源战略的制定、员工的招募与选拔、培训与开发、绩效管理、薪酬管理、员工流动管理、员工关系管理,员工安全与健康管理等。即:运用现代管理方法对人力资源的获取(选人)、开发(育人)、保持(留人)和利用(用人)等方面所进行的计划、组织、指挥、控制和协调等一系列活动,最终达到实现组织发展目标的一种管理行为。

7.2.1 职位(岗位)设计与分类

1. 职位(岗位)设计

(1) 职位(岗位)设计的概念

职位即岗位(position),是指在一个特定的社会生产组织中、在一个特定的时间内、由一个特定的人所担负的一个或数个任务所组成。简单地讲,职位是指社会生产的某个员工需要完成的一个或一组任务。在企业中是指一个企业在有效时间内给予某一员工的特别任务及责任。在同一时间内,职位数量与员工数量相等,即只要是企业的员工就应有其特定的职位,职位通常也称岗位。

职位由三要素构成。

① 职务,即是指规定承担的工作任务,或为实现某一目标而从事的明确的工作行为。

② 职权,即是指依法或企业的规定所赋予职位的相应权利,以提供完成某项工作任务的保障。

③ 责任,即是指承担一定职务的员工,对其工作标准与要求的同意或承诺。

职位具有以下几个特点。

① 人与事结合。即因事设人,是任务与责任的统一。换而言之,员工从事某项具体工作,就要有明确的工作目标,以及保证该目标实现的工作标准、原则与具体要求。

② 数量有限。社会生产组织的行为受预算约束,追求经济合理性,才能保证其投入与产出保持最佳比例关系,以实现良好的经济效益。职位的数量有限,体现成本最低原则。因此,职位设置不可能是无限制的。所以,一个社会生产组织的职位数量又称编制。

③ 职位分类。职位虽有千差万别,但可依据业务性质、工作难易、所需教育程度及技术水平高低等尺度进行分类,以此作为企业人力资源管理的依据。

职位设计又称工作设计,它是指根据组织需要,并兼顾个人的需要,规定每个岗位的任务、责任、权力以及组织中与其他岗位关系的过程。它是把工作的内容、工作的资格条件和报酬结合起来,目的是满足员工和组织的需要。岗位设计问题主要是组织向其员工分配工作任务和职责的方式问题,岗位设计是否得当对于激发员工的积极性,增强员工的满意感以及提高工作绩效都有重大影响。

（2）职位设计的内容

岗位设计的主要内容包括工作内容、工作职责和工作关系的设计三个方面。

① 工作内容设计。工作内容设计是工作设计的重点，一般包括工作广度、深度、工作的完整性、工作的自主性以及工作的反馈五个方面。

· 工作的广度。即工作的多样性。工作设计得过于单一，员工容易感到枯燥和厌烦，因此设计工作时，尽量使工作多样化，使员工在完成任务的过程中能进行不同的活动，保持工作的兴趣。

· 工作的深度。设计的工作应具有从易到难的一定层次，对员工工作的技能提出不同程度的要求，从而增加工作的挑战性，激发员工的创造力和克服困难的能力。

· 工作的完整性。保证工作的完整性能使员工有成就感，即使是流水作业中的一个简单程序，也要是全过程，让员工见到自己的工作成果，感受到自己工作的意义。

· 工作的自主性。适当的自主权力能增加员工的工作责任感，使员工感到自己受到了信任和重视。认识到自己工作的重要，使员工工作的责任心增强，工作的热情提高。

· 工作的反馈。工作反馈包括两方面的信息：一是同事及上级对自己工作意见的反馈，如对自己工作能力，工作态度的评价等；二是工作本身的反馈，如工作的质量、数量、效率等。工作反馈信息使员工对自己的工作效果有个全面的认识，能正确引导和激励员工，有利于工作的精益求精。

② 工作职责设计。工作职责设计主要包括工作的责任、权力、方法以及工作中的相互沟通和协作等方面。

· 工作责任。工作责任设计就是员工在工作中应承担的职责及压力范围的界定，也就是工作负荷的设定。责任的界定要适度，工作负荷过低，无压力，会导致员工行为轻率和低效；工作负荷过高，压力过大又会影响员工的身心健康，会导致员工的抱怨和抵触。

· 工作权力。权力与责任是对应的，责任越大权力范围越广，否则二者脱节，会影响员工的工作积极性。

· 工作方法。包括领导对下级的工作方法，组织和个人的工作方法设计等。工作方法的设计具有灵活性和多样性，不同性质的工作根据其工作特点的不同采取的具体方法也不同，不能千篇一律。

· 相互沟通。沟通是一个信息交流的过程，是整个工作流程顺利进行的信息基础，包括垂直沟通，平行沟通，斜向沟通等形式。

· 协作。整个组织是有机联系的整体，是由若干个相互联系、相互制约的环节构成的，每个环节的变化都会影响其他环节以及整个组织运行，因此各环节之间必须相互合作、相互制约。

③ 工作关系设计。工作关系主要是指工作中人与人之间的关系，包括上下级之间的关系、同事之间的关系、个体与群体之间的关系等。

工作当中的人际交往的根本目的是高效地完成工作，所以一切目标都是为工作服务，其着眼点是工作本身，人际关系只是它的依托和辅助，不存在为某个人工作的问题，只有为了某项工作的完成而和某人建立必要的联系，从而达到合作完成工作的目的。因此，建立并保持良好的工作关系，不仅是为人处世的重要一面，也是一个组织保持高效率所必须做到的。

那么,如何建立良好的工作关系呢?

• 确定工作原则。无论是什么样的组织,都必须有这样一个明确的工作目标——组织内的成员都必须围绕这个目标开展工作,这一点是不能动摇的,大家的方向也是一致的。在这个一致的目标下,同事之间的关系,最重要的就是工作关系。组织成员相互协作,把工作做好,完成工作任务,实现工作目标,这是根本原则,是大家必须坚持、不能破坏的。没有这个原则,组织成员之间无论有多么好的关系,都是没有意义的,而且有可能对组织造成伤害。

• 适度的弹性。坚持原则是必需的,但也不能因此失去灵活性。所谓灵活性,是指在工作和生活中,如何对待别人的缺点和不足的问题。俗语云,金无足赤,人无完人。每个人都有自己的缺点和不足,同事之间相处,要看人的主流,主要方面,更重要的是要看优点和长处。对别人的不足,要理解、宽容,并给予帮助,而不是用放大镜去看别人的缺点,不停地埋怨和指责。组织的领导有责任发现下属的优点,开发下属的优点并推而广之。只有相互欣赏,人们才有可能拉近心灵间的距离,让工作关系和谐舒畅。

• 良好的沟通方式。有许多工作的矛盾,都是由于沟通不畅造成的。要提高沟通的效率,必须选择好的沟通方式。现代科技为人们提供了多种可能的选择,但一般而言,不同的方式各有优缺点。如电子邮件,方便快捷成本低,而且可以留下记录,有据可查,当前被广泛运用。但是,有些人不懂书信格式,不注意语言修饰,工作语言生硬,也有可能造成很多误解;电话直接明了,可以让双方体会到沟通的态度与语气,但记录起来较为复杂,有时不恰当的通话方式也有可能带来误解。所以,最好的交流方式,还是面对面的交谈,不仅可通过谈话相互交流,更可以通过表情和肢体语言来充分表达意思,但面对面的交流往往可能存在空间和时间上的障碍,加大交流成本。根据不同交流方式的特点,充分选择其组合方式,相互弥补,取长补短。

(3) 职位设计的原则

岗位设计主要遵循的三个原则,即是专业分工原则、协调费用最小原则和不相容职务分离原则。

① 专业分工原则。专业分工原则追求深度知识与市场经验的积累,在此原则下的岗位设置是对组织细分的过程,岗位成为组织中工作内容自成体系、职责独立的最小业务单元。

关于组织细分,目前有流程优先与职能优先两种争论。流程优先定义为企业的盈利模式,在此基础上,可以将流程分解或模块化,部门是一级流程分解的结果,是企业内部价值链具有一定使命的独立环节,而岗位是对部门,即一级流程分解下某一个模块的再分解。因此,在专业分工原则下,部门岗位设计的第一步骤为工作内容细分,其表现形式为职位最小化。

② 协调费用最小原则。协调费用最小原则是为减少不同职位间的协调,降低运作成本。其在岗位设计方面的应用通过工作关系分析和工作定量分析的步骤来实现。

进行工作关系分析而非工作定量分析,是为一人多岗做准备,其适用于公司发展较快,岗位工作量及职责具有较大的不确定性的情况。在这种情况下,岗位不适宜合并,而可由工作内容具有相关性的岗位兼任。进行工作定量分析,则是在工作量不饱满的情况下,对职能细分或流程被分割的岗位予以合并。其应用结果为撤岗和并岗。

　　工作关系分析是对最小业务活动之间的工作相关性进行分析,确定适用的优化组合方案。从而通过对工作岗位、部门的相关性分析,使组织发挥系统和平衡的功能,达到分工合理、简洁高效和工作畅顺。而随着公司各项工作的稳定开展,结合对各岗位工作的定量分析,可以对于工作量不足于80%的岗位及时进行撤岗、并岗,保证每一个岗位的负荷,使所有工作尽可能集中,并降低人工成本。

　　③ 不相容职务分离原则。不相容职务分离的核心是内部牵制。古埃及时已在记录官、出纳官和监督官之间建立起内部牵制制度。内部牵制是一人不能完全支配账户,另一个人也不能独立地加以控制的制度。不相容职务是指那些如果由一个人担任,既可能发生错误和舞弊行为,又可能掩盖其错误和弊端行为的职务。

　　基于不相容职务分离原则的岗位设置需要在岗位间进行明确的职责权限划分,确保不相容岗位相互分离、制约和监督。企业经营活动中的授权、签发、核准、执行和记录等工作步骤必须由相对独立的人员或部门分别实施或执行。

2. 职位分类

(1) 职位分类的概念

　　职位分类通常是指根据职位的工作性质、责任轻重、难易程度和所需资格条件等进行分类,划分为若干种类和等级,以便对从事不同性质工作的人,用不同的要求和方法治理,对同类同级的人员用统一的标准治理,以实现人事治理的科学化,做到"适才适所",劳动报酬公平合理等。

(2) 职位分类的作用

　　职位分类在企业人力资源管理过程中是一项基础性工作,因而具有重要的作用。具体表现在以下几个方面。

　　① 为按劳取酬提供依据。员工报酬取决于其工作性质、难易程度及责任大小。职位分类将员工工作依此进行了明确的区分,起到了将职位、资格与报酬相统一的作用,因而奠定了按劳分酬的基础。

　　② 排序有利于绩效考核。职位分类的前提是对每一职位工作标准与要求的具体、明确的规定,以此为准则可以对员工从事的工作及任务完成情况进行测量和评估,并激励员工不断提高工作质量和工作效率。

　　③ 排序有利于成本费用的控制。职位分类对企业内部各部门所需职位数量及工作总量都有准确的统计,并有相应的工作报酬方面的规定。这就使企业在控制劳动成本与人员使用上有了衡量的标准,从而极大地提高成本、费用控制的准确性,使成本核算具有科学性。

　　④ 排序增强培训效果。职业教育与岗位培训成效如何,取决于对不同职位的不同业务要求。职位分类使任职资格和对工作任务的要求具体化,据此进行有针对性的培训,因切合实际需要,可收到良好效果。换而言之,职位分类使培训目标、内容与方法明确化。

　　⑤ 排序有利于人力资源的优化配置。依据职位分类及其职位标准对员工进行考核,可以发现员工在专业特长、综合素质等方面的优劣与潜能,进而实行动态调整,即发现人才和使用人才,达到员工各扬所长、人尽其才的目的。从总体上看,实现企业员工的优化配置,可最大限度地提高人力资本和使用价值。

（3）职位分类方法

实施职位分类一般有下列步骤：①职位调查。对每个职位的工作内容进行详细调查，为实行职位分类提供根据。②职门、职系、职组的区分。在调查基础上对职位进行性质或行业的划分和归类。职门是工作性质大致相同的职位的集合，是职位分类中的最初划分。如美国1949年把联邦政府的公职分为行政管理门和科学技术门。职系亦称职种，是工作性质相同的职位的集合。一般来说，每个职系就是一种专门职业。职组是若干工作性质接近的职系的集合。划分职组可横向比较各职系间职级和职等的关系。③职级、职等的区分。职级是工作性质相同，工作难易、责任轻重、任职资格条件也相同的职位的集合。职等则是工作性质不同，而工作难易、责任轻重、任职资格条件相当的职级的集合。职级、职等的区分在职位分类中最为重要，它为同工同酬奠定了基础。如美国联邦政府的文官分为十八等，一等最低，十八等最高，同一职等内的职级工资相同。④撰写职级规范，按职位的规定编写职位说明书。说明书的内容包括：工作性质、工作项目、难易程度、责任轻重、权限范围、所需资格条件、工资待遇等。⑤制定各种职位分类的法规，公布实施。⑥办理职位归级。将公务人员按其所担负的工作归入相应的职级。

7.2.2　人员配备

人员配备是对组织中全体人员配备，是指对人员进行恰当而有效地选拔、培训和考证，其目的是为了配备合适的人员去充实组织机构中所规定的各项职务，以保证组织活动的正常进行，进而实现组织的既定目标。传统的观点一般把人员配备作为人事部门的工作，即按照组织手册的要求配备各部门、各岗位所需的人员。随着现代人力资源理论的发展，认为人员配备不但要包括选人、评人、育人，而且包括如何使用人员，以及如何增强组织凝聚力来留住人员，强调人力资源利用与开发，需要加强指导与领导工作。

1. 人员配备的原则

（1）职务要求明确原则

职务要求明确原则是指对管理人员的要求越是明确，培训和评价人员的方法及其工作质量也就越有保证。首先，由于人员配备的目的是以合适的人员去充实组织结构中所规定的各项任务。若职务不明确，人员配备就没有了依据，就不能以合适的人员去充实这些职务，就不能做到因事设人，从而就不能发挥各个管理人员的特长，也就不能做到量才录用，人尽其才，才尽其用。其次，职务不明确，就无法了解管理人员在组织中某个特定职务的相对重要性及其任务，也就无法考证他所取得的成果，也无法对管理人员有目的地进行培训。

（2）责权利一致原则

责权利一致原则是指组织越是想要尽快地保证目标的实现，就越是要使主管人员的责权利相一致。管理人员必须有足够的权力才能担当应负的责任，才能实施计划，这个权力很大程度上表现在工作的自主程度。职责就是管理人员的工作任务，同样也是义务，职责是考评有相应权力的管理人员的主要内容，因为职务是必须由人来填补的，显然，在规定职责时必须把那些诱导人们去工作的许多因素，如薪金、地位、权力、自主权限和完成职责的可能性等考虑进去。管理人员必须也应当得到与其权、责相应的待遇，既包括物质上的，也包括精神上的。这种"利"不仅是管理人员完成任务的保证，也是对人的激励因素。只有责、权、利一致,才能使管理人员明确目标,努力完成工作任务和工作职责,充分发挥管理人员的作用,从而避免"有职无权",职责不明的现象和权、责、利不相应的情况。

（3）公开竞争原则

公开竞争原则是指组织越是想要提高管理水平,就越是要在管理职务的接班人之间鼓励公开竞争。实行公开竞争时,空缺的职务是对任何人都开放的,它不仅要求候选人能够胜任空缺的职务,而且要求他能比别人有可能选到最合适的人选。公开竞争无论对组织内部或外部的人都应一视同仁,机会均等。要进行公开竞争,前提是人才必须能够流动,人才不流动,也就无所谓公开竞争。应该指出的是,人才流动不是指那种只顾本组织利益而不顾国家利益和需要的盲目流动,这种流动应当是在国家政策指导下,为使每个人的才能都能在合适的条件下充分发挥的合理的流动。在人才合理流动的前提下,鼓励组织内外所有能人进行公开竞争,这对组织有效地进行人员配备具有极其重要的意义。

（4）用人之长原则

用人之长原则是指管理人员越是处在最能发挥其才能的职位上,就越能使组织得到最大的收益。作为一个管理人员应该明白,一个人只有处在最能发挥其才能的职位上,才会干得最好,才能使组织得到最大的收益。因此,在进行人员配备时,必须根据职务的明确要求,寻找最合适的人选。所谓最合适的人选,并不是指那些在各方面都完美无缺的人,而是相对于某个特定职务来看候选人的长处适合于这个特定的职务。美国管理学家德鲁克曾经说过:"倘若要所用的人没有短处,其结果至多只是一个平平凡凡的组织。"所谓"样样都是",必然是一无是处。才能越高的人,其缺点也往往越明显。有高峰必有低谷,谁也不可能"十全十美"。与人类现有的博大的知识、经验、能力的汇集总和相比,任何伟大的天才都不能及格。世界上的确没有真正的能干的人,问题应该是在哪一方面"能干"而已。

在进行人员配备时,不仅在选拔时以候选人能力为基础,注意候选人的长处,在培训时,也要将重点放在怎样发挥候选人的长处,扬其长而避其短。同时,在考评时,还要对其做出更客观的评价,既不能只讲其长处,一好遮百丑,也不能抓住其缺点不放,说得一无是处。要明确人员配备的目的是实现组织的目标,要做到知人善任,关键不在于如何减少人的短处,而在于如何发挥人的长处,使人们各得其所,各得其志,人尽其才,才尽其用。

（5）不断培养原则

不断培养原则是指任何一个组织,越是想要使其管理人员能胜任其所承担的职务,就越是需要他们去不断地接受培训和进行自我培养。现代社会的科学技术突飞猛进,人类知识更新的速度空前加快,人们推算 19 世纪时知识更新周期 80～90 年,现已缩短为 15 年,而某些领域缩短为 5～10 年。同时,各门学科的分支层出不穷,边缘性、交叉性学科随着发展形成了人类知识结构综合化、整体化的新趋向。一个管理人员即使从大学刚毕业,在校所获得的知识也只是一生中所需知识的 10％左右,只要一两年不学习,拥有的知识就会老化。目前西方发达国家包括日本都很重视这个问题,美国的一些商学院和管理学院除了正常的教学任务外,每年还要举办许多短期的进修班或讨论会,以帮助各种企业的管理人员学习新的知识,解决在工作中出现的问题。日本许多企业甚至明文规定培养合格接班人是晋升的条件之一。因此,现在提倡的终身教育理念,管理人员必须注意对下级的培养,其本人也要寻求培养的机会和进行自我培养,以适应社会的发展,这是人员配备的整个过程始终要牢记的。

2. 人员配备的内容

（1）人员选聘。主要解决人与事的配置问题。要根据组织的职位需要，选择适当人员来担任相应职务；要明确各类人员的职权、职责，以及相互关系，并加以规范化。

（2）人员组合。主要解决人与人的配合问题。按照组织目标要求，结合人员的专业与素质条件，实现各类人员科学的技术组合；研究各类人员的社会心理类型与特点，实现最佳社会心理组合，以形成有效激励的氛围，增强组织凝聚力。

（3）人力资源开发。主要解决人的素质提高问题。通过各种形式的培训，进行智力开发，提高各类人员的业务素质和职务（岗位）技能；通过各种激励形式，最大限度地调动各类人员的积极性和创造性，提高工作效率和质量。

3. 人员的选聘

（1）选聘的条件

为了获得合适的人员来充实组织中的职位，就必须进行选聘。那么人员应具备什么样的条件呢？总的来说，管理人员应该德才兼备，具体来说，就是要看候选人是否具有管理愿望，是否具有管理能力或管理的本领。

① 管理愿望。成功地履行管理职能最基本的要求就是有强烈的管理愿望。一个管理人员良好的工作成效，与所具备的通过下属的协同努力而达到目标的强烈愿望之间有着密切的联系。所谓管理愿望，就是指人们希望从事管理的主观要求。由于人不是生活在真空中，他的各种想法是与他所处的外部环境有着千丝万缕的联系，所以负责选拔的主管人员必须摸清候选人之所以想从事管理工作的真正理由。有些人只想到进入管理部门工作任务之艰巨，责任之重大和所要经受的挫折。这种人不是我们所要选拔的对象。有些人想从事管理，是因为他们具有远大的抱负，具有忧国忧民的责任心，具有吃苦耐劳、不达目的誓不罢休的坚强毅力，他的管理愿望是建立在对环境的细致分析，对管理工作性质的透彻理解和对自己能力充分自信的基础上，而不是建立在对某种地位和物质利益追求的基础上，是为了组织目标贡献自己的才能。这就是强烈的管理愿望。正是这种人才，才是组织所要寻找的人选。

一个人只有对管理工作有这种愿望，才能将其全部才能充分发挥出来，才能积极地去学习一切与此有关的知识和技能，才能真正成为一个合格的主管人员。如果不对其所将从事的工作抱有强烈的成功愿望，是不能干好这个工作的，正如明代学者王守仁所说："志不立，天下无可成之事"。

② 管理能力。能力通常是指完成一定活动的本领，包括完成一定活动的具体方式以及顺利完成一定活动所必需的心理特征。例如，从事音乐活动既要掌握歌唱演奏的具体方式，又要具有曲调感、节奏感，以及音乐听觉表象等心理特征。各种活动所必需的心理特征在各个人身上的发展程度和结合方式是不同的，因而能力特征也是各有不同的。能力是在人的生理素质基础之上，经过教育和培养，并在实践活动中吸取人民群众的智慧和经验而形成和发展起来的。

所谓管理能力，也就是指完成管理活动的本领。贝尔电话公司前任经理巴纳德认为，为使主管人员能理解一个复杂的组织机构的各个方面，能分析各组织之间正式的相互关系，把技术、经济、财务、社会以及法律等学识恰当地结合起来，把这些问题向别人解释清楚，这就要求他有精确的识别、分类、逻辑推理能力,这一点是不辩自明的。由于能力是在实践中形成和发展起来的,因此,在是否具有管理能力这一标准来选拔管理人员时,就必须从管理人员在工作中认识问题、分析问题,以及综合处理问题时表现出来的管理能力进行评价。

看一个管理人员是否具有认识问题的能力,要看他是否对组织中各项要求及其相互关系以及组织与外部关系有一个正确认识,是否对已经出现或即将出现的各种迹象有高度敏感,并具有明察秋毫的洞察力。世界是运动变化发展的,存在于这个世界中的组织同样也在运动变化着。如果一个管理人员不能感觉和认识到每时每刻都在发生的变化,那将是非常可悲可怕的事情。

一个管理人员仅有认识能力是不够的,还要能够分析问题,了解问题是什么时候出现的,在什么情况下出现,以及导致这些问题出现的主要原因和影响因素是什么,搞清来龙去脉,并追究它们对整个组织产生的影响。这样,才能找出问题的根本所在,对症下药。

当对问题的因果做出精确判断之后,就可针对性地找出各种可能的解决方法,并做出决策,采取相应措施。在解决问题时关键要看管理人员在决策时是否果断、是否有效。在时间就是金钱、效率就是生命的当今社会,人们最宝贵的就是时间。一个管理人员若不能果断地处理问题,就会给组织带来巨大损失。除果断之外,还得力求有效,如果无效的话,不仅不能解决问题,反而会给组织带来更大的损失。例如,美国太平洋海岸公司营业部主任是以当机立断、敢作敢为而闻名的,但是当公司要求他从几个有资格的下级人员中提名一个助手准备当他的接班人时,他却审慎地不作决定,他的同事们认为这是犹豫不决的表现,一直等到几个月后大家才搞清楚,原来营业部主任非常谨慎而不露声色地让售货员都有机会表现他们的态度,由此,他考核出一个合格的接班人,并随即提升了他,得到了全体人员的欢迎。这个例子说明,作为一个管理人员,在解决问题时既要果断,又要有效,二者必须兼顾。观察一个管理人员解决问题的能力时,除了看他在决策时是否果断有效之外,还要看他有无实施决策的能力,这包括驾驭人力、财力、物力、时间、信息等要素的能力。如果他不能说服和激励下属,并通过下属的努力完成任务,那么再好的决策也不过是一座空中楼阁。

管理问题一般总是很复杂的,因为影响它的因素很多。管理人员必须辨别这些因素,正确地权衡这些因素,在思想上形成一系列解决问题的方法。一个管理人员的管理能力,不仅体现在认识问题、分析问题和解决问题的能力上,而且表现在整个管理过程中的综合处理问题的能力。这种综合处理能力主要体现在怎样处理组织与外部环境关系和组织的发展这两个问题上。在处理组织与外部环境关系时,主管人员不仅要认识到组织的整个过程是一个系统,而且要将组织看成整个社会的一个子系统;不仅要考虑组织中各要素的相互作用,也要考虑外部环境中的政治、经济、文化、技术等因素对组织中各要素的影响;不仅要重视组织目标,也要服从整个社会大目标,正确地处理本组织与其他组织,组织与国家乃至整个世纪的关系。这也就是通常所说的系统论的主要内容。

日本住友银行有一次招考新行员,其总裁出了一个试题:"当住友银行与国家双方利益发生冲突时,你认为如何去做才合适?"许多人答曰:"应从住友的利益着想。"总裁对这些人的评语是:"不能录取。"有少数几个人答曰:"对于国家利益和住友利益不能双方兼顾的事,住友绝不染指。"总裁认为这几个人有才识,录用他们了。

当然,在社会主义国家,应以国家利益为重。但这个例子还是说明了作为一个管理人员不能只考虑本组织这一点。在处理组织的发展问题时,管理人员必须有一个开放性的观念,要着眼于未来,要认识到管理过程是一个动态的过程,要使组织永远充满活力,并随着未来情况的改变而不断发展壮大,就必须打破"旧框框",痛苦地改变已习惯的那套思维逻辑和常规方法,主动地、随机应变地、创造性地设计新环境,采取新方法,实现新目标。否则,不仅管理人员会随着历史世界车轮的前进而落伍,他所管理的组织也将不复存在。

然而,能力是在生理素质上的基础上,经过教育和培养,并在实践中吸取经验而获得的。巴纳德在我们前面所引用的那段话之前也说过:"对于经验来说……未来的世界是一个具有错综复杂的工艺技术的世界;如不通过正式的、自觉的教育过程,就不可能充分领会这些工艺技术实际应用的目的。"所以,选拔管理人员时,除了要看候选人有无管理能力外,还要考虑他的个人素质和知识结构。但是个人素质和知识结构不是管理能力的决定因素,只是管理能力的基础,是与管理能力密切相关的。

对于这一点,法约尔曾指出过,管理的每一种能力都是以下面简述的几个方面的素质和知识为基础的:第一,身体健康,体力旺盛,敏捷;第二,智力——理解和学习的能力,判断力,精力充沛,头脑灵活;第三,道德——有毅力、坚强、勇于负责任,有首创精神,忠诚,有自知之明,自觉;第四,一般文化——具有不限于从事职能范围的各方面知识;第五,专业知识——技术,或商业,或财务,或管理等专业职能知识;第六,经验——从业务实践中获得的知识,这是人们自己从行动中吸取的教训的记忆。以上是组成任何一种基本能力的全部素质和知识,它包括身体、智力和道德的素质,还包括一般文化、经验及完成职能的某些专业知识。因此,在选拔主管人员时,重点应放在候选人在实践中所表现出来的管理能力上,而不是放在个人素质和知识结构上。如果仅从知识结构考虑,将不擅长管理的人提拔到管理岗位,这不但造就了一个低劣的领导者,也浪费了一个优秀的技术人才。

(2)选聘的方式

选拔管理人员的方式,可考虑从内部提升,也可考虑从外部招聘。但不管是从内部提升还是外部招聘,都要努力实现公开竞争。

① 内部提升("内升制")。内部提升是指从组织内部提拔那些能够胜任的人员来充实组织中的各种空缺职位。实行内部提升一般要求在组织中建立详尽的人员工作表现的调查登记资料,以便在需要填补空缺时,即可据此进行研究分析,以找出合适人选。

从内部提升的优点:由于对机构中的人员有较充实可靠的资料,可了解候选人的优缺点,以判断其是否适合干新的工作;组织内成员对组织的历史和现状比较了解,能较快地胜任工作;可激励组织成员的进取心,努力充实提高本身的知识和技能。

从内部提升也有缺点:所能提供的人员有限,当组织内有大量空缺职位时,往往发生"青黄不接"的情况;会造成"近亲繁殖",因为组织成员习惯了组织内一脉相承的做法,不易带来新的观念。

② 外部招聘("外求制")。外部招聘是从组织外部设法得到组织急需的人员,特别是那些关键性作用的人员。从外部招聘可通过广告、就业服务机构、学校、组织内成员推荐等途径进行,招聘对象可以是外单位有经验的管理人员,也可以是初出茅庐的大学毕业生,甚至可以是没有任何背景的,但能胜任的其他各种人员。只要应聘者对空缺的职务感兴趣,并有能力胜任,就可以不拘一格。要使招聘工作得以有效的实施,使人们前来应聘,就必须将空缺职务的有关因素真实地告诉应聘者,使如职务的性质和要求,工作环境的现状和前景,以

及报酬和福利条件等。这里所讲的报酬,不是仅限于薪金的多少和职位的高低,还有工作是否有意义,是否具有挑战性,能否按其意愿行使权力,以及由此而给应聘者带来的威信、名誉和成功等精神上的报酬——满足。因而,鼓励人们应聘的最好办法必须是既广泛包含了人们的共同欲望,又包含了个人的需要。

外部招聘的优点:有较广泛的来源满足组织的需求,并有可能招聘到第一流的人才;可避免"近亲繁殖",给组织带来新的方法;可避免组织内没有提拔到人的积极性受挫,避免造成因嫉妒心理而引起的情绪不快和组织成员间的不团结;由于大多数应聘者有一定的经验,可节省在培训上所耗费的大量时间和费用。

外部招聘的缺点:由于不了解应聘者的实际情况,不容易对应聘者做出客观评价,有时会造成很大的失望;应聘者对组织的历史和现状不了解,需要有一个熟悉的过程;如果组织中有胜任的人未被选用,从外招聘会使这些人感到不公平,对自己的前途失去信心。

究竟从内部提升还是从外部招聘,要看具体情况来定。一般来说,当组织内有能够胜任空缺职位的人才时,应先从内部提升;当空缺的岗位不很重要且组织有一个持续发展的既定战略时,应当考虑从内部提升;然而当组织急需一个关键性的管理人员来对原定的战略进行重大修改,而组织内又无胜任这一重大岗位的人员时,就要从外部招聘。不然,如果勉强地提拔内部人员将是不可思议的,因为这样做会使组织处于停顿状态。

在实际工作中,通常采用的往往是内部提升和外部招聘相结合的途径,将从外部招聘来的人员先放在较低的岗位上,然后根据其表现再进行提升。

(3) 人员选聘的步骤

选聘过程和步骤,其顺序安排可视具体情况而定,同时要参照所设立的选聘标准和选聘方法。一般来说,选拔的步骤是按初次面试→审查申请表→录用面试→测试→人才评价→对新员工进行上岗教育这一程序来进行。

① 初次面试。初次面试多半是根据招聘的一些标准与条件来进行筛选,决定对哪些人进行进一步考核,淘汰明显不符合职务要求的应聘者。在这一阶段,招聘者所提的问题大多直截了当。比如,受过什么教育,接受过哪些培训等。初次面试可大大减少进一步选拔的工作量和费用,使选拔工作得以顺利进行。

② 审查申请表。申请表是普遍使用的选拔手段,目的是帮助招聘人员对应聘者有具体了解,并根据其条件,决定是否还有必要对其进行进一步考核。申请表的内容依不同组织、不同招聘职务而定。一般来说,申请表的内容包括:姓名、年龄、性别、家庭情况、受教育情况、特长、简历等。在申请表的具体编排上,应依据企业及职务的要求而定,尽量做到与职务密切相关。同时,在用词上也应做到清晰明了,应使招聘者通过申请人所填的具体内容即可做出有效的初步判断。

③ 录用面试。录用面试是最常用的一个选拔步骤,有些企业可能不对应聘者进行选择测试,但几乎所有的企业在录用某人之前,都要经过面试这一程序。面试的目的是进一步获取应聘者的信息,在初次面试和审查申请表的基础上,加深对应聘者的认识,有助于对应聘者合格与否做出判断。同时,计划得当的面试还可以达到使应聘者了解企业和宣传企业形象的目的。

④ 测试。测试是运用系统的统一的标准及科学的规范化的工具,对不同人员的各种素质加以公正而客观的评价。它是选聘过程中重要的辅助手段,特别是对于那些其他手段无

法确定的个人素质,如能力、个性特征、实际技能等。测验法是不可或缺的补充手段,因而逐渐被企业关注和应用。最常用的测验包括智力测验、知识测验、个性测验和兴趣测验等。

⑤ 人才评价。人才评价是让候选人参加一系列管理情景模拟活动,让评价人员观察和分析受试者在一个典型的管理环境中如何工作,以考察其实际管理技能。这些活动除了上面介绍的常规的笔试、面试和心理测度之外,大都是工作情景模拟测试,"公文处理模拟测试""无领导小组讨论"和"企业决策模拟竞赛"等。参加评估的人员通常是评估专家和经过培训的企业领导者,通常可由待选聘岗位的顶头上司参与最后结论评估,并由评估小组集体讨论做出,作为上级审批人员聘任的依据。

⑥ 对新员工进行上岗教育。上岗教育包括向新员工介绍企业、企业的职能、任务和人员等情况。上岗常规教育一般由人事部门负责,对新管理人员进行上岗教育的责任,应是他们的顶头上司的任务。上岗教育的另一个或许更为重要的方面是,如何使新管理人员适应工作。新员工适应工作的上岗教育主要有三个方面:学习工作所需要的知识和能力;执行任务采取的合适态度;适应本单位的准则和价值观念。

4. 人员的培训与考评

(1) 人员的培训

① 人员培训的内容。

• 政治思想教育。不能认为管理人员的培训就是业务知识和管理能力的培训这两方面,培训的内容还应包括政治思想教育。政治思想教育包括马列主义基本原理的学习,党和国家方针政策的学习 ,社会伦理道德的学习,以及理想教育等。政治思想教育的目的在于着重培养管理人员的政治素质,力求通过学习,使管理人员懂得马列主义的基本原理、观点和立场,掌握党和国家在某一时期的方针政策,遵纪守法,培养高尚的道德情操,树立远大的理想,从而端正组织活动的指导思想。

• 业务知识。作为一个管理人员来说,没有广博的知识是不可能搞好管理的。但由于管理学是一门介于社会科学和自然科学两者之间的一门交叉学科(或边缘科学),而社会科学包括了社会学、政治学、伦理学、史学、法学等内容,自然科学包括数学、化学、物理学、天文学、气象学、海洋学、地质学、生物学等基础学科以及材料科学、能源科学、空间科学、农业科学、医学科学等应用科学技术。除此之外,由于现代科学技术的发展,又产生了许多新的交叉学科。要求管理人员了解这么多的学科以及发展中出现的许多新理论、新观点、新技术、新方法是不现实的。我们这里指的业务知识,主要指与组织业务活动有关的管理知识和科学技术知识。国外有人提出,管理人员的知识结构应该是"T"字形。"T"字形的一横指的是管理所涉及的有关知识,要求越广越好。一竖是指有关知识的深度。因此,组织在进行培训时,重点内容应是管理学的基本原理和方法,同时涉及其他有关学科。

• 管理能力。管理能力的培训是使管理人员将其所学到的管理知识在实践中加以应用提高。应着重培养他们如何从管理学的基本原理出发,运用各种管理方法,培训他们如何掌握管理的五大职能,培训他们在实际工作中系统地分析问题、认识问题、随机制宜地解决问题的综合管理能力。

由于管理活动的一个很重要的特征是实践性,所以组织培训人员时的重点就是提高实际管理能力。但不同层次的管理人员,其所需的管理能力是有其不同侧重点的。培训应根据层次的不同特点来培训。美国管理学家卡茨(Robert L. Katz)认为,一个管理人员至少应具备三大基本技能,即技术技能、人事技能和概念技能(综合技能)。技术技能是指主管人员通晓和熟悉某种专业活动;人事技能是指主管人员做好本职工作并带领下属人员一起发挥合作精神的能力;概念技能是指系统的全面管理的技能。

② 人员培训的方法。培训的主要方法有理论培训、职务轮换、晋升、在副职上培训等方法。具体形式有在职学习、脱产学习等,一般以在职学习为主。

• 理论培训。管理人员尽管其中有些也许已受过系统的理论学习,也还必须接受多方面的理论培训。这种培训可以是脱产的,也可是业余的;可是以教员直接授课,也可以是函授。脱产培训的具体形式有短期训练班、专题讨论会等形式。国外一些组织都在改变理论培训的具体做法,以求尽可能使理论联系实际,以提高学员解决实际问题的能力。例如,德国的一些培训中心,对基层管理人员进行培训时,实行一种称之为"篮子计划"的方法。即在学习理论的基础上,把组织中常能遇到的,需要及时处理的问题,列出若干具体问题,放在一个篮子里,由受训人员自抽自答,进行讨论,互相启发、补充。

• 职务轮换。职务轮换是使各级管理人员在不同部门的不同管理位置或非管理位置上轮流工作,以使其全面了解整个组织的不同工作内容,得到各种不同的经验,为其今后在较高层次上任职打好基础。职务轮换包括非管理工作的轮换,管理职位间的轮换等。

• 提升。提升是指从较低层次提拔到较高层次。它的意义绝不体现在职位的高低上,而在于管理人员由低到高晋升的过程中可学到不同层次的管理方法。如果将职务轮换看作是一个横向的培训,则提升可称为垂直的培训。

• 在副职上培训。让下级管理人员担任副职是一种常用的培训方法。这里的副职可以是组织原来一直就有的、永久性的职务,也可以是原来没有的、特为培训而设置的临时性职务,一般包括助理、秘书等。在副职上接受培训的管理人员有的仅限于观察上级管理如何行事,有的则被授予一定的权限。在副职位上,受训者可通过对上级管理人员工作的密切观察,了解和学习到上级管理人员工作的主要内容以及他们处理各种问题所采用的不同方法。上级管理人员必须根据在"副"上受训者的经历和特点,根据他们所缺乏的经验对他们进行培训,不仅要让他们知道应该处理些什么,怎么处理,也要让他们知道为什么要这样处理;不仅要让他们看你处理,而且要适当地放手让他们学着自己去处理一些具体问题,使他们对此有更深的体会。这样才能达到培训的目的。

• 集体研讨会。集体研讨会是指各有关人员在一起对某些问题进行讨论或决策的会议。它可以是组织内各成员定期聚会,对组织的日常事务进行决策或安排的会议,例如企业的项目论证会。也可是组织内外一些专家在一起针对某个具体问题进行商讨的会议。这类会议可定期或不定期召开,下级管理人员参加集体研讨会,可观察和学习上级管理人员在处理各类事务时所遵循的原则和解决各种问题。

• 参观考察。参观考察也是一种很好的培训方法。管理人员可参观考察组织内其他的先进部门,也可参观考察组织外的一些先进组织,包括出国考察等。目的是考察和学习其他部门和组织的一些具有一定特点的先进经验和方法。参加这种培训的对象多为一定经验的管理人员。由于管理人员已有一定的工作经验,他们在参观和考察过程中,能对其他组织的经验有一个正确的评价,能找到那些对自己组织适用的具体做法。在参观和考察时,关键是要学习其他部门或组织的那些管理思想,对于一些具体方法不能依样画葫芦,照搬照抄,要结合本组织的特点加以消化吸收后再应用于实际工作中。

• 辅导。所谓辅导,就是帮助引导。对于负责培训的上级管理人员来说,这是一种常规的培训方法。上级管理人员在辅导下级管理人员时,要着重培养他们怎样从管理学的基本原理出发,提高他们认识问题、分析问题、解决问题的实际能力,培养他们在处理人力、财力、物力、时间、信息等方面的管理技巧。特别要注意培养他们各自的自信心和独立工作的能力,而不只是让他们观察和模仿上级的做法。

培训管理人员的办法是多种多样的,除了上述内容外,还有传统的传、帮、带方法。不少管理人员通过传、帮、带的方法,在实际工作中培养出一个又一个的接班人。也有不少人在为管理人员做秘书工作中得到实际锻炼后被提升为管理人员。在实行干部年轻化的改革中,第三梯队的选择培训,则是培训主管人员的又一种新的方式。

(2) 人员的考评

① 考评要求。

• 考评指标要客观。考评必须有客观的指标作为标准,以此来衡量主管人员方面的绩效。要做到指标客观,首先,指标的含义要准确、具体,内涵和外延都要适度,不能含混不清,更不能用那些抽象的概念作为衡量标准。

• 考评方法要可行。考评的方法要为人们所接受并能长期使用,这很重要。方法是否可行与方法本身的难易繁简有很大关系。要使评价方法为人接受,首先,该方法的考评项目应适中;其次,考评的结果要客观可靠,使人信服。

• 考评时间要适当。考评的时间要预先规定,不能心血来潮,想什么时候考评就什么时候考评。在一般情况下,组织为了方便起见,多按月、按季或按年定期进行考评。

• 考评结果要反馈。考评结果只有反馈到被考评的主管人员那里,主管人员才能知道自己的工作绩效如何,哪些方面需要巩固提高,哪些方面需要克服改进。这样,就可以在将来的工作中更好地自我控制,提高工作质量。

② 考评方式。

• 自我考评。自我考评就是主管人员根据组织的要求定期对自己的工作情况进行评价,这种评价结果可用来作为上级对其评价的参考。这种形式有利于主管人员自觉地培养和提高自己的政治家素质、业务水平和管理能力。不足之处在于主管人员由于担心上级主管人员不能客观地评价自己,有时会过多地谈论自己所取得的进步,而较少涉及自己的不足。

• 上级考评。这是一种最常见的考评方式。如果该上级是主管人员的直接上级,则这种考评比较正确客观,这是由于主管人员的直接上级与其联系较多,他不仅可依据主管人员的自我考评和群众考评等文字记录对主管人员做出评价,而且可根据他对主管人员平时的经常性观察这种"无形考评"对主管人员做出评价。如果该上级不是主管人员的直接上级,则这种考评的准确性就较差。因为,光凭档案记录或听别人反映情况所得出的印象,远不如自己观察而得来的客观正确。

• 群众考评。这里指的群众可以是主管人员本人,也可以是非主管人员;可以是同级主管人员,也可以是下属主管人员,但绝不包括上级主管人员。这种形式的优点在于彼此间接触较多,了解较深,所做的评价较为客观可信。不足之处在于主管人员的人缘好坏起了很大的作用。

③ 考评的方法。考评的方法很多,例如,考试法、成绩记录法、对比法、自我考评法,以及模糊数学法等。在实际考评过程中,只有多种方法相结合,才能取得比较满意的效果。常用的考评方法主要有以下几种。

• 考试法。考试法分笔试、口试两种,是目前在各级各类组织中广泛应用的考评方法。笔试包括四个基本步骤:第一,公布考试范围;第二,考前复习、准备;第三,组织考试;第四,评分、公布成绩。口试可分为"问题式口试""漫谈式口试"和"适应性口试"。"问题式口试"着重了解的是主管人员的知识水平;"漫谈式口试"着重了解其潜在能力;"适应性口试"则是有意提出一些极端性问题,以观察主管人员的思维能力、应变能力以及处理棘手问题的能力。

• 成绩记录法。这是一种以主管人员的工作成绩记录为基础的考评方法。通常的做法是,发一种统一的成绩记录卡,按月或周记录被考评者的工作成绩。

• 对比法。这是一种相对考评的办法,即把被考评对象与同级职位或岗位相比较,确定其优点和不足。

• 自我考评法。被考评人根据考评的指标和要求,对自己的工作职责、工作态度、工作能力、工作效绩进行评价。

7.2.3　团队建设

1. 团队与团队要素

（1）团队的概念

团队是由员工和管理层组成的一个共同体,该共同体合理利用每一个成员的知识和技能协同工作,解决问题,达到共同的目标。

团队有几个重要的构成要素,管理学家把它总结为 5P。

① 目标（Purpose）。团队应该有一个既定的目标,为团队成员导航,知道要向何处去,没有目标这个团队就没有存在的价值。

自然界中有一种昆虫很喜欢吃三叶草(也叫鸡公叶),这种昆虫在吃食物的时候都是成群结队的,第一个趴在第二个的身上,第二个趴在第三个的身上……由一只昆虫带队去寻找食物,这些昆虫连接起来就像一节一节的火车车厢。管理学家做了一个实验,把这些像火车车厢一样的昆虫连在一起,组成一个圆圈,然后在圆圈中放了它们喜欢吃的三叶草。结果它们爬得精疲力竭也吃不到这些草。这个例子说明在团队中失去目标后,团队成员就不知道往何处去,最后的结果可能徒劳无获,这个团队存在的价值就要大打折扣。团队的目标必须与组织的目标一致,此外还可以把大目标分成小目标具体分到各个团队成员身上,大家合力实现这个共同的目标。同时,目标还应该有效地向大众传播,让团队内外的成员都知道这些目标,有时甚至可以把目标贴在团队成员的办公桌上、会议室里,以此激励所有的人为这个目标去工作。

② 人（People）。人是构成团队最核心的力量,两个(包含两个)以上的人就可以构成团队。目标是通过人员具体实现的,所以人员的选择是团队中非常重要的一个部分。在一个团队中可能需要有人出主意、有人制订计划、有人实施、有人协调不同的人一起去工作、还有人去监督团队工作的进展,评价团队最终的贡献。不同的人通过分工来共同完成团队的目标,在人员选择方面要考虑人员的能力如何,技能是否互补,人员的经验如何。

③ 定位(Place)。团队的定位包含两层意思:团队的定位和个体的定位。团队的定位包括团队在企业中处于什么位置,由谁选择和决定团队的成员,团队最终应对谁负责,团队采取什么方式激励下属?个体的定位主要分清作为成员在团队中扮演什么角色?是制订计划还是具体实施或评估?

④ 权限(Power)。团队当中领导人的权力大小跟团队的发展阶段相关,一般来说,团队越成熟领导者所拥有的权力相应越小,在团队发展的初期阶段领导权相对比较集中。团队权限关系的两个方面:整个团队在组织中拥有什么样的决定权?比方说财务决定权、人事决定权、信息决定权;组织的基本特征,比方说组织的规模多大,团队的数量是否足够多,组织对于团队的授权有多大,它的业务是什么类型。

⑤ 计划(Plan)计划的两层含义:目标最终的实现需要一系列具体的行动方案,可以把计划理解成目标的具体工作的程序。提前按计划进行可以保证团队的顺利进度,并不断地开展工作。只有在计划的操作下团队才会一步步贴近目标,从而最终实现目标。

(2)团队精神

① 团队精神的内涵。团队精神就是组织成员的大局意识、服务意识和协调意识的"三识"综合体。团队精神的基础是尊重个人的兴趣和成就,核心是协同合作,最高境界是全体成员的向心力、凝聚力,反映的是个体利益和整体利益的统一,并进而保证组织的高效率运转。团队精神的形成并不要求团队成员牺牲自我,相反,挥洒个性、表现特长保证了成员共同完成任务目标,而明确的协作意愿和协作方式则产生了真正的内心动力。团队精神是组织文化的一部分,良好的管理可以通过合适的组织形态将每个人安排至合适的岗位,充分发挥集体的潜能。如果没有正确的管理文化,没有良好的从业心态和奉献精神,就不会有团队精神。

② 团队精神的作用。

• 目标导向功能。团队精神的培养,使店内员工齐心协力,拧成一股绳,朝着一个目标努力,对单个营业员来说,团队要达到的目标即是自己所努力的方向,团队整体的目标顺势分解成各个小目标,在每个员工身上得到落实。

• 凝聚功能。任何组织群体都需要一种凝聚力,传统的管理方法是通过组织系统自上而下的行政指令,淡化了个人感情和社会心理等方面的需求,而团队精神则通过对群体意识的培养,通过员工在长期的实践中形成的习惯、信仰、动机、兴趣等文化心理,来沟通人们的思想,引导人们产生共同的使命感、归属感和认同感,反过来逐渐强化团队精神,产生一种强大的凝聚力。

• 激励功能。团队精神要靠员工自觉地要求进步,力争与团队中最优秀的员工看齐。通过员工之间正常的竞争可以实现激励功能,而且这种激励不是单纯停留在物质的基础上,还能得到团队的认可,获得团队中其他员工的尊敬。

• 控制功能。员工的个体行为需要控制,群体行为也需要协调。团队精神所产生的控制功能,主要通过团队内部所形成的一种观念的力量、氛围的影响,约束规范、控制职工的个体行为。这种控制不是自上而下的硬性强制力量,而是由硬性控制向软性内化控制;由控制职工行为,转向控制职工的意识;由控制职工的短期行为,转向对其价值观和长期目标的控制。因此,这种控制更为持久有意义,而且容易深入人心。

③ 团队精神的打造。团队精神日益成为一个重要的团队文化因素,它要求团队分工合

理,将每个成员放在适合的位置上,使其能够最大限度地发挥自己的才能,并通过完善的制度、配套的措施,使所有成员形成一个有机的整体,为实现团队的目标而奋斗。团队精神的养成需要从以下几个方面入手。

- 明确提出团队目标。目标是把人们凝聚在一起的力量,是鼓舞人们团结奋斗的动力,也是督促团队成员的尺度。要注意用切合实际的目标凝聚人、团结人,调动人的积极性。
- 健全团队管理制度。管理工作使人们的行为制度化、规范化。好的团队都应该有健全完善的制度规范,如果缺乏有效的制度,就无法形成纪律严明、作风过硬的团队。
- 创造良好的沟通环境。有效的沟通能及时消除和化解领导与成员之间、各部门之间、成员之间的分歧与矛盾。因此,必须建立良好的沟通环境,以增强团队凝聚力,减少内耗。
- 尊重每一个人。尊重人是调动人的积极性的重要前提。尊重团队中的每一个人,让人人都感受到团队的温馨。关心成员的工作与生活,将会极大地激发成员献身事业的决心。
- 引导成员参与管理。每个成员都有参与管理的欲望和要求。正确引导和鼓励这种愿望,就会使团队成员积极为团队发展出谋划策,贡献自己的力量与智慧。
- 增强成员全局观念。团结出战斗力。团队成员不能计较个人利益和局部利益,要将个人、部门的追求融入团队的总体目标中去,就能达到团队的最佳整体效益。团队中成员之间的关系,一定要做到风雨同行、同舟共济,没有团队合作的精神,仅凭一个人的力量无论如何也达不到理想的工作效果,只有通过集体的力量,充分发挥团队精神,才能使工作做得更出色。

2. 团队的形成过程

(1) 形成阶段。这个阶段是指团队确定其任务宗旨,并且被团队成员广泛接受的过程。在这个阶段,团队成员第一次被告知,意味着团队成立了。而且,团队成员也都大致了解团队成立的原因、使命和任务。在团队组建的初期,企业内部的职能部门与团队的关系是非常重要的。

(2) 锤炼阶段。在该阶段,团队成员们开始逐步熟悉和适应团队工作的方式,并且确定各自的存在价值。在这个阶段,矛盾会层出不穷,主要包括团队成员之间的矛盾,经理人的矛盾还有团队规则与企业规则之间的矛盾等。而这时候最好让矛盾和分歧充分地暴露,将各种冲突公开化,管理者要学会倾听、理解和调整。

(3) 规范阶段。这个阶段经过锤炼期后,团队逐渐平静下来,走向较为规范的团体。这个阶段的主要任务就是协调成员之间的矛盾和竞争关系,建立流畅的合作模式。要让成员们意识到,团队的决策过程是大家共同参与的,应当充分尊重各自的差异,重视互相之间的依赖关系。合作成为团队合作的基本规范,而这时团队应该不断充实自我,努力让团队成为学习型团队。

(4) 运作阶段。团队成员开始忠实于自己的团队,并且减少对上级领导的依赖。成员们相互鼓励,积极提出自己的意见和建议,也对别人提出的意见和建议给出积极评价和迅速反馈。

(5) 有机联系阶段。团队建设不能把每个阶段分裂开来看,要建造一个高效的团队,作为一个管理者,在每个阶段都不能掉以轻心。只有在整个过程中抓好每一个环节的工作,才有可能建立起一个好的团队。

3. 团队建设的要求

团队建设是事业发展的根本保障,团队建设应从以下几个方面入手进行。

（1）组建核心层

团队建设的重点是培养团队的核心成员。俗话说"一个好汉三个帮",领导人是团队的建设者,应通过组建智囊团或执行团,形成团队的核心层,充分发挥核心成员的作用,使团队的目标变成行动计划,团队的业绩得以快速增长。团队核心层成员应具备领导者的基本素质和能力,不仅要知道团队发展的规划,还要参与团队目标的制定与实施,使团队成员既了解团队发展的方向,又能在行动上与团队发展方向保持一致。大家同心同德、承上启下,心往一处想,劲往一处使。

（2）制订团队目标

团队目标来自公司的发展方向和团队成员的共同追求,它是全体成员奋斗的方向和动力,也是感召全体成员精诚合作的一面旗帜。核心层成员在制定团队目标时,需要明确本团队目前的实际情况,例如:团队处在哪个发展阶段?组建阶段,上升阶段,还是稳固阶段?团队成员存在哪些不足,需要什么帮助,斗志如何?制订团队目标时,要遵循目标的SMART原则:S—明确性,M—可衡量性,A—可接受性,R—实际性,T—时限性。

（3）训练团队精英

训练精英的工作是团队建设中非常重要的一个环节。建立一支训练有素的销售队伍,能给团队带来很多益处:提升个人能力、提高整体素质、改进服务质量、稳定销售业绩。一个没有精英的团队,犹如无本之木,一个未经训练的队伍,犹如散兵游勇,难以维持长久的繁荣。训练团队精英的重点在于:促进学习和成长:让每一个人认识学习的重要性,尽力为他们创造学习机会,提供学习场地,表扬学习进步快的人,并通过一对一沟通、讨论会、培训课、共同工作的方式营造学习氛围,使团队成员在学习与复制中成为精英。搭建成长平台:团队精英的产生和成长与他们所在的平台有直接关系,一个好的平台,能够营造良好的成长环境,提供更多的锻炼和施展才华的机会。

（4）培育团队精神

团队精神是指团队的成员为了实现团队的利益和目标而相互协作、尽心尽力的意愿和作风,它包括团队的凝聚力、合作意识及士气。要培育这种精神,首先,领导人要以身作则,做一个团队精神极强的楷模;其次,在团队培训中加强团队精神的理念教育,最重要的要将这种理念落实到团队工作的实践中去。一个没有团队精神的人难以成为真正的领导人,一个没有团队精神的队伍是经不起考验的队伍,团队精神是优秀团队的灵魂、成功团队的特质。

（5）做好团队激励

团队建设是容易与别人的观念发生冲突的工作,实现组织目标是需要一定时间的坚持才能成就的事业,每个人要做好这一切,所面临的最大挑战就是自己,因此,每个团队成员都需要被激励,领导人的激励工作做得好坏,直接影响团队的士气,最终影响到团队的发展。激励是指通过一定手段使团队成员的需要和愿望得到满足,以调动他们的积极性,使其主动自发地把个人的潜力发挥出来,从而确保既定目标的实现。直销事业的管理特点是用激励代替命令,激励的方式多种多样:树立榜样、培训、表扬、奖励、旅游、联欢、庆祝活动等。

7.2.4　人员激励

1. 激励的概念

所谓激励,就是组织通过设计适当的外部奖酬形式和工作环境,以一定的行为规范和惩罚性措施,借助信息沟通,来激发、引导、保持和归化组织成员的行为,以有效地实现组织及其成员个人目标的系统活动。这一定义包含以下几个方面的内容。

(1) 激励的出发点是满足组织成员的各种需要,即通过系统地设计适当的外部奖酬形式和工作环境,来满足企业员工的外在性需要和内在性需要。

(2) 科学的激励工作需要奖励和惩罚并举,既要对员工表现出来的符合企业期望的行为进行奖励,又要对不符合企业期望的行为进行惩罚。

(3) 激励贯穿于组织成员工作的全过程,包括对员工个人需要的了解、个性的把握、行为过程的控制和行为结果的评价等。

(4) 信息沟通贯穿于激励工作的始末,从对激励制度的宣传、企业员工个人的了解,到对员工行为过程的控制和对员工行为结果的评价等,都依赖于一定的信息沟通。企业组织中信息沟通是否通畅,是否及时、准确、全面,直接影响着激励制度的运用效果和激励工作的成本。

(5) 激励的最终目的是在实现组织预期目标的同时,也能让组织成员实现其个人目标,即达到组织目标和员工个人目标在客观上的统一。

2. 激励原则

(1) 目标结合原则

在激励机制中,设置目标是一个关键环节,也是激励机制设置的第一步要明确的工作。目标设置必须体现组织目标的要求,与组织目标一致,否则激励将偏离组织目标方向,激励对该组织工作也就失去意义。

目标设置还必须能满足职工个人的需求,否则无法提高职工的目标效价,达不到满意的激励强度。只有将组织目标与个人目标结合起来,才能收到良好的效果。例如把企业销售目标分解到销售人员身上,个人完成目标,企业也就完成目标。企业得到良好收益,个人则得到奖金,杰出的甚至可以得到销售冠军荣誉。将组织目标与个人目标结合好,大家奔着同一个目标努力。

(2) 物质激励与精神激励相结合的原则

因为任何人都存在着物质需要和精神需要,相应地,激励方式也应该是物质激励与精神激励相结合。物质需要是人类最基础的需要,物质激励是基础,精神激励是根本。可以根据该组织人员的层次与情况,调整与配比物质激励与精神激励的比重,有些人看重物质的,有些人更着重精神层面的。例如,奥运会冠军,可以获得冠军称号为国家和民族争光的荣誉(属于精神激励),还可以获得国家奖励奖金(属于物质激励)。

(3) 外在激励与内在激励相结合的原则

根据赫茨伯格的"双因素理论",激励中可以分为两种因素——保健因素和激励因素。

凡满足职工生存、安全和社交需要的因素都属于保健因素,其作用只是消除不满,但不会产生满意。这类因素如工资、奖金、福利、人际关系,均属于创造工作环境方面,叫作外在激励。满足职工自尊和自我实现需要的,最具激发力量,可以产生满意,使职工更积极地工作,这些属于激励因素。而且往往不是外在激励因素,而是内在激励因素,即使员工从工作本身(而非工作环境)取得很大的满足感。例如,充满成就感、自豪感,这一切产生的工作动力远比外在激励要深刻和持久。因此在激励中,应善于将外在激励与内在激励相结合,外在激励消除不满但不会产生满意,内在激励产生很大的满足感,更深刻和持久,两者结合以达到最优的激励效果。

(4) 正激励与负激励相结合的原则

根据心理学家斯金纳的强化理论,可以把强化(即激励)分为正强化与负强化(即正激励与负激励)。正激励就是对职工符合组织目标的期望行为进行奖励,以使得这种行为更多的出现,提高员工的积极性。负激励就是对员工违背组织目标的非期望行为进行惩罚,以使得这种行为不再发生,纠正错误行为使之向正确方向转移。这种正负结合的激励,不仅作用于当事人,让他们知道什么是正确的,什么是错误的,而且会间接影响周围其他人。通过树立正面榜样和正面典型,扶正祛邪,形成一种良好风气。使职工外有压力,内有动力,激发出巨大的劳动积极性。

但要注意的是,鉴于负激励有一定的消极作用,毕竟它是所有员工不愿意看到的,容易产生挫折心理与行为,应该慎用,应该以正激励为主。例如,某单位是劳动密集型企业,外来员工众多,素质层次背景不同,为了管理好这支庞大的队伍,该企业设有奖罚的正负激励政策,但负激励的条文很多甚至苛刻,据说是实施军事化管理,员工一不小心会触犯,就要被扣奖金工资,搞得整个工厂气氛紧张,充满怨气,轻者造成员工辞职流失,不利于组织的稳定,严重的可能会使心理脆弱的员工出现轻生念头。

(5) 按需激励原则

激励的起点是满足职工的需要,但每个人的需要存在着个体差异和随着时间处境变化的动态性。因人而异,因时而异。并且只有满足最迫切需要(主导需要)的措施,其效价才高,激励强度才大。因此领导者必须深入了解职工需求,有针对性地采取激励措施,才能收到实效。例如,某广告公司为了激励员工做好一项投标提案,老板说完成投标稿后不管是否中标都带整个小组去玩户外拓展,并且承诺成功中标后小组每人多发一个月薪作为奖金。但他发现这个激励好像没有什么效果,小组的积极性并没有提高,更不用说团队斗志以及创作灵感爆发了。几年后老板见到一位已经离职的当时该小组一位成员,闲聊中才发现其中一个原因,连续几个日夜通宵加班赶稿后,大家最需要的是休息睡觉,广告界就算平时大家也经常加班,所以休息比什么玩乐都重要,玩户外拓展对他们毫无吸引力,并不是按需激励。

(6) 民主公正原则

公正是激励的一个基本原则。如果不公正,奖不当奖,罚不当罚,不仅收不到预期效果,反而会造成许多消极后果。民主是公正的保证,职工参与民主评议,发挥职工主人公作用,并发挥民主监督,这是有效防止奖惩的不正之风,确保公正的有力措施。

3. 激励的方法

激励是激发人的动机的心理过程。通过激励,个体受到激发和鼓励,达到振作奋发的兴奋状态,是指创设各种满足组织成员需要的条件,激发组织成员的正确动机,使其产生实现组织目标的特定行为的过程。

关于如何进行激励,众多的心理学家、管理学家进行了深入的研究,提出了多种系统的激励理论和方法。以这些基本观点为依据,管理活动中常用的激励方法主要有以下几种。

(1) 形象激励

一般来说,形象包括组织中领导者、模范人物的个人形象与优秀团队的集体形象等。无论哪一种形象,都能激发员工的荣誉感、成就感和自豪感,起到激励人的作用。为此,企业的领导者应把自己的学识水平、品德修养、工作能力、个性风格贯穿于日常工作之中,以自己良好的个人形象对被领导者的思想和行为进行激励。同时,对于在工作中表现突出,具有代表性的新人、优秀员工、劳动模范以及工作团队等,采用照片、资料张榜公布,开会表彰发放荣誉证书,在电视、互联网上宣传等精神奖励方式,深入宣传和展现其良好的形象,号召和引导员工模仿学习。

(2) 感情激励

感情是人们对外界刺激所产生的喜怒哀乐等心理反应,包括情绪和情感两种类型。感情需要是人类最基本的需要,也是影响行为最直接的因素之一。人与人之间的感情联系蕴藏着无限的潜能,可以超越物质利益、精神理想和外部压力的影响,产生“士为知己者死”的激励力量。因此,现代领导者不仅要注意以理服人,更要强调以情感人。感情激励就是加强与员工的感情沟通,从员工思想、生活、工作等各方面给予诚挚的关怀,想人所想,急人所难,与员工建立平等、亲切的感情,让员工感受到领导的关心和企业的温暖,以此激发其积极性、主动性和创造性。

(3) 信心激励

期望理论认为,个人的激励程度与个人对完成工作的主观评价以及工作报酬的吸引力有很大关系。当个人认为自己无论付出多大的努力都不能完成工作时,其工作的积极性肯定很低。出现这种情况,有些时候是因为工作确实超出了个人的能力范围,但更多的时候是由于个人缺乏信心所致。很多时候员工不能清楚地认识和评价自己,不清楚自己的优势和劣势所在,怀疑自己的能力,因而错误判断了实现目标的可能性大小。这时就需要管理者及时进行心理疏导,让员工充分认识到自己的优点和潜力,给予充分的鼓励,让员工看到未来的机会和希望,帮助他们树立“我能做好”的信心。员工有了良好的心态、必胜的信念和动力,就能激发出巨大的创造力。正像一句广告词说的那样:“只要有激情,一切皆有可能”。

(4) 目标激励

目标激励是指设置适当的目标来激发人的动机和行为,达到调动人的积极性的目的。目标激励要求以明确的组织目标为依据,对其进行纵向和横向的层层分解,形成各层次、各部门乃至每一位员工的具体目标,各层次、各部门及每一位员工都以目标为标准。在实施目标的过程中,实行自我激励和自我控制。在目标激励的过程中,要特别注意以下几点:第一,员工个人目标的设置,应结合其工作岗位的特点,充分考虑员工的特长、爱好和发展,将个人目标与组织目标相结合,使组织目标包含较多的个人目标,使个人目标的实现离不开为实现组织目标所做的努力。第二,目标必须具有明确性、可达性、挑战性和连续性,借以培养员工创造价值的成就感。第三,无论是组织目标还是个人目标一经确定,就应大张旗鼓地进行宣传,让全体员工深刻认识到自己工作的意义和前途,激发员工强烈的事业心和使命感,使员工在工作过程中达到自我激励、相互激励。最后，在目标考核和评价上，要在员工自我评价的基础上，从德、能、勤、绩等方面，定性与定量相结合，客观公正地进行评价，及时进行奖惩，并做到赏罚分明。

（5）绩效薪金制

金钱奖励一种最基本的激励方法，其要点就是将绩效与报酬相结合，完全根据个人绩效、部门绩效和组织绩效来决定各种工资、奖金、利润分成和利润分红等的发放。实行绩效薪金制能够减少管理者的工作量，使员工自发地努力工作，不需要管理者的监督。现在许多企业对上至总经理下至普通员工的薪金报酬，都采用了底薪（月薪或年薪）加提成的方式，其结果既增加了营业额，也增加了个人收入，充分体现了绩效薪金制的优越性。在实施绩效薪金制时，需要注意以下几点：第一，必须明确组织、部门和个人在一定期限内应达到的绩效水平；第二，必须建立完善的绩效监督、评价系统，以正确评价实际绩效；第三，严格按绩效来兑现报酬，所给报酬必须尽可能满足员工的需求。

（6）肯定与赞美

心理学家、哲学家威廉·詹姆斯曾说过："在人类所有的情绪中，最强烈的莫过于渴望被人重视。"哈佛大学康特教授进一步指出"薪资报酬只是一种权利，只有肯定才是一个礼物"。松下幸之助相信，许多员工都非常注意如何在工作中进步，并希望得到老板的承认，于是，他在带来访客人参观工厂时，会随便指着一位员工说"这是我最好的主管之一"，从而使被指者倍感自豪。因此，员工最想从工作中得到的是，希望和尊重自己的人一起工作，当工作表现好时能受到表扬，以及对所发生的情况感受到一种了解的满足。

一个有效的管理者必须破除对金钱的迷信，随时了解和掌握员工的工作情况，及时给予承认和肯定，送上一声谢谢，给予一句赞美，充分满足员工的尊重需要。同时肯定和赞美员工必须怀有真诚之心，情真意切，发之内心地赞赏，充分发挥员工身上蕴藏着的神秘潜能，激励员工进步；不能怀有笼络人心的目的，花言巧语，虚情假意，这样做不但不能激励人，反而会使人讨厌。

（7）工作丰富化

日本著名的企业家稻山嘉宽在回答"工作的报酬是什么"时指出"工作的报酬就是工作本身！"，深刻地指出了内在激励的无比重要性。与之相关的激励方式包括工作扩大化、工作轮换和工作丰富化。工作扩大化是指在横向水平上增加工作内容，但工作难度和复杂程度并不增加，以减少工作的枯燥单调感；工作轮换是在同一层次和能力要求的工作之间进行调换，以培养员工多方面的能力；工作丰富化是在纵向层次上赋予员工更复杂、更系列化的工作，让员工参与工作规则的制定、执行和评估，使员工获得更大的自由度和自主权，满足其成就需要。因此，许多管理者认为，三种方式中工作丰富化的激励作用最大。

工作丰富化的具体方式包括：让员工完成一件完整的、更有意义的工作；让员工在工作方法、工作程序、工作时间和工作进度等方面拥有更大的灵活性和自主性；赋予员工一些原本属于上级管理者的职责和控制权，促进其产生成就感和责任感；及时评价与反馈，让员工对工作进行必要的调整；组建自主性工作团队，独立自主地完成重大的、复杂的工作任务。

企业在解决了员工的温饱问题后，员工更为关注的是工作本身是否具有乐趣、意义、挑战性、创新性和成就感，是否能够实现自我价值，等等。要满足员工的这些高层次的需要，就必须实行工作扩大化、工作轮换和工作丰富化，实现内在激励。

（8）参与管理

参与管理就是让下级员工在一定的层次和程度上分享上级的决策权,以激发员工的主人翁精神,形成员工对企业的归属感、认同感,进一步满足员工自尊和自我实现的需要。参与管理的具体方式如:做出一项牵涉面广的重大决策时,必须听取来自下级、基层和第一线的意见和建议;组建各层次代表参加的质量监督小组,定期检查和讨论质量方面的难题,查找原因,提出解决方案,监督实施修正计划;授予下级、基层和第一线员工更大的现场决策权,让其有权迅速处理各种突发问题。

（9）教育培训

在知识经济时代,知识更新速度不断加快,社会对企业和员工提出了更高的要求,企业和员工必须不断学习才能跟上时代的步伐。教育培训作为一种重要的学习方式,不仅能提高员工的知识水平,适应企业的发展需要,更能使员工以最大的热情奉献企业,实现员工个人的全面发展。教育培训既要抓员工的思想教育,以树立员工崇高的理想和职业道德;又要抓专业教育,以提高员工的工作能力。常见的教育培训方式是:在工作实践中"随时随地"地学习,不断丰富和积累知识;组织内部定期培训,提高员工的职业技能;脱产学习、参观考察、进高等院校深造等,让员工开阔视野,增加知识,更好地适应时代的需要;倡导和实施工作学习化、学习工作化,构建学习型组织,全面提升个人价值和组织绩效。通过以上多种方式,不断提高员工的思想品德素质、科学文化素质、社会活动素质、审美素质和身心素质,使其成为"T"形或"A"形人才,适应时代对人才的要求。

实际上,激励方法多种多样,但有一点是肯定的,无论什么激励方法,都不是最有效的或最无效的。有效的激励是和需要相联系,各种激励方法综合运用的结果。因此,在激励工作中,必须坚持以需要作为激励的起点,在物质激励的基础上,重点进行精神激励;必须充分考虑员工的个体差异,激励方式因人而异;必须结合不同时间和地点的具体条件和具体情况,随机制宜地进行激励;必须坚持以正面激励为主,通过表扬、奖励等激励始终保持员工队伍的蓬勃朝气,形成团结向上、奋发有为、开拓进取的良好局面;必须处理好个体激励与团队激励的关系,在个体激励的基础上,加强对团队的激励,充分发挥个体和团队的积极性、主动性和创造性。

4. 东西方激励模式及其比较

（1）西方激励模式

现代西方激励理论是从 20 世纪初西方发达国家的管理实践中逐步发展起来的,其内容比较丰富。根据所研究激励侧面的不同可以分为:内容激励理论、行为改造激励理论、过程激励理论和综合激励理论。影响比较大的激励理论和激励模式主要有以下几种。

① 马斯洛(A. H. Maslow)的需求层次理论。马斯洛从人的需要来研究激励,认为人有生理、安全、社交、尊重、成就五种需要,当低层次需要满足后,高层次需要才会成为主导需要,各层次需要的强度不同。相应的管理措施在于满足员工的个性需要,引导其向高层次需要发展,发挥激励效果。

② 赫茨伯格(Frederick Herzberg)的双因素理论。赫茨伯格指出,对工作的满意因素有两类:与工作条件相关,处理不当就会引起员工不满意,而处理得好也只是使员工感到没有不满意的因素称为保健因素;与工作自身相关,处理得好就会对员工产生激励效果的因素

称为激励因素。这就要求管理者在保证工作条件的情况下,从工作本身寻找刺激激励员工。

③ 弗洛姆(V. H. Vroom)的期望理论。弗洛姆认为,人的工作行为是建立在一定的期望基础上的,激励力量等于目标价值与期望值的乘积。要适当控制期望值,期望值太小会使员工失去信心,太大会使员工失去挑战。因此,组织需根据发展目标的要求,致力于提高员工的工作期望、奖励的关联性和效价强度。

④ 亚当斯(J. S. Adams)的公平理论。亚当斯指出,员工会将自己获得的报酬与投入的比值与组织内其他人做比较,同时还会与过去自己的这个比值做比较,只有相当时他才会认为公平,否则,他会要求增加收入或减少工作量。因此,在支付报酬时要力求公正,不但要注意客观的绝对值,还要注意主观的相对值。

⑤ 帕特(L. W. Porter)和劳勒(E. Lawler)的综合激励理论。帕特和劳勒将激励过程看作外部刺激、个体内部条件、行为表现和行为结果的共同作用过程。激励是一个动态变化循环的过程:奖励目标→努力→绩效→奖励→满意→努力,这其中还有个人完成目标的能力,获得奖励的期望值,觉察到的公平,消耗力量、能力等一系列因素。只有综合考虑到各个方面,才能取得满意的激励效果。

(2) 中国激励模式

"水不激不扬,人不激不奋"是中国古代典型的激励思想。在漫长的历史长河中,管理实践工作者和理论工作者在激励方面有颇多论述和实践,主要表现在以下几个方面。

① 情感激励。人具有丰富复杂的情感世界,感情因素对人的工作积极性和创造性有很大的影响。"士为知己者死"就是最典型的例证;刘备"三顾茅庐",也是用那份真诚感动了诸葛亮,诸葛亮感激涕零,用了一生的精力和智慧来报答刘备。这些典故都表达了通过感情沟通,以心交心增强下属归属心理、激励下属的思想。

② 表率激励。榜样的力量是无穷的,在中国古代十分推崇领导的榜样作用。孔子指出:管理者"其身正,不令而行;其身不正,虽令不从"。管理者个人的举止行动其实就是下属模仿的对象,是无声的命令;"大禹治水三过家门而不入"的故事以及"身先士卒"的成语都说明了表率作用的重要意义。

③ 奖惩激励。奖与惩共同构成对人的双向激励,两者不应偏废。古人认为要以奖为主,以罚为辅,加强正面激励。众所周知的"重赏之下,必有勇夫"就是奖赏激励的最好说明;韩非也指出:"明君之行赏也,暖乎如时雨,百姓利其泽;其行罚也,畏乎如雷霆,神圣不能解也。故明君无偷赏,无赦罚。偷赏,则功臣堕其业,赦罚,则奸臣易为非。"只有做到恩威并施,赏罚分明,才能达到鼓励先进,鞭策后进的真正效果。

④ 荣誉激励。荣誉可满足人的自尊需要,从而激发人们的斗志和工作积极性。墨子早就提出荣誉激励,"诸守柞格者三出却适,守以令召赐食前,予大旗。署百户邑,著他人财物,建其旗署,令皆明白知之,日某之旗。"对于有功士兵,给予物质奖励,还以他的名字命名一面大旗,立于各营之中,使他在全军享有很高的名声和荣誉。

(3) 东西方激励模式的比较

从理论内容上看,任何一种思想理论都有其产生发展的社会历史文化背景,中国古代激励思想与西方激励思想也有着很多的相通之处,比如都要求满足人的需要,都有赏罚措施,但是二者在研究的角度、方法以及侧重点方面存在一定的差别。

① 中国激励理论产生于封建时代,主要用于治国与军事斗争,是封建统治阶级的政治

工具；而西方激励理论产生于工业革命，为资本主义经济的发展服务，关注于企业经营。

② 中国激励理论注重心治，主张用一种理论来统一全体人民的思想，达到一种团结、和谐、万众一心的状态，对精神教育要求高；而西方直到后期才看到精神激励的效果，比较侧重于个人才能的表现发挥，提倡多元化的思想，缺少一种整体的组织精神。

③ 从理论自身看，中国古代激励理论多从平时的所见、所做、所想中来，采用了综合的方法，比较直观；而西方激励理论伴随着科学技术的发展而成熟，应用科学的研究方法，理论严谨、深入，但只是从各个侧面分别解析，略显机械。

④ 中国传统理论注重人情，以仁义、群体为中心，以心理感情为纽带，希望把家庭伦理规范推广到全社会，使社会成为一个统一思想道德的大家庭；而西方注重财富积累，不重视管理者与员工之间的感情，直到后期才建立起工会等组织，暂时缓和矛盾，其只不过是企业主变相管理的一种手段，其深层次的心理矛盾仍没有解决。

⑤ 中国侧重于修身，进行教化和疏导来形成激励，比起西方被动的控制与适应人的需要来说更具有可操作性。

7.3　财务管理

财务管理工作贯穿于整个企业生产经营活动的全过程，其价值管理的方法体现到企业各个职能部门。财务管理的重点工作之一是成本管理，所追求的目标是企业价值量的最大化。但是，财务管理的信息均来源于会计数据的真实反映，所以，财务管理与会计管理应相互配合，使其发挥真正的作用。

7.3.1　财务管理概述

1. 财务活动

企业的资金活动即财务活动。从总体上看，企业资金活动主要包括以下四个阶段。

(1) 资金筹集。企业从各种渠道筹集资金是资金活动的起点。企业筹集的资金主要有两种表现形式，即权益资金和债务资金。权益资金是通过吸收拨入款项、发行股票等从投资者那里取得的。投资者包括国家、其他企业、单位、个人、外商等。债务资金是通过向银行借款、发行债券、商业信用等方式取得的。

(2) 资金的投放和使用。企业资金的投放与使用是企业筹集资金的目的。

(3) 资金的日常应用。即企业日常开支的资金使用。

(4) 资金的回收与分配。企业将资金投放和使用后的结果，是取得收入并实现资金的增值。

资金的筹集、投放与使用、收回与分配三个方面的财务活动，是相互联系、相互依存的有机整体，它们共同构成企业的财务活动，形成财务管理的基本内容。

2. 财务关系

财务关系是指企业在进行财务活动过程中与有关方面所发生的经济利益关系。市场经济条件下，企业的财务关系具体表现为以下几方面。

（1）企业同其所有者之间的财务关系

企业同其所有者的财务关系主要是指投资者按照投资合同、协议、章程的约定向企业投入资金，企业按照出资比例或合同、章程的规定向投资者支付投资报酬所形成的经济利益关系。企业与投资者之间的财务关系体现着所有权性质，反映着受资和投资的关系。

（2）企业和受资者之间的财务关系

企业和受资者之间的财务关系主要是指企业以购买股票或直接投资的形式向其他企业投资，受资者应按规定分配给企业投资报酬所形成的经济利益关系。企业与受资者直接的财务关系，体现着所有权性质，反映着投资和受资的关系。

（3）企业与债权人之间的财务关系

企业与债权人之间的财务关系主要是指企业向债权人借入资金、发行债券，并按借款合同等有关规定按时支付利息和归还本金，以及在购买活动中采用延期付款等与有关单位发生的商业信用而形成的经济利益关系。企业与债权人之间的财务关系，在性质上反映了债务和债权的关系。

（4）企业与债务人之间的财务关系

企业与债务人之间的财务关系主要是指企业向债务人提供借款、购买债券，并按照约定的条件要求债务人支付利息和归还本金，以及在营业活动中延期收款等发生的商业信用而形成的经济利益关系。企业与债务人之间的财务关系，在性质上反映了债权与债务的关系。

（5）企业与内部各单位之间的财务关系

企业与内部各单位之间的财务关系主要是指企业内部各单位之间在生产经营各环节中形成的资金结算关系。企业内部形成了各单位与财务部门之间的领款、报销、代收、代付等收支结算关系。企业与内部各单位之间的财务关系，反映了企业内部各单位之间的经济利益关系。

（6）企业与职工之间的财务关系

企业与职工之间的财务关系主要是指企业向职工支付工资、津贴、奖金等劳动报酬，按照规定提取应付福利费和公益金、为职工代垫款项等而形成的经济利益关系。企业与职工之间的财务关系，反映了职工个人和企业在劳动成果上的分配关系。

（7）企业与税务机关之间的财务关系

企业与税务机关之间的财务关系主要是指企业按照国家税法规定向税务机关缴纳所得税、资源税和其他各种税款。企业与税务机关之间的财务关系，反映了一种强制和无偿的分配关系。

3. 财务管理

财务管理简单地说就是管理财务。由于在生产经营活动中，企业客观地存在财务活动，必然要与各方面发生财务关系，财务管理正是基于企业再生产过程中客观存在的财务活动和财务关系而产生的，是企业组织财务活动，处理企业与各方面财务关系的一项经济管理工作，是企业管理的重要组成部分。

财务管理是一项以资金运动为对象，利用资金、成本、收入等价值形式组织企业生产经营中的价值形成、实现和分配，并处理在这种价值运动中的经济关系的综合性管理活动。

财务管理区别于其他管理的特点在于它是一种价值管理，利用资金价值规律合理配置经济资源,通过对企业各项资金的筹集、使用、收入和分配进行预测、决策、控制、核算、分析与考核,以提高资源配置效率,促使企业以尽可能少的资金占用,取得尽可能多的经济效果。

7.3.2　财务管理目标

企业财务管理目标在不同的社会经济体制、经济模式和组织制度条件下,有着不同的表现形式。目前,关于企业对财务管理目标最具有代表性的观点主要有以下三种。

1. 利润最大化

利润最大化观点认为:利润是企业在一定期间全部收入与全部费用的差额,它代表了企业所创造的财富,利润越多则说明企业的财富增加得越多,越接近企业的目标。同时,利润的多少在一定程度上反映了企业经济效益的高低和企业竞争能力的大小。

利润最大化观点的缺陷如下:

(1) 这里的利润是指企业一定时期的利润总额,它没有考虑利润取得的具体时间,即没有考虑资金的时间价值。

例如,今年获得 100 万元和明年获得 100 万元,哪一个更符合企业的目标?

若不考虑资金的时间价值,就难以做出正确的判断。

(2) 没有考虑所获得的利润与投入资本额之间的关系,使不同的资本规模的企业或同一企业在不同期间的利润总额缺乏可比性。

例如,同样获得 100 万元利润,一个企业投入资本 500 万元,另一个企业投入 600 万元,哪一个更符合企业的目标? 若不考虑利润与投入资本的关系,就难以做出判断。

(3) 没有考虑所获利润应承担的风险因素,这可能会导致企业不顾风险的大小去追求最多的利润,一旦不利的因素出现,企业将陷入困境,甚至破产。

例如,同样是投入 500 万元,本年获利 100 万元,一个企业的获利已经全部转化为现金,另一个企业的获利则全部是应收账款,并可能发生坏账损失,哪一个更符合企业的目标? 若不考虑风险大小,就难以做出正确判断。不考虑风险,会使财务决策优先选择高风险的项目,一旦不利的事实出现,企业将会陷入困境,甚至可能破产。

(4) 片面追求利润最大化往往会使企业财务决策带有短期行为的倾向,只顾实现目前的最大利润,而不顾企业的长远发展,如忽视产品开发、人才培养、技术装备水平等。

2. 每股盈余最大化

每股盈余最大化观点认为:应当把企业的利润和股东投入的资本联系起来考察,用每股盈余(或权益资本净利率)来概括权益的财务目标,每股盈余是股份制企业的净利润与普通股股数的比率。

每股盈余最大化观点的优点是:考虑所获利润与投入资本额或股本数之间的关系,使不同资本规模的企业或同一企业不同期间的利润具有可比性。

每股盈余最大化观点的缺点是:没有考虑每股盈余取得的时间性;没有考虑每股盈余的风险性,也不能避免企业的短期行为。

3. 股东财富最大化

股东财富最大化观点认为,股东财富最大化或企业价值最大化是财务管理的目标。

通常人们以股票市场价格来代表公司的价值或股东财富,在股票数量一定时,股票价格达到最高,股东财富也达到最大。该观点考虑了资金的时间价值和风险价值的因素,充分体现了对企业资产保值增值的要求,有利于克服企业追求短期利益的行为。因此,股东财富最大化或企业价值最大化是一个较为合理的财务管理目标。

股东财富最大化观点仍然存在一些缺陷。

(1) 对于非股份制企业,必须通过资产评估才能确定其价值的大小,在评估时,会受到评估标准和评估方式的影响,以致影响到企业价值确定的客观性和准确性。

(2) 对于股份制企业来说,股票价格的变动受各种因素的影响,并不一定都是企业自身的因素。

(3) 股东财富最大化目标只强调股东的利益,而忽视了企业其他关系的利益。

7.3.3 财务管理的主要理论

资本结构理论是研究公司筹资方式及结构与公司市场价值关系的理论。1958 年莫迪利安尼和米勒的研究结论是:在完善和有效率的金融市场上,企业价值与资本结构和股利政策无关——MM 理论,米勒因 MM 理论获 1990 年诺贝尔经济学奖,莫迪利尼亚 1985 年获诺贝尔经济学奖。

现代资产组合理论与资本资产定价模型(CAPM)现代资产组合理论是关于最佳投资组合的理论。1952 年马科维茨(Harry M. Markowitz)提出了该理论,他的研究结论是:只要不同资产之间的收益变化不完全正相关,就可以通过资产组合方式来降低投资风险,马科维茨为此获 1990 年诺贝尔经济学奖。资本资产定价模型是研究风险与收益关系的理论,夏普等的研究结论是:单项资产的风险收益率取决于无风险收益率,市场组合的风险收益率和该风险资产的风险。夏普因此获得 1990 年诺贝尔经济学纪念奖。

期权定价理论是有关期权(股票期权、外汇期权、股票指数期权、可转换债券、可转换优先股、认股权证等)的价值或理论价格确定的理论。1973 年斯科尔斯提出了期权定价模型,又称 B-S 模型。20 世纪 90 年代以来期权交易已成为世界金融领域的主旋律,斯科尔斯和莫顿因此获 1997 年诺贝尔经济学奖。

有效市场假说是研究资本市场上证券价格对信息反映程度的理论。若资本市场在证券价格中充分反映了全部相关信息,则称资本市场为有效率的。在这种市场上,证券交易不可能取得经济利益。理论主要贡献者是法玛。

代理理论是研究不同筹资方式和不同资本结构下代理成本的高低,以及如何降低代理成本提高公司价值。理论主要贡献者有詹森和麦科林。信息不对称理论(asymmetric information)是指公司内外部人员对公司实际经营状况了解的程度不同,即在公司有关人员中存在着信息不对称,这种信息不对称会造成对公司价值的不同判断。

7.3.4　财务管理的重要工作

1. 财务规划

财务规划帮助公司设立指导方针,制订运营和财务计划,将公司的关键目标合理化并兼顾到资本投资。公司目标转化成有形的财务指标。依据投资决策和目标产生整合的财务报表,把财务目标和财务指标联系起来。然后整个组织围绕这些目标和指标运营。

财务规划包含 3 项活动:设立目标、设立有形指标、衡量并调整目标和指标。在财务规划流程中,关键是要建立整合的财务报表及其与运营规划的链接。关键的财务规划与预测产生一致损益表、资产负债表、现金流量表,并最终形成财务指标。

财务规划与预测的典型工作流程通常从建立财务目标开始,财务目标通常与近期和长期目标(3~5 年)相关,且常常与有形的硬指标相联系,然后使用整合的财务报表对财务目标建立模型,可考虑把收入、盈利能力和现金流作为关键的财务和非财务指标。建立好模型后,高层管理者经常会同董事会对其进行审查。审批后,财务报表以一组财务指标的形式发布到整个组织。

组织的其余人员使用财务指标创建来年的战术运营规划。规划通常基于驱动因素,且与销售量、产品组合等关键业务因素相连。审查并通过规划后,将其重新绑定到整合的财务报表中,确保规划能达成公司目标。通过一系列的反复,公司资源和规划需要经常更新以达成财务目标。整个流程中,要不断地把运营规划转换成一组财务数据。

2. 成本管理

(1) 成本预测。成本预测是指依据成本与各种技术经济因素的依存关系,结合企业发展前景以及采取的各种措施,通过对影响成本变动的有关因素的分析测算,采用科学方法,对未来成本水平及其变化趋势做出的科学估计。

(2) 成本决策。成本决策是指为了实现目标成本,在取得大量信息资料的基础上,借助一定手段、方法,进行计算和判断,比较各种可行方案的不同成本,从中选择一个技术上先进、经济上合理的优秀方案的过程。

(3) 成本计划。成本计划是指以货币形式预先规定企业计划期内完成生产任务所需耗费的费用数额,并确定各种产品的成本水平和降低成本的任务。

(4) 成本核算。成本核算是指根据会计学的原理、原则和规定的成本项目,按照账簿记录,通过各项费用的归集和分配,采用适当的成本计算方法,计算出完工产品成本和期末产品成本,并进行相应的账务处理。

(5) 成本控制。成本控制是指在生产经营过程中,按照规定的标准调节影响成本的各种因素,使生产耗费控制在预定的范围内,包括事前成本控制、日常成本控制和事后成本控制。

(6) 成本考核。成本考核是将会计报告期成本实际完成数额与计划指标、定额指标、预算指标进行对比,来评价各个成本责任中心成本管理工作的成绩和水平的一项工作,是检验成本管理目标是否达到的一个重要环节。

(7) 成本分析。成本分析是根据成本核算资料和成本计划资料及其他有关资料,运用一系列专门方法,揭示企业费用预算和成本计划的完成情况,查明影响计划或预算完成的各种因素变化的影响程度,寻求降低成本、节约费用途径的一项专门工作。

3. 财务管理循环

财务控制和财务预算有着密切联系,预算是控制的重要依据,控制是执行预算的手段,它们组成了企业财务管理循环。

财务管理循环的主要环节包括:

(1) 制定财务决策,即针对企业的各种财务问题制定行动方案,也就是制订项目计划。

(2) 制定预算和标准,即针对计划期的各项生产经营活动拟定用具体数字表示的计划和标准,也就是制订期间计划。

(3) 记录实际数据,即对企业实际的资本循环和周转进行记录,它通常是会计的职能。

(4) 计算应达标准,即根据变化了的实际情况计算出应该达到的工作水平。如"实际业务量的标准成本""实际业务量的预算限额"等。

(5) 对比标准与实际,即对上两项数额进行比较,确定其差额,以体现例外情况。

(6) 差异分析与调查,即对足够大的差异进行深入的调查研究,以发现产生差异的具体原因。

(7) 采取行动,即根据产生问题的原因采取行动,纠正偏差,使活动按既定目标发展。

(8) 评价与考核,即根据差异及其产生原因,对执行人的业绩进行评价与考核。

(9) 激励,即根据评价与考核的结果对执行人进行奖惩,以激励其工作热情。

(10) 预测,即在激励和采取行动之后,经济活动发生变化,要根据新的经济活动状况重新预测,为下一步决策提供依据。

4. 财务风险的防范措施

(1) 建立财务危机预警系统。企业财务危机预警系统,作为一种成本低廉的诊断工具可预知财务风险的征兆,当可能危害企业财务状况的关键因素出现时,财务危机预警系统能发出警告,以提醒经营者早做准备或采取对策以减少财务损失,控制财务风险的进一步扩大。企业的经营者、管理者应随时加强对财务风险指标的分析,适时调整企业营销策略,合理处置不良资产,有效控制信贷结构,适度控制资金投放量,减少资金占用,还应注意加速存货和应收账款的周转速度,使其尽快转化为货币资产,减少甚至杜绝坏账损失,加速企业变现能力,提高资金使用率。

(2) 建立财务风险意识。企业要时刻关注国家宏观政策的变化,关注国家产业政策、投资政策、金融政策、财税政策的变化,管理层应对企业投资项目、经营项目、筹借资金、经营成本等方面可能产生的负面效应进行预测,以便及时采取措施。管理层要关注市场供需关系的变化,防止企业成本费用和资金需求增加使财务成本上升和资金链中断,而出现经营亏损或资不抵债的财务危机。企业经营者要根据政策因素变化及时调整经营策略和投资方向,避免企业步入财务危机。在销售方面注重产销衔接,以销定产,及时调整营销策略,积极开拓新渠道,培育新用户,加速货款回笼,加强业务整合,提高企业整体抵抗风险的水平。

(3) 建立企业内部监督制度。内部审计控制是一个企业内部经济活动和管理制度是否合规、合理和有效的独立评价系统,在某种意义上讲是对其他控制的再控制。内部审计在企业应保持相对独立性,应独立于其他经营管理部门,确保审计部门发现的重要问题能送达治理层和管理层。对于不具备条件的企业可聘请外部审计机构和人员进行内部审计。

（4）建立内部控制制度。要建立企业内部控制制度和会计控制制度,如对企业的货币资金控制、采购与付款控制、销售与收款控制、对外投资控制等。在这方面,有效的做法包括：实施内部牵制制度,对不相容的岗位实行相互分离、相互制约;建立回避制度;会计负责人的直系亲属不得担任出纳人员;严禁擅自挪用、借出货币资金;严禁收入不入账;严禁一人保管支付款项所需的全部印章;不得由同一部门或个人办理采购与付款、销售与收款业务的全过程;销售收入要及时入账。

财务风险存在于财务管理工作的各个环节,任何环节的工作失误都可能会给企业带来财务风险,企业的经营者、管理者、财务人员必须将风险防范贯穿于财务管理工作的始终。及时了解企业财务运营的真实情况,优化财务结构,从而规避风险,改善不良经营状况,实现企业目标,确保企业的生存和发展壮大。

7.4　信息管理

信息管理是人类为了收集、处理和利用信息而进行的社会活动。它是科学技术的发展,社会环境的变迁,人类思想的进步所造成的必然结果和必然趋势。

7.4.1　信息与信息管理概述

信息是事物的存在状态和运动属性的表现形式。事物泛指人类社会、思维活动和自然界一切可能的对象。存在方式是指事物的内部结构和外部联系。运动泛指一切意义上的变化,包括机械的、物理的、化学的、生物的、思维的和社会的运动。运动状态是指事物在时间和空间上变化所展示的特征、态势和规律。

信息一般经由两种方式从信息产生者向信息利用者传递：一种是由信息产生者直接流向信息利用者,称为非正规信息流;另一种是信息在信息系统的控制下流向信息利用者,称为正规信息流。

所谓信息管理,是指对人类社会信息活动的各种相关因素（主要是人、信息、技术和机构）进行科学的计划、组织、控制和协调,以实现信息资源的合理开发与有效利用的过程。它既包括微观上对信息内容的管理——信息的组织、检索、加工、服务等,又包括宏观上对信息机构和信息系统的管理。

所以,信息管理是通过制定完善的信息管理制度,采用现代化的信息技术,保证信息系统有效运转的工作过程。既有静态管理,又有动态管理,但更重要的是动态管理。它不仅仅要保证信息资料的完整状态,而且要保证信息系统在"信息输入—信息输出"的循环中正常运行。

计算机、全球通信和英特网等信息技术的飞速发展及广泛应用,使科技、经济、文化和社会正在经历一场深刻的变化。20 世纪 90 年代以来,人类已经进入以"信息化""网络化"和"全球化"为主要特征的经济发展的新时期,信息已成为支撑社会经济发展的继物质和能量之后的重要资源,它正在改变社会资源的配置方式,改变人们的价值观念及工作与生活方式。了解信息、信息科学、信息技术和信息社会,把握信息资源和信息管理,对于当代管理者来说,就像把握企业财务管理、人力资源管理和物流管理等一样重要。[①]

7.4.2　信息管理的特征

1. 管理特征

信息管理是管理的其中一种,因此它具有管理的一般性特征。例如,管理的基本职能是计划、组织、领导、控制等,管理的对象是组织活动,管理的目的是实现组织的目标,上述要素和活动结构在信息管理中同样具备。但是,信息管理作为一个专门的管理类型,又有自己独有的特征。主要表现为:信息管理的对象是信息资源和信息活动。同时,信息管理贯穿于整个管理过程,有其自身的管理,同时支持其他管理活动。

2. 时代特征

随着经济全球化,世界各国和地区之间的政治、经济、文化交往日益频繁,组织与组织之间的联系越来越广泛,组织内部各部门之间的联系越来越多,以至信息大量产生。同时,信息组织与存储技术迅速发展,使信息储存积累可靠便捷。与此同时,由于信息技术的飞速发展,使得信息处理和传播的速度越来越快。再有,随着管理工作对信息需求的提高,信息的处理方法也越来越复杂。早期的信息加工,多为一种经验性加工或简单的计算。加工处理方法不仅需要一般的数学方法,还要运用数理统计、运筹学和人工智能等方法。最后,信息管理所涉及的研究领域不断扩大。从科学角度看,信息管理涉及管理学、社会科学、行为科学、经济学、心理学、计算机科学等;从技术上看,信息管理涉及计算机技术、通信技术、办公自动化技术、测试技术、缩微技术等。

7.4.3　信息管理原则

1. 及时性原则

所谓及时,就是信息管理系统要灵敏、迅速地发现和提供管理活动所需要的信息。信息管理及时包括两个方面:一方面要及时地发现和收集信息。现代社会的信息纷繁复杂,瞬息万变,有些信息稍纵即逝,无法追忆。因此信息的管理必须最迅速、最敏捷地反映出工作的进程和动态,并适时地记录下已发生的情况和问题。另一方面要及时传递信息。信息只有传输到需要者手中才能发挥作用,并且具有强烈的时效性。因此,要以最迅速、最有效的手段将有用信息提供给有关部门和人员,使其成为决策、指挥和控制的依据。

2. 准确性原则

信息不仅要求及时,而且必须准确。只有准确的信息,才能使决策者做出正确的判断。失真以至错误的信息,不但不能对管理工作起到指导作用,相反还会导致管理工作的失误。

为保证信息准确,首先要求原始信息可靠,只有可靠的原始信息才能加工出准确的信息。信息工作者在收集和整理原始材料时必须坚持实事求是的态度,克服主观随意性,对原

---

① 岳剑波.信息管理基础[M].北京:清华大学出版社,1999.

始材料认真加以核实,使其能够准确反映实际情况;其次是保持信息的统一性和唯一性。一个管理系统的各个环节,既相互联系又相互制约,反映这些环节活动的信息有着严密的相关性。所以,系统中许多信息能够在不同的管理活动中共同享用,这就要求系统内的信息应具有统一性和唯一性。因此,在加工整理信息时,要注意信息的统一,也要做到计量单位相同,以免在使用信息时造成混乱现象。

7.4.4　信息管理制度

没有完善的管理制度,任何先进的方法和手段都不能充分发挥作用。为了保障信息管理系统的有效运转,必须建立一整套信息管理制度,作为信息工作的章程和准则,使信息管理规范化。建立完善的信息管理制度主要包括以下几个方面。

1. 建立原始信息收集制度

一切与组织活动有关的信息,都应准确、毫无遗漏地收集。为此,要建立相应的制度,安排专人或设立专门的机构从事原始信息收集的工作。在组织信息管理中,要对工作成绩突出的单位和个人给予必要的奖励,对那些因不负责任造成信息延误和失真,或者出于某种目的胡编乱造、提供假数据的人,要给予必要的处罚。

2. 规定信息渠道

在信息管理中,要明确规定上下级之间纵向的信息通道,同时也要明确规定同级之间横向的信息通道。建立必要的制度,明确各单位、各部门在对外提供信息方面的职责和义务,在组织内部进行合理地分工,避免重复采集和收集信息。

3. 提高信息的利用率

信息的利用率一般是指有效的信息占全部原始信息的百分率。这个百分率越高,说明信息工作的成效越大。反之,信息失真不仅在人力、物力上造成浪费,还使有用的信息得不到正常的流通。因此,必须加强信息处理机构和提高信息工作人员的业务水平,健全信息管理体系,通过专门的训练,使信息工作人员具有识别信息的能力。同时,必须重视用科学的定量分析方法,从大量数据中找出规律,提高科学管理水平,使信息充分发挥作用。

4. 建立信息反馈系统

信息反馈是指及时发现计划和决策执行中的偏差,并且对组织进行有效的控制和调节,如果对执行中出现的偏差反应迟钝,造成较大失误之后才发现,这样就会给工作带来损失。因此,组织必须把管理中的追踪检查、监督和反馈摆在重要地位,严格规定监督反馈制度,定期对各种数据、信息做深入地分析,通过多种渠道,建立快速而灵敏的信息反馈系统。

7.4.5　信息管理的模式

1. 信息独裁模式

信息独裁是指掌握信息的权力集中在少数人手里。尽管少数高级经理人能够得到一些有用的信息,但常常需要通过昂贵的信息系统——经理信息系统 EIS,才能获取。这种 EIS 系统非常复杂,难以程序化,而且使用不方便。更严重和深层的问题还在于,由于所有决策是由少数人做出,众多员工的智慧未被利用。

此外,还有一种比较微妙的信息独裁模式,即企业管理人员和其他业务经理们并没有什么 EIS 系统,但企业培养和训练了一些高手,在这些"高手"的计算机里安装了专门的报告、分析和统计软件,这种被称为"信息中心"的概念把信息的利用扩大到更多的业务人员。但是,不知不觉中,这些技术精英们变成了另一种形式的信息独裁者。

在这两种信息独裁模式中,中下层员工都被剥夺了信息享有权,这样就产生了两种人:信息特权阶层和信息隔离阶层。信息隔离阶层可能被施加更多的压力,要求做出更好的工作业绩,但是在不赋予信息知情权的情况下难度很大。于是可能会发动信息叛乱,要求建立自己的数据管理系统,这就是造成数据过载的基础。

2. 信息无政府状态

信息无政府状态主要由于个人或部门把所需的信息均纳入自己的掌握之中,其结果是各自为政的数据"领地"或"地下"数据库的迅速产生。由于这些"地下"数据库建立在互不兼容的软硬件平台上,根本无法连通,这种无政府状态下固有的混乱等缺点对内部沟通和企业赢利造成了严重破坏。

在人类社会发展的历史进程中,许多无政府状态事件情形相似,信息无政府状态往往难以持续。建立自己的"地下"数据库的部门对解决方案也只能有瞬间的满意,因为一旦高层管理人员收到来自不同部门数据不一致的报告,就会盘问数据的真实性,这些来路不明的地下数据库早晚会被统一。

3. 信息民主

许多公司逐渐明白:让企业内的所有员工共享信息可以使信息极大增值。高明的管理者十分清楚,为了使企业行为更加敏捷和高效,不能把大多数员工拒于信息之门的外面,而让员工一味地盲目工作。

咀嚼数字、各自为政、分散的信息分析模式将逐渐让位于信息民主。后者通过向员工提供准确的信息,下放决策权而赋予企业更快更敏捷的行动能力。根据调查显示,民主化和授权的程度越大,信息的价值也就越大。而越倾向于打破机构界限,信息的价值也就越大。德鲁克也认为"决策应该在组织的最下层做出,并尽可能接近这一决策的执行人"。

4. 信息大使

信息民主并不需要局限在企业的防火墙里,通过因特网,信息民主可以通过企业外网延伸到客户、供应商和合作伙伴。现代信息管理和信息服务证明,含有商务智能的企业外网应该是一个安全的网站,企业外的用户可以获取和分析信息。由于外网代表公司和外界交流的前沿阵地,所以称之为信息大使。有远见的企业利用电子商务建立信息大使,目的是为企业外部用户提供获取、分析和共享相关信息的手段。利用这种信息大使,客户、供应商和合作伙伴也会使自己的业务更加智能化。企业外网主要在以下三个应用领域形成:供应链型外网、用户关系型外网以及信息中介型外网。

信息大使将是未来开展互联网业务的公司区别于其他公司的主要特色所在,这些能够利用增值信息提升其产品和服务的公司将能够向客户提供更有价值的建议,并最终赢得客户忠诚度。

复习思考题

1. 什么是管理客体? 管理客体包含哪些因素?
2. 什么是系统管理原理? 运用系统管理原理有哪些方面的要求?
3. 什么是职位设计? 职位设计包括哪些内容?
4. 职位设计应遵循哪些原则?
5. 什么是人员配备? 人员配备应遵循哪些原则?
6. 人员选聘有哪些方式?
7. 人员培训主要有哪些方式?
8. 什么是团队? 团队建设有什么要求?
9. 激励需要遵循哪些原则? 激励方法主要有哪些?
10. 东西方激励模式有哪些异同?
11. 财务管理主要实现哪些目标? 如何防范财务风险?
12. 什么是信息管理? 信息管理有哪些特征?
13. 信息管理主要有哪些模式?

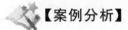【案例分析】

微软的人格化管理

微软公司无疑是聪明人云集的地方,比尔·盖茨靠什么对这些员工进行有效的管理呢? 答案是,微软公司进行人格化管理。

(一)建立电子邮件系统

电子邮件系统的使用使职工体验到一种真正的民主气氛。电子邮件系统是一种最迅速、最方便、最直接、最尊重人性的沟通工作方式。职工间通过它可以相互沟通、传递信息、布置任务,最重要的是,职工对公司最高当局提意见和建议也可以方便地使用它。电子邮件系统为微软公司内部职工和上下级的交流提供了最大的方便,确保相互间意见的及时沟通,有利于相互间消除隔阂,统一步调,这是微软公司在人员管理上的一大创造。

(二)无等级的安排

等级隔阂是人与人之间关系难以融洽的一大原因,这种在不同等级间形成的思想隔阂是很难消除的,它的存在妨碍了人们间的相互沟通,不利于企业职工间形成一个坚强的整体,为共同的事业齐心努力。因此,在管理工作中,应尽可能消除它的影响。微软公司在公司内部人员关系的处理上正是这样做的。

• 平等的办公室。只要是微软公司的职工,都有自己的办公室或房间,每个办公室都是相对隔开的,有自己的门和可以眺望外面的窗户,每个办公室的面积大小都差不多,即使董事长比尔的办公室也比别人大不了多少。对自己的办公室,每个人享有绝对的自主权,可以自己装饰和布置,任何人都无权干涉,至于办公室外的位置也不是上面硬性安排的,而是由职工自己挑选的。如果某一办公室有多个人选择,可通过抽签决定。另外,如果你对第一次选择不满意,可以下次再选,直到满意为止。每个办公室都有可随手关闭的门,公司充分尊重每个人的隐私权。微软公司的这种做法与其他公司都不相同,它使职工感到很有意思,而且心情舒畅。

• 无等级划分的停车场。在微软公司,各办公室楼门前都有停车场,这些停车场是没什么等级划分的,不管是比尔,还是一般职工,谁先来谁就先选择地方停,只有先来后到,没有什么职位高低。但是,即便如此,比尔也从来没有因找不到停车的地方而苦恼过,这是因为每天他比任何人来得都早。

(三)宽松的工作氛围

让职工尽可能放松,减少不必要的干扰,是微软公司处心积虑地为职工设想的又一个方面。

• 没有时钟的办公大楼。微软公司的办公大楼是用简易的方法建造的,主要的材料是玻璃和钢材。办公大楼的地面铺着地毯,房顶上安装着柔和的灯光,但让人奇怪的是整座办公大楼内看不到一座钟表,大家凭良心上下班,加班多少也是自报的。

• 适应西雅图市天气的工作方式。微软公司总部位于西雅图市,该市的气候是经常阴天,晴天很少。只要一出太阳,只要是风和日丽,员工们可自由自在地在外面散散心。你可以到楼前的草地上坐着或躺着晒太阳,也可以弹吉他、吹口琴,也可以听录音机,还可以在各种球场上打打球。比尔自己这时候也是如此,他最喜欢在华盛顿湖边或湖中游荡,生活方式与其在大学里类似。

• 到处可见的高脚凳。微软为公司职工免费提供各种饮料,除此之外,在公司内部,可用于办公的高脚凳到处可见,其目的在于方便公司职工可不拘形式地在任何地点进行办公。当然,这种考虑也离不开软件产品开发行业的生产特点。

• 快乐的周末。每周星期五的晚上举行狂欢舞会是微软公司的传统。比尔一直想把这个舞会办得更正式一点,以缓解经过拼搏或矛盾形成的压力和紧张,增强企业职工的凝聚力和向心力,达到相互沟通、增进理解和友谊的目的。

微软公司就是靠别出心裁的人格化管理,吸引了一大批富有创造力的人才到微软公司工作,并且微软公司独特的文化氛围,使这些人才留在微软。

思考问题

(1)试分析微软公司的人力资源管理的特点。

(2)微软的人格化管理有什么启示?

第 8 章

管 理 目 的

8.1　管理目的概述

只有明确管理目的,才能抓住管理的实质,明确一切管理活动的出发点和终点。管理过程使组织活动为实现一定的目的而有序进行,使整个组织的各个组成部分步调一致,充分发挥出集体的作用。

8.1.1　管理目的内涵

管理目的是指人们进行管理活动所要达到的预期结果。目的是指人们进行某项活动所要达到的预期结果。从严格意义上说,管理目标与一般所说的目标在含义上有所不同。一般所说的目标,往往只考虑要达到预期结果,而不去过多地考虑如何达到这一结果的问题。而管理目的则不但要考虑预期结果,而且要考虑如何达到特定的预期结果。所以,管理目的是指人们在管理活动中用合理科学的管理措施所要达到的预期结果。

8.1.2　管理目的历史选择

管理是人类一种有意识、有目的的活动,具有明显的目的性,任何管理都具有一定的目的。管理作为人类社会的一项特殊的社会活动,有其特定的目的,管理的目的性是管理区别于其他行为或活动的特性。了解管理目的对认识管理的本质是非常必要的。

在管理发展的历史进程中,人们对管理目的的追求和认识大体上经历了三个阶段:第一阶段是 1930 年以前,由于管理主要是对工厂企业进行管理,管理目的主要定位于“为了获取更多的利润”,管理学家认为,企业为本身获得了最大的利润也就是为社会创造了最大的利益。第二阶段是 20 世纪 30—70 年代,随着管理科学的发展,管理科学研究的对象已经不再限于工厂企业,而是包括工厂企业在内的各类组织,如医院、学校、军队、政府等。由于不同组织要解决的实际问题不同,所追求的目的也不同,如企业管理为了追求经济效益;科技管理为了追求出成果、出人才;军事管理为了提高部队的战斗力;政府管理为了提高办公效率,更好地为人民服务。管理目的的提法也有了改变,认为管理的目的是提高劳动或工作的效率。美国的彼得·德鲁克在《有效的管理者》一书中说:“管理者的职责在于求取工作的有效性。”第三阶段是 20 世纪 70 年代以后,由于西方资本主义国家的经济高速发展的同时,出现了一系列的问题,如短视行为带来的经济发展的不可持续性,为了经济效益损害社会效益,为了个体利益损害他人和整体利益,众多的矛盾和冲突使人们对管理道德问题进行反思和审视。人们普遍认为,管理者制定管理目标时,不仅要考虑管理目标的可行性,而且要考虑管理目标的道德性,以使管理目标成为有效的目标。组织管理者为了使其管理目标可行,或多或少地都要考虑它的目标的道德性。也就是任何组织管理目标的实现,都要通过一定的手段。至于采取什么样的手段,达到什么样的效果,则取决于组织管理者对手段的选择。而所选择的手段是否正当,即手段是否道德,会直接影响管理目标的实现。因此,管理者需要有责任感,责任感是每个人对工作、企业、社会等所做出行为的负责态度,有较强责任感的人,是一个能自觉承担社会责任、积极履行职责和正确行使职权的管理者,敢于、勇于对自己的行为负责,很少出现违背道德准则的情况;反之,缺乏责任感的人,对自己行为的后果不愿承担责任,甚至认为"事不关己",推卸责任,缺乏最基本的道德素质。所以,管理者利用组织中的资源来有效地实现组织目的的过程中,需要正确对待和处理经济效益与社会效益、个人利益与共同利益、当前利益与长远利益等方面的关系。

8.2　经济效益与社会效益

任何管理活动都要以实现有效性、追求高效益作为目标。效益是与效果、效率既相互联系,又相互区别的概念。效果指人们或组织通过某种行为、力量、手段、方式而产生的结果。这种结果可能是有效益的,也可能是无效益的。例如,有的企业生产的产品虽然质量合格,但产销不对路,在市场上卖不出去,积压在仓库里,最后甚至会变成废弃的物质,这些产品就不具有效益。所以,只有那些为社会所接受的效果,才是有效益的。效率是指特定的系统在单位时间内的投入与所取得的效果之间的比率。这个比率是一个经常用来衡量管理水平的标准。例如,要衡量企业管理的水平,就必须考察企业投入的资金、技术、人力、物力等因素与所获得的利润之间的比率。在一定的时间内,消耗的物资、能量等因素越少,而产生的效果越大,就意味着效率越高;反之,消耗的物资、能量等因素越多,而产生的效果越小,就意味着效率越低。效益是某种活动所要产生的有益效果及其所达到的程度,是效果和利益的总称。它可分为经济效益和社会效益两类,其中经济效益是人们在社会经济活动中所取得的收益性成果;社会效益则是在经济效益之外的对社会生活有益的效果。经济效益和社会效益,两者既有联系又有区别。经济效益是讲求社会效益的基础,而追求社会效益又是促进经济效益提高的重要条件。两者的区别主要表现在,经济效益比社会效益更加直接,显而易见,可以运用若干经济指标来计算,而社会效益则难以计量,必须借助于其他形式来间接考核。

一般而言,企业组织所开展的诸多管理活动就是为取得经济效益服务的,企业追求良好的经济效益,不仅是企业出于积累资金自我发展的需要,而且更为重要的是能够促进社会进步、国民经济的发展以及社会生产力的提高。[①] 因此,经济效益与社会效益从根本上说应该是一致的。但是,有的企业从局部考虑问题,或者采取不合理、不合法的手段获得经济效益,二者就会产生矛盾,管理的作用就在于要消除这种矛盾,力求将经济效益与社会效益有机地结合起来。

---

① 张俊伟.极简管理[M].北京:机械工业出版社,2013.

8.2.1　经济效益

1. 经济效益的含义和表示

经济效益是衡量一切经济活动的最终的综合指标。所谓企业的经济效益,就是企业的生产总值同生产成本之间的比例关系。或简称所得与所费的关系,其公式表示:经济效益 = f(所得,所费)。因此,衡量一个企业的经济效益,有三种经济效益的基本表达式。即

$$纯(或净)经济效益 = 所得 - 所费$$

$$经济效率 = \frac{所得}{所费}$$

$$纯(或净)经济效率 = \frac{所得 - 所费}{所费}$$

2. 经济效益的种类

由于使用范围不同,看问题的角度不同和观察效益的视野不同,因而出现了不同形态、不同种类的经济效益。一般来讲,经济效益按以下方法进行分类。

(1) 按部门分类

经济效益部门分为工业经济效益、农业经济效益、建筑业经济效益、运输业经济效益和商业经济效益。其中工业经济效益又细分为化工经济效益、冶金经济效益、能源经济效益、轻工经济效益、纺织经济效益、电子工业经济效益、机械工业经济效益等;农业经济效益又细分为种植业经济效益、林业经济效益、畜牧业经济效益、渔业经济效益等;建筑业经济效益又细分为工业建筑经济效益、民用建筑经济效益等;运输业经济效益又细分为铁路运输经济效益、水路运输经济效益、公路运输经济效益、航空运输经济效益等;商业经济效益又细分为服务业经济效益、饮食经济效益等。

(2) 按层次分类

经济效益按不同层次可分为宏观经济效益、中观经济效益和微观经济效益。宏观经济效益一般是指全社会的经济效益、整个国民经济的经济效益。宏观经济效益是社会再生产全过程的经济效益,是社会生产、分配、交换、消费等整个经济活动的经济效益,把宏观经济效益只理解为生产领域的或分配领域的经济效益都是不对的。微观经济效益一般是指一个企业、一个单位的经济效益、一个项目的经济效益。它是宏观经济效益的基础,没有好的微观经济效益,便不可能有好的宏观经济效益。中观经济效益是介于宏观与微观之间的地区、部门(多指跨地区、跨部门)的经济效益。显然,宏观、中观、微观都是相对而言的,并没有一个严格的量的界限与统一的标准。

(3) 按受益面分类

经济效益按受益面可分为直接经济效益与间接经济效益。直接经济效益一般是指企业内部经济效益和直接受益部门、单位的经济效益的总和;一般除直接受益部门的经济效益外的效益均可称间接经济效益。

(4) 按时间分类

经济效益按时间长短可分为近期经济效益、中期经济效益和远期经济效益。近期一般指 2~3 年、3~5 年,中期一般指 5~15 年,远期一般指 15 年以上。当然这种时间划分并不

是绝对的,这种分类方法也是人为的、习惯的分类方法。然而在研究分析经济效益时,特别是在对各种技术方案、技术措施、技术政策进行决策时,不仅必须考虑这个时间因素,而且必须协调好近期、中期、远期的经济效益。

(5) 按评价标准分类

经济效益按评价标准可分为国民经济效益与企业经济效益。国民经济效益是指某项实践活动或某工程建设项目给整个国民经济带来的效益;企业经济效益是指该实践活动给企业带来的效益。这种分类方法对我国经济效益评价,特别是对技术引进经济效益的评价有重要意义。这是因为,整体效益、全局效益、国民经济效益是我国经济效益评价的最高准则,当国民经济效益与企业经济效益发生矛盾时,企业经济效益应服从国民经济效益。

(6) 按决策要求分类

经济效益按决策要求可分为事前经济效益、事中经济效益、事后经济效益和跟踪经济效益。事前经济效益是指投资决策前估算的经济效益,是评价各种技术方案、技术实践活动的科学依据;事中经济效益是指生产建设过程中或设计施工过程中的经济效益,是评价现有生产要素及其利用状况的重要标准,也是评价该项建设、该项施工投资效益好坏,或是否追加投资的合理界限;事后经济效益是指建成投产后的经济效益,是评价该项生产经济活动经济效益的重要步骤和手段;跟踪经济效益是指对建成投产后项目的经济效益情况跟踪若干年,并观察其稳定程度与变化情况,从而对投资与投资运行的全部情况进行经验总结,探求投资决策、项目建设施工与管理的客观规律。

上述各种类型的经济效益,虽各有其特点和用途,但都有产出与投入、成果与消耗、所得与所费的共性。因此,在经济效益的表示方法、评价标准以及指标与指标体系的设计方面都具有相互通用、相互补充和相互借鉴的意义。

3. 经济效益的意义

(1) 经济效益是企业一切经济活动的根本出发点。提高经济效益,有利于增强企业的市场竞争力。企业要发展,必须降低劳动消耗,以最小的投入获得最大的效益。只有这样,才能在市场竞争中不被淘汰,获得发展。

(2) 提高经济效益,才能充分利用有限的资源创造更多的社会财富,满足人民日益增长的物质和文化生活的需要。企业直接从事着社会财富的生产和流通,企业经济效益的好坏,直接关系到全体人民物质和文化生活的质量。提高企业经济效益,创造出更多的适合市场需要的商品和劳务,有利于提高人民的生活水平。

(3) 提高经济效益,可以增加盈利,扩大国家收入,使资金迅速积累,从而更利于社会的健康、快速、有序的发展。

8.2.2　社会效益

1. 社会效益的含义

社会效益是指最大限度地利用有限的资源满足社会上人们日益增长的物质文化需求。因此,企业的社会效益主要指企业对社会、环境、居民等带来的综合效益,是对就业、增加经济财政收入、提高生活水平、改善环境等社会福利方面所做出贡献的总称。

　　传统的管理观点认为,企业的主要职能就是实现股东利益最大化,否则就不能称为企业,而促进社会福利的进步与发展则是政府的职责。随着经济和现代企业理论的发展,人们普遍认识到企业作为市场的细胞,其直接目的是追求利润的最大化,而作为社会的一分子,企业在追求利益的同时,又必须使自身的获利过程同时也成为有益于社会进步和促进人的全面发展的过程,即必须注重企业道德和社会责任。企业只追求经济利益并不是适合企业长远发展的优良道路,企业在追求自身利益的同时,也应该兼顾社会效应,增加社会福利,回馈社会,这样才能持久发展与进步。因此,在管理活动中,管理者除了追求经济效益,也要不断提高社会效益,这是社会生产组织的社会责任,同时也是现代管理道德的要求。

2. 社会效益与社会责任

　　对社会效益的内涵进行分析,管理者追求经济效益,实际上就是承担社会责任。可以这样认为,企业的社会性是决定企业能够自觉主动承担道德责任的理论基础。从企业的本质上讲,它是现代社会中从事生产、流通、服务和社会生活环境改善等一系列活动的社会经济组织。任何企业的经济行为无不时时刻刻与社会、与其他企业、与消费者发生着重要的联系和互动,其活动并不是绝对独立的。另外,从生产经营的客观因素上讲,一个企业的生存和发展,总是在一定的社会环境中进行的。企业的生存是在社会中的生存,企业的发展是在社会中的发展。并且企业的生存和发展必须适应社会环境的变化和发展。现代企业是生活在社会大环境中的,企业同外部环境之间的关系日益密切,任何企业都不能孤立存在,企业的生存和发展都离不开一定的环境条件。因此,企业的社会性为企业承担道德责任、自觉将自身利益与社会利益协调统一提供了理论基础。

　　从社会生产组织与社会的关系来看,市场经济原则规定了企业具有自由参与市场竞争、自主实施经营行为、在社会中获利的权利,根据权利和责任相对应的原则,企业也必须利用一定的方式来回报社会。这种回报不仅是经济利益上的,同时还包括维护社会整体利益的增加,促进社会的和谐,维护社会的安定有序,这就要求企业保证自身经营行为的道德性,自觉地调整自身经济利益,使之与社会利益保持统一。在市场经济条件下,企业拥有独立的经营自主权;与之相对应,企业在拥有独立经营自主权的同时,也负有相应的责任和义务。并且企业拥有受法律保护的经营自主权,并不代表企业在法律的范围内可以为所欲为,因为合法并不一定合理,法律的正当性、时代性和适宜性都是值得思考和商榷的重要问题。在现实中,法律往往落后于时代和社会的发展,有时是不能适应新形势下的很多情况的;而道德正是对法律这种缺陷的有益补充,在法律规定的范围之外,道德的约束和调节作用应该是重要的。所以,企业履行道德责任是必不可少的。

8.2.3　经济效益与社会效益的协调统一

1. 肯定对自身经济利益的合理追求

　　传统的道德观念往往存在一个缺陷,即片面地呼吁和要求行为主体承担义务和责任,但是却很少对主体的权利和自由加以认可和保护。新时期的企业在履行道德责任的过程中,必须正视和肯定对自身合法利益的大胆追求,这是企业积极履行道德责任的前提。企业经营的直接目的是利润,只有保持一定的营利能力,公司才能开发技术、更新设备、扩大规模,增强企业的市场竞争力,为社会创造更多的财富。毋庸置疑,企业的首要任务是创新和生产,企业应当是社会物质财富的创造者,企业的主要目的是给社会提供物质产品和精神产品。企业是支撑人类社会生存的基本经济单位。企业如果失去了生产和创新功能,就失去了其存在的基本价值。因此,任何企业的第一要义是搞好生产,创造出经济效益,争取为社会多纳税,实现它对社会的经济责任。

2. 企业应把社会效益作为企业的最高准则之一

企业追求自身经济利益的过程,并不只是一个经济数量关系的组合过程,而且包含着价值取向,有一个合理追求的价值审视问题,企业利润最大化追求要有利于社会的发展。企业既要对自身的微观经济利益负责,更要对社会的宏观利益负责;企业既要重视自身经济效益,更要重视社会整体效益。当前有不少企业只片面强调企业自身的经济效益,而忽视了企业的社会效益,主要表现在以下几个方面:一是无视自己在社会保障方面应起的作用,尽量逃避税收以及社保缴费。二是较少考虑社会就业问题,将包袱甩向社会。三是较少考虑环境保护,将利润建立在破坏和污染环境的基础之上。四是一些企业唯利是图,自私自利,提供不合格的服务产品或虚假信息,与消费者争利或欺骗消费者。五是依靠压榨企业职工的收入和福利来为所有者谋利润。六是缺乏提供公共产品的意识,对公益事业不管不问。七是缺乏公平竞争意识,一些垄断企业,极力排斥市场竞争。八是缺少诚信,国有企业对国家缺少诚信,搞假破产逃避债务,民营企业通过假包装到市场上"圈钱"。这些表现的共同特点就是只讲经济效益而忽视了企业的社会责任。从一个国家的长远发展来看,一个有良知的企业,在考虑自己的商业利益之外,更应该考虑消费者的利益、公共影响和社会责任。

8.3 员工个体利益与企业利益

管理是对组织所拥有的资源进行有效的计划、组织、领导和控制,以便达成既定的组织目标的过程。管理追求的效能,也就是使得企业能够以最小成本获取最大产出,从而使企业在竞争中赢得主动,保证企业的可持续性发展。企业要想实现可持续发展并在市场中立足,就要吸引并留住优秀的人才,而吸引并留住优秀人才的关键在于对他们施以有效的激励。人力资源是企业的最大资源财富,如何发挥人力资源的最大价值和发挥人才的主观能动性与积极性,已成为管理者的必要研究课题。员工是制造产品、提供服务的保证,有了忠诚、能干的员工,才会创造高性能产品,才会提供优质高效的服务,才会有永恒的用户,才会有企业良好的效益。这就要求管理者必须在企业利益和员工利益之间做合理的分配和取舍。企业认真承担对员工的责任,保证员工的合法权益,能增强员工的归属感,降低员工流动性增加所带来的成本的上升。此外,企业对员工利益的重视,会吸引高素质人才加入,高素质的人才又会给企业带来技术和创造性的思维,为企业提供具有竞争力的产品和服务,最终会提升企业的财务绩效。

8.3.1 员工个体利益与企业利益的含义

个人利益是个人物质生活和精神生活需要的满足。个人利益一般包括三个方面:生存需要的满足、发展需要的满足和享受需要的满足。生存需要是个人及其家庭维持生命的存在和延续后代的需要。发展需要是个人的思想、智力和体力等方面发展完善的需要。享受需要是人提高生活质量的需要。

企业利益是指以实现企业宗旨为目的的同时包括所有相关当事人的利益。它是一种集体利益的体现。实现企业利益最大化，不但是企业经营者所追逐的最终目标，而且是全体员工所追逐的最终目标。企业利益最大化的必要条件，在于必须依赖于高绩效的团队，如果没有一支团结一致、同心同德的高绩效的团队，很难想象企业能最终获取利益的最大化。

8.3.2　员工个体利益与企业利益的关系

随着社会的发展和文明进步，企业与员工之间的关系正在发生变化，两者之间的关系呈现出以下几个主要特点。

第一，在法理观上呈全新的契约雇佣关系。企业与员工之间以劳动合同的新模式而建立起来的契约合作关系，或者说是雇用与被雇佣的关系。企业与员工是相对独立的实体，依据劳动法规确定和维护双方的权利、义务、利益。

第二，在价值观上呈全新的对等选择关系。在市场经济现阶段中，尽管有雇主、雇员之分，但企业与员工的自身价值仍然相对独立，双方正趋向于市场对等选择关系。即使在契约存续期间，隶属关系也已失去昔日绝对支配与被支配内涵。企业是"铁打营盘"，员工是"流水的兵"。企业与员工根据各自的价值取向自主进行市场选择，企业与员工的关系应该是相互对等的。

第三，在组织观上呈全新的整体与个体关系。员工是组成企业的主要要素，企业是由员工组成的经济组织（团队）。员工同企业之间的关系是一种合作组织（团队）内的整体与个体关系，有着共同的利益，他们之间是一种相互依存的关系。企业的利益与员工的利益是密切关联的，两者利益的兼顾才能保证组织（团队）的存续。要实现企业和员工的双赢，必须积极营造条件满足双方最大利益，员工应以企业为家，企业也必须为员工创造家的氛围。

第四，在商品观上呈全新的结果交换关系。劳动力是一种商品，员工的工资或收入就是劳动力的价格。劳动力价值从员工创造的价值结果体现出来，从本质上来讲企业与员工之间是一种商品交换关系。员工拿创造的价值结果和企业交换酬金。市场只交换价值结果，不交换创造价值的过程。结果是交换价值的前提。交换价值的变化受劳动力市场供求关系的影响。

第五，在市场观上呈全新的供方顾客关系。企业与员工一道，以共同事业愿景建立起来信任心理契约，并过渡为基本稳定的供方顾客关系。在市场经济下，企业与员工不是"一锤子买卖"式的简单的商品交换关系，而是相对稳固长期存续的供需交换关系。企业需要忠诚、有能力的稳定的员工（供方）队伍，才能生存和发展，业务才能进行；而员工必须依赖企业（顾客）的相对稳定平台才能发挥自己的聪明才智，实现自己的价值和理想。企业的可持续发展必须以企业与员工稳定的供应链作保障。

第六，在事业观上呈全新的合作伙伴关系。员工与企业二者均以自己的生产要素投入，员工的劳动力资源投入以及股东的资本投入都转化为性质相同的剩余价值分配权，二者的合作利益只有在为用户实实在在地创造出价值时才能实现。由此可见，企业与员工间关系的事业伙伴关系正在日渐凸显出来。员工与企业一荣俱荣，一损俱损。

8.3.3　员工个体利益与企业利益关系的协调

1. 坚持把企业利益放在员工利益的前面

　　员工个体是生活在企业的集体之中的,企业是员工个体生存发展的条件。企业存在并发展了,员工个体利益才有可能实现。企业利益是集体存在的基础,没有集体利益,集体就不能存在。没有了集体,员工个体就无处存身,也就没有任何个体利益。集体利益从根本上决定和制约着个体利益,所以说,企业利益是员工个体利益的源泉和保证。为了实现企业利益最大化目标,作为企业的经营者必须全力着眼于团队建设,充分发挥团队作用,积极挖掘团队的潜能。而作为企业团队的每一个成员,都应该十分清醒地意识到自己身上肩负的使命,必须与团队同舟共济,心往一处想,劲往一处使。个体只有牢牢植根于这个团队,才有机会施展自己的才能;而离开了团队个体可能一事无成。

2. 员工个体利益是企业利益的最终归宿

　　正如员工个体利益离不开企业利益一样,企业利益也不能完全离开员工个体利益。企业利益的存在和发展,是为了企业的存在和发展,而企业的存在和发展又是为了企业的每个员工的生存和发展,为了企业的每个员工的个人利益。如果企业利益的存在和发展,完全脱离了员工个体利益,企业利益的存在就没有任何意义。所以说,企业利益发展的最终结果是员工个体利益,员工个体利益是企业利益的最终归宿。企业认真承担对员工的责任,保证员工的合法权益,能增强员工的归属感,降低员工流动性增加所带来的成本的上升。此外,企业对员工利益的重视,会吸引高素质人才的加入,高素质的人才又会给企业带来技术和创造性的思维,为企业提供具有竞争力的产品和服务,最终会提升企业的财务绩效。

8.4　结果管理与过程管理

　　注重结果还是注重过程,反映管理者的不同的管理理念和管理追求。结果管理来源于欧美,在目标设定之后,他们会注重最终的结果,而不会强调过程。过程管理来源于日本,日本的企业非常重视过程管理,它们认为,如果保证了过程,就会产生预计的结果,出现其他结果就是一种不正常的表现,所以它们更重视标准与流程的确立。

8.4.1　结果管理

1. 结果管理的含义

　　结果管理就是一切工作以结果为导向,强调经营、管理和工作的结果(经济与社会效益和客户满意度),经营管理和日常工作中表现出来的能力、态度均要符合结果的要求,否则没有价值和意义。德鲁克先生有一句名言:"管理是一种实践,其本质不在于'知'而在于'行',其验证不在于逻辑,而在于成果。"也就是说,成功的管理就必须用结果来说话,管理的全部意义也在于此。

2. 结果管理的方法

结果管理强调的是一切以结果为重。管理者要"抓大放小",突出重点,使管理对象承担相应责任,有益其个性、才智和积极性的发挥。其内涵如下:

第一,结果管理是对管理者在管理方法上的要求。对一个管理者,只需按其职责提出管理要求,制定管理任务所要实现的目标,而不必具体指示管理对象应该采用什么样的过程。

第二,结果管理是管理者在布置任务时,必须强调要达到什么结果,而不必多讲如何达到这个结果。管理对象在汇报工作时,应着重讲自己的工作结果如何,不必详述达到这个结果的过程。

第三,结果管理表明"结果"与"过程"的主次关系,意在突出结果的重要性,并非否定过程在实现结果中的作用。[①]

8.4.2　过程管理

1. 过程管理的含义

过程管理就是为使组织有效运行,必须识别和管理许多相互关联和相互作用的过程。通常一个过程的输出将直接成为下一个过程的输入,系统地识别和管理组织所应用的过程。因此,过程的质量,最终决定了企业的产品和服务的质量。要控制质量,就一定要控制过程。过程管理覆盖了组织的所有活动,涉及组织的所有部门,并聚焦于关键或主要过程。[②]

2. 过程管理的特点

与传统管理方法不同,过程管理方法是以系统论、信息论和控制论为理论基础的,它具有以下几大特点。

(1) 以系统理论为指导,从系统的观点出发,从横向视角把企业看作一个由产品研发、生产、销售、采购、质量管理等业务过程按一定方式组成的过程网络系统;把每一个业务过程都看成是有特定功能和目标的、有输入和输出的过程子系统,企业系统由若干业务过程子系统按一定方式组合而成;应用系统方法解决企业业务过程系统的信息流、物流和工作流管理问题;关注业务过程内部和业务过程之间的逻辑联系、相互作用,关注业务流程中操作单元的优化组合。

(2) 应用信息论方法,将企业内部的各过程视为一个信息收集、加工、存储、传输的过程,应用信息技术解决业务过程管理信息的传输和处理问题。

(3) 应用控制论方法,将企业的业务过程视为可控过程,建立过程控制系统,运用反馈控制等控制方法解决企业业务过程系统的控制问题。

(4) 注重管理的细化,即细化到每一个业务流程,每一个操作单元(或作业单元、工序),每一项影响业务流程运行的输入因素。

---

① 叶新福. 浅谈管理结果与管理过程的关系[J]. 中国电力企业管理,1997.
② 刘绍勤. 论高校教学目标管理与过程管理[J]. 高教发展与评估,2006(3):63-65.

3. 过程管理的应用

在企业管理实践中,应用过程管理法,必须进行管理变革,改变传统的管理模式、方法和管理结构,建立新的管理模式和管理结构。对企业来说,要做的工作主要有以下几个方面。

(1) 业务过程的系统设计

在企业管理中应用过程管理法,最关键的工作是对企业业务过程进行系统设计。在企业业务过程设计中,要根据企业经营目标,按整体最优原则、精简原则和注重过程输出结果的原则,进行概念开发,自顶向下地进行设计,即先设计上层业务过程和对企业运行效率起决定作用的关键业务过程,围绕上层过程和关键过程设计其他业务过程;要尽量减少业务过程的层次,把复杂的业务过程分解为若干较为简单的业务过程;应用并行工程技术,尽量以并联作业取代串联作业,寻找最优或较优的作业组合方式;要采用仿真模拟方法对业务过程设计方案进行模拟分析,不断调整和改进,通过简化、合并、组合、替代和改变业务过程间的联结等方式,通过改变人机结合方式,通过用智能化设备取代人工操作,优化业务过程;要确定各业务过程之间的逻辑关系及输出与输入关系,使各业务过程相对独立、边界清楚、接口明确。

(2) 建立管理信息系统和反馈控制系统

企业业务过程实质上是一个信息采集、传输、存储和加工处理的过程,各业务过程的运行状况如物流、资金流均可用信息方法进行描述。在企业应用过程管理方法,必须解决业务过程信息的高效传输和处理问题,要利用计算机信息技术,建立能描述企业各业务过程及业务过程之间的信息输出和输入及加工处理状况的信息模型,在此基础上建立管理信息系统。管理信息系统应包括按标准数据格式建立的,具有业务过程管理数据批量处理、修改、存储和传输功能的数据库,可实现数据资源网络共享和实时查询。

要实现业务过程管理的预期目标,必须应用反馈控制技术,建立业务过程反馈控制系统,使每一个业务过程运行处于可控状态,即可依据反馈信息,通过改变输入因素和控制变量,对各业务过程的运行状况进行实时控制,及时解决过程运行中出现的问题,对各业务过程的运行进行整体协调;当业务过程运行状态与企业经营计划目标相偏离时,及时进行调整。

(3) 组织变革和创新

过程管理是通过组织结构实现的。在企业应用过程管理方法,必须进行组织创新,要以企业业务过程为中心,按业务过程的结构和运行特点进行组织结构设计,改变层次多、部门多的"纵向结构",建立"横向结构",即构建具有扁平化、组织层次少、网络化特点的组织结构,使组织结构具有较强的柔性,可易于按业务过程运行的变化作动态调整。如组建各种人员组合可灵活变动的业务团队,由团队来履行各业务过程管理的职责等。

(4) 制度文化创新

在企业中应用过程管理方法,对企业管理素质有较高的要求,必须改革传统的管理制度,改变传统的管理观念,进行制度文化创新,创建新的制度文化环境。要按照业务过程管理的要求规定管理人员的职责,建立工作标准体系和绩效评价体系,制定业务过程运行控制和协调规则。要创建团队合作、相互沟通、知识共享、持续学习、持续改进的企业文化,注重提高管理人员的学习能力、创新能力、应变能力和解决实际问题的能力。

8.4.3 结果管理向过程管理的转变

过程是结果的保证,过程与结果之间本身就是一个矛盾统一体,过程与结果之间是"焦不离孟,孟不离焦"。很多管理者的失败并不是不重视结果,而恰恰是过分关注结果,或者一味地只关注结果所致。在实际管理行为中,因为急功近利,很多上司都只强调结果,很多下属也就只关注结果,但是都不知道管理还有一种最基本的逻辑——"没有过程就一定没有结果,结果不对就一定是过程方法有问题"。这种过程就是制造结果的程序和方法,有时候,方法不对,一切努力都是白费。

结果导向的理论前提是"过程优先",结果导向必须关注完成结果的过程,对结果负责就必须先对工作的程序负责,对工作程序负责的人才能真正对工作的结果负责,只有对结果负责的人才能对自己负责,这是一种管理智慧。

复习思考题

1. 管理的目的是什么?
2. 为什么管理需要追求经济利益与社会利益的统一? 怎样在管理活动中实现经济效益与社会效益的统一?
3. 员工个体利益与企业利益的关系是怎样的? 如何处理员工利益与企业利益的关系?
4. 结果管理有什么特点?
5. 过程管理应用有什么要求? 为什么结果管理要向过程管理转变?

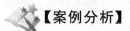 【案例分析】

走"社会效益先行"之路
——访广州市润锦投资管理有限公司董事长叶少林

对当前严峻的经济形势,尤其是中小企业如何在金融危机的影响中实现突围? 如何走出一条持续、健康的发展之路? 对此,记者采访了广州投资行业人士叶先生。

叶先生现任广州市润锦投资管理有限公司(以下简称润锦公司)董事长,针对当前的经济形势,叶先生介绍了该公司"始终将社会效益放在首位"的经营和发展理念。润锦公司的决策层提出了"润物无声,付出为尚"与"为社会物质文明和生态文明创造价值"的企业理念。该公司在发展房地产的同时,将环保产业和中医药健康等领域定为投资开发的重点。近年来,与国际知名环保专家和外资企业合作已在被誉为国际化大都市的上海,成功投资实施了环保项目,建设了以专业污水处理为中心的环境生态工程公司。该项目让专家的 VBF 和UASB 等科研成果走出实验室,使环保领域的前沿科技转化为现实的生产力,为改善"长三角"的生态环境发挥了引人注目的作用。几年来先后在浙江的湖州、长兴、南浔和张家巷等地完成多座污水处理厂的建设项目,成为浙江的污水处理的示范项目,收到了良好的生态效益和经济效益。目前正在筹划在广东老少边贫地区投资污水治理项目,为进一步净化"珠三角"水源做点实事。在谈到地产行业处于"寒冬待苏"的形势时,叶先生介绍说,润锦公司在地产方面坚持走社会效益先行之路,把投资的重点放在支援地震灾区及西部欠发达地区上。

目前已在四川、重庆启动了"百镇安居"项目,为改善西部百姓的居住条件做一份贡献。此举受到当地民众的欢迎。叶先生认为,企业要保持稳定、持续地发展,就必须将社会效益放在首位,企业利益服从社会利益,坚持科学发展观,恪守诚信,为社会物质文明创造价值,企业才能有生存的土壤,企业才能融合于社会而长盛不衰。企业才能实现"惠人达己,和谐共赢"的目标。叶先生的企业发展观,体现了"企业公民"将企业的成功与社会价值紧密联系在一起的襟怀,这正是现代企业在现代经济发展中的时代要求,也是企业家的社会责任感的具体体现。

(一) 当前利益与长远利益的矛盾统一

当前利益是存在于眼前的利益,一般是能够立即获得的利益,但更多时候是较小的利益;长远利益则是长久的利益,通常需要经过一段时间的努力才能获得,它往往是较大的利益。当前利益和长远利益在很多时候是相互矛盾的。要想获得当前利益就要舍弃长远利益,要想获得长远利益就要舍弃当前利益,二者一般不可兼得。什么时候注重当前利益,什么时候注重长远利益,要因人因事因情况而定,不能一概地舍小求大,也不能只顾当前利益,不顾长远利益。正确处理短期利益与长远利益的关系确实是每个人、每个企业都必须面对、认真解决的问题。这也是管理中一个非常复杂的难题。一个社会能不能获得快速发展,看似是生产关系一定要适应生产力的发展,但从根本来说,却是代表先进生产力的社会群体的利益能不能在社会生产关系中得到认可和体现,中国历史上的每次变革无不反映了这一点。一个企业也是这样,能不能正确处理个人利益、企业自身利益和社会利益,正确处理短期利益与长远利益确实直接关系到企业的生死存亡,关系到企业能不能获得长远发展。人的天性是趋利避害,这既是推动个人、部门、社会前进的动力,也是阻碍个人、部门、社会发展的阻力。因为个人、部门、社会三者的利益在很多情况下是矛盾的。比如个人的短期利益与企业的长远利益很多时候是矛盾的,个人收入多了,可能企业用于发展资金少了;比如企业的局部利益在很多情况下与社会的整体利益是矛盾的,国家的税收提高了,企业的负担却加重了。因此,当前利益与长远利益是辩证统一的关系,它们同个人利益与集体利益的关系是相一致的。一方面,当前利益与长远利益互为前提而存在;另一方面,当前利益与长远利益相互促进而共同发展。

(二) 当前利益与长远利益关系的处理

1. 在当前利益与长远利益起冲突时,优先考虑长远利益

必须明确自己要的长远利益是什么,并为此而努力,切不可为了当前利益而误了长远利益。

有这样一个事例。一个青年非常羡慕一个富翁取得的成就,于是他跑到富翁哪里寻求成功的诀窍。富翁弄清楚青年的来意后,什么也没有说,转身到起居室拿来一只大西瓜,青年迷惑不解地看着,只见富翁把西瓜切成大小不等的三块。"如果每块西瓜代表不同程度的利益,你会选择哪一块?"富翁一边说,一边把西瓜放在青年面前。

"当然是最大的那块,"青年毫不犹豫地回答,他眼睛盯住最大的那块。

富翁笑了笑,"那好,请用吧。"

富翁把最大的那块递给青年,自己却吃最小的那块。青年还在想用最大的那块的时候,富翁已经吃完了最小的那块。接着,富翁得意地拿起剩下的那一块,还故意在青年面前晃了晃,大口吃起来。其实,那块最小的和最后拿起来的那一块加起来要比最大的那一块大得

多。青年马上就明白了富翁的意思,富翁吃的西瓜虽然没有自己的大,却比自己吃得多。如果每块代表一定程度的利益,那么富翁赢得的利益自然比自己多。

吃完西瓜,富翁讲述自己成功的经历,最后,对青年语重心长地说,"要想成功,就要学会放弃,只有放弃眼前利益,才能获得长远大利,这就是我的成功之道。"

2. 以长远利益为原则,将当前利益不断转化成长远利益

为某个目标而努力时,一定要牢牢树立以这个目标而努力的原则,将当前可利用的、有利于长期发展的利益不断深化,渐渐转化成长远利益。

3. 处理好当前利益,也是为了长远利益

当前的利益不能一味地说好,也不能全盘否定。要用辩证的思维去处理当前利益,将一个个量变积累最终演化成质变。

思考问题

(1) 为什么企业存在当前利益与长远利益的矛盾?

(2) 企业管理者如何处理才能处理好当前利益与长远利益的关系?

参 考 文 献

[1] 周健临.管理学教程[M].上海：上海财经大学出版社,2002.

[2] 周三多,等.管理学——原理与方法[M].4版.上海：复旦大学出版社,2003.

[3] 王春利,李大伟.管理学基础[M].北京：首都经济贸易大学出版社,2001.

[4] 周秀淦,宋亚非.现代企业管理原理[M].3版.北京：中国财政经济出版社,1998.

[5] 黄津孚.现代企业管理原理[M].4版.北京：首都经济贸易大学出版社,2002.

[6] 许庆瑞.管理学[M].北京：高等教育出版社,2001.

[7] 单凤儒.管理学基础[M].北京：高等教育出版社,2003.

[8] 杨杜.现代管理理论[M].北京：中国人民大学出版社,2001.

[9] 侯炳辉.企业信息化领导手册[M].北京：北京出版社,1999.

[10] 王利平.管理学原理[M].北京：中国人民大学出版社,2003.

[11] 李鹏,袁霞辉.一次读完25本管理学经典[M].长春：吉林人民出版社,2001.

[12] 陈忠卫,王晶晶.企业战略管理[M].北京：中国统计出版社,2001.

[13] 王世良.生产与运作管理教程——理论、方法、案例[M].杭州：浙江大学出版社,2002.

[14] 罗锐韧.哈佛管理全集[M].北京：企业管理出版社,1999.

[15] 刘金胜.薪酬管理实务手册[M].北京：机械工业出版社,2002.

[16] 刘文军,宋宏涛.500强成功在中国[M].北京：兵器工业出版社,1999.

[17] 周祖城.管理与伦理[M].北京：清华大学出版社,2000.

[18] 蔡树堂.企业战略管理[M].北京：石油工业出版社,2001.

[19] 张一弛.人力资源管理教程[M].北京：北京大学出版社,1999.

[20] 郑晓明.现代人力资源管理导论[M].北京：机械工业出版社,2002.

[21] 郭克沙.人力资源[M].北京：商务印书馆,2003.

[22] 陈荣秋.生产与运作管理[M].北京：高等教育出版社,1999.

[23] 杨锡怀.企业战略管理(理论与案例)[M].北京：高等教育出版社,1999.

[24] 宋维明.管理学概论[M].北京：中国林业出版社,1999.

[25] 董速建,董群惠.现代企业管理[M].北京：经济管理出版社,2002.

[26] 宋远方,成栋.管理信息系统[M].北京：中国人民大学出版社,2000.

[27] 赖茂生.企业信息化知识手册[M].北京：北京出版社,1999.

[28] 迈克尔·波特.竞争优势[M].北京：华夏出版社,1997.

[29] 彼得·S.潘德,罗伯特·P.纽曼,罗兰·R.卡瓦纳.6δ管理法——追求卓越的阶梯[M].北京：机械工业出版社,2001.

[30] P.F.德鲁克.有效管理者[M].北京：中国财政经济出版社,1988.

[31] 斯蒂芬·P.罗宾斯.管理学[M].4版.北京：中国人民大学出版社,1997.

[32] 哈罗德·孔茨,海因茨·韦里克.管理学[M].9版.北京：经济科学出版社,1993.

[33] 安妮·玛丽·弗朗西斯科,巴里·艾伦·戈尔德.国际组织行为学[M].北京：中国人民大学出版社,2003.

[34] 斯蒂芬·P.罗宾斯.组织行为学[M].7版.北京：中国人民大学出版社,2002.

[35] 弗雷德·R.戴维.战略管理[M].8版.北京：经济科学出版社,2001.

[36] 彼得·圣吉.第五项修炼——学习型组织的艺术与实务[M].上海：上海三联出版社,2000.

[37] D.A.雷恩.管理思想的演变[M].北京：中国社会科学出版社,1995.

［38］斯坦雷・M.戴维斯.企业文化的评估与管理［M］.广州：广东教育出版社,1991.

［39］F.X.贝尔.企业管理学［M］.上海：复旦大学出版社,1998.

［40］H.法约尔.工业管理与一般管理［M］.周安华,译.北京：中国社会科学出版社,1982.

［41］M.韦伯.新教伦理与资本主义［M］.于晓,译.北京：三联书店,1987.

［42］H.明茨伯格.经理工作的性质［M］.孙耀君,译.北京：中国社会科学出版社,1986.

［43］丁家云,谭艳华.管理学［M］.合肥：中国科技大学出版社,2010.

［44］周三多.管理学［M］.2版.北京：高等教育出版社,2005.

［45］邱月波.成功创业者传记特征的质性研究——基于中国优秀民营企业家的多案例研究［D］.北京师范大学,2011.

［46］李华晶,姚琴.绿色创业者的类型与行为路径：基于中国企业的探索性案例研究［J］.中国科技论坛,2010(6).

［47］芮明杰.管理学：现代的观点［M］.上海：上海人民出版社,1999.

［48］蒋文杰.回归模型中虚拟变量的设定与应用［J］.探索争鸣,2007(2).

［49］顾斌,周立烨.我国上市公司股权激励实施效果的研究［J］.会计研究,2007(2).

［50］郭福春.股权激动机制的理论基础及效应介析［J］.齐齐哈尔大学学报,2002(9).